Todos los libros de Linkgua Ediciones cuentan con modelos de Inteligencia Artificial entrenados por hispanistas. Pregúntale al chat de tu libro lo que desees acerca de la obra o su autor/a.

Para **ebooks**: Accede a nuestro modelo de IA a través de un enlace.

Para **libros impresos**: Escanea el código QR de la portada con tu dispositivo móvil.

Obtén análisis detallados de nuestros libros, resúmenes, respuestas a tus preguntas y accede a nuestras ediciones críticas generativas para una experiencia de lectura más enriquecedora.
La transparencia y el respeto hacia la autoría de las fuentes utilizadas son distintivos básicos de nuestro proyecto. Por ello, las respuestas ofrecen, mediante un sistema de citas, las fuentes con las que han sido elaboradas.

Juan Huarte de San Juan

Examen de ingenios para las ciencias

Barcelona 2025
Linkgua-ediciones.com

Créditos

Título original: Examen de ingenios para las ciencias.

© 2025, Red ediciones S.L.

e-mail: info@linkgua.com

Diseño de cubierta: Michel Mallard.

ISBN rústica ilustrada: 978-84-9816-069-7.
ISBN tapa dura: 978-84-1126-522-5.
ISBN ebook: 978-84-9816-974-4.

Cualquier forma de reproducción, distribución, comunicación pública o transformación de esta obra solo puede ser realizada con la autorización de sus titulares, salvo excepción prevista por la ley. Diríjase a CEDRO (Centro Español de Derechos Reprográficos, www.cedro.org) si necesita fotocopiar, escanear o hacer copias digitales de algún fragmento de esta obra.

Sumario

Créditos 4

Brevísima presentación 9
  La vida 9
  La ciencia 9

Aprobación 11

Proemio 21

Segundo proemio 25

Prosíguese el segundo proemio [1594] 31
  Capítulo I [1594]. Donde se declara qué cosa es ingenio y cuántas diferencias se hallan de él en la especie humana 41
  Capítulo II [1594]. Donde se declara las diferencias que hay de hombres inhábiles para las ciencias 54
  Capítulo I [III de 1594]. Donde se prueba por un ejemplo que si el muchacho no tiene el ingenio y habilidad que pide la ciencia que quiere estudiar, por demás es oírla de buenos maestros, tener muchos libros, ni trabajar en ellos toda la vida 59
  Capítulo II [IV de 1594]. Donde se declara que Naturaleza es la que hace al muchacho hábil para aprender 70
  Capítulo V [1594]. Donde se declara lo mucho que puede el temperamento para hacer al hombre prudente y de buenas costumbres 79
  Capítulo III [VI de 1594]. Donde se declara qué Parte del cuerpo ha de estar bien templada para que el muchacho tenga habilidad 96
  Capítulo IV [VII de 1594]. Donde se muestra que el ánima vegetativa, sensitiva y racional son sabias sin ser enseñadas de nadie, teniendo el temperamento conveniente que piden sus obras 104
  Capítulo V [VIII de 1594]. Donde se prueba que de solas tres calidades, calor, humedad y sequedad, salen todas las diferencias de ingenios que hay en el hombre 119

Capítulo VI [IX de 1594]. Donde se ponen algunas dudas y
argumentos contra la doctrina del capítulo pasado y la respuesta de ellos 134
Capítulo VII. Donde se muestra que aunque el ánima racional ha
menester el temperamento de las cuatro calidades primeras, así para
estar en el cuerpo como para discurrir y raciocinar, que no por eso se
infiere que es corruptible y mortal 150
Capítulo VIII [X de 1594]. Donde se da a cada diferencia de ingenio
la ciencia que le responde en particular y se le quita la que es
repugnante y contraria 161
Capítulo IX [XI de 1594]. Donde se prueba que la elocuencia y policía
en hablar no puede estar en los hombres de grande entendimiento 176
Capítulo X [XII de 1594]. Donde se prueba que la teórica de la
teología pertenece al entendimiento y el predicar, que es su práctica,
a la imaginativa 182
Capítulo XI [XIII de 1594]. Donde se prueba que la teórica de las leyes
pertenece a la memoria; y el abogar y juzgar, que es su práctica, al
entendimiento; y el gobernar una república, a la imaginativa 203
Capítulo XII [XIV de 1594]. Donde se prueba que la teórica
de la medicina, Parte de ella pertenece a la memoria y Parte al
entendimiento, y la práctica, a la imaginativa 222
Capítulo XIII [XV de 1594]. Donde se declara a qué diferencia de
habilidad pertenece el arte militar, y con qué señales se ha de conocer
el hombre que alcanzare esta manera de ingenio 246
Capítulo XIV [XVI de 1594]. Donde se declara a qué diferencia de
habilidad pertenece el oficio de rey, y qué señales ha de tener el que
tuviere esta manera de ingenio 279
Capítulo XV [XVII-XXII de 1594]. Donde se trae la manera cómo los
padres han de engendrar los hijos sabios y del ingenio que requieren
las letras. Es capítulo notable 300

[Parte I] [XVII de 1594] 307

[XVIII de 1594]. Con qué señales se conoce en qué grado de calor y
sequedad está cada hombre 316
[XIX de 1594]. Qué mujer con qué hombre se ha de casar para que
pueda concebir 319

[Parte II] [XX de 1594]. Qué diligencias se han de hacer para
que salgan varones y no hembras   323

[Parte III] [XXI de 1594]. Qué diligencias se han de hacer para
que los hijos salgan ingeniosos y sabios   335

[Parte IV] [XXII de 1594]. Qué diligencias se han de hacer
para conservar el ingenio a los niños después de estar
formados y nacidos   355
    Digresión sobre el fuego   365
    Digresión sobre la sal   387
    Digresión sobre el árbol vedado del Paraíso   391

Libros a la carta   401

Brevísima presentación

La vida

Juan Huarte de San Juan (Saint-Jean-Pied-de-Port, 1529-Baeza, 1588). España.

Estudió medicina en la Universidad de Alcalá, viajó por Europa y vivió en Linares y Baeza donde ejerció como médico. Vivió de su profesión, aunque le interesaba la filosofía. Es uno de los precursores de la psicología y de la divulgación científica.

La ciencia

Para que las obras de los artífices tuviesen la perfección que convenía al uso de la república, me pareció, Católica Real Majestad, que se había de establecer una ley: que el carpintero no hiciese obra tocante al oficio del labrador, ni el tejedor del arquitecto, ni el jusrisperito curase, ni el médico abogase; sino que cada uno ejercitase sola aquel arte para la cual tenía talento natural, y dejase las demás. Porque, considerando cuán corto y limitado es el ingenio del hombre para una cosa y no más, tuve siempre entendido que ninguno podía saber dos artes con perfección sin que en la una faltase. Y, porque no errase en elegir la que a su natural estaba mejor, había de haber diputados en la república, hombres de gran prudencia y saber, que en la tierna edad descubriesen a cada uno su ingenio, haciéndole estudiar por fuerza la ciencia que le convenía, y no dejarlo a su elección. De lo cual resultaría en vuestros estados y señoríos haber los mayores artífices del mundo y las obras de mayor perfección, no más de por juntar el arte con naturaleza.

El *Examen de ingenios* es un tratado renacentista de psicología que influyó en Bacon y la psiquiatría del siglo XIX. Entre la medicina y la filosofía, dedicado a Felipe II y escrito en un lenguaje popular, expone la tesis de que la psicología humana depende de los cuatro elementos de la filosofía antigua (agua, aire, tierra y fuego) y traza los caracteres personales adecuados a cada profesión. Que se sepa, Huarte solo escribió esta obra.

Aprobación

He visto este libro, y su doctrina toda es católica, sin cosa que sea contraria a la fe de nuestra madre la santa Iglesia de Roma. Sin esto, es doctrina de grande y nuevo ingenio, fundada y sacada de la mejor filosofía que puede enseñarse. Toca algunos lugares de Escritura muy grave y eruditamente declarados. Su principal argumento es tan necesario de considerar de todos los padres de familia, que si siguiesen lo que este libro advierte, la Iglesia, la república y las familias ternían singulares ministros y sujetos importantísimos. Esto me parece, salvo mejor juicio.
Fray Lorenzo de Villavicencio

Licencia, para Castilla, de la edición de 1575.
EL REY
Por cuanto por parte de vos, el doctor Juan Huarte de San Juan, vecino de la ciudad de Baeza, nos fue fecha relación diciendo que vos habíades compuesto un libro intitulado Examen de ingenios para las ciencias, donde se muestra la diferencia de habilidades que hay en los hombres y el género de letras que a cada uno responden en particular, suplicándonos lo mandásemos ver y examinar, y daros licencia para lo poder imprimir, y privilegio por veinte años o como la nuestra merced fuese. Lo cual visto por los del nuestro Consejo, y como por su mandado se hicieron las diligencias que la premática por nos nuevamente fecha sobre la impresión de los libros dispone, y por haceros bien y merced, fue acordado que debíamos mandar dar esta nuestra cédula en la dicha razón, y nos tuvímoslo por bien. Y por la presente os damos licencia y facultad para que por tiempo de diez años, que corran y se cuenten desde el día de la fecha de esta nuestra cédula, vos o la persona que vuestro poder hubiere, podáis imprimir y vender el dicho libro que de suso se hace mención. Y por la presente damos licencia y facultad

a cualquier impresor de estos nuestros reinos que vos nombráredes, para que por esta vez lo puedan imprimir, con que después de impreso, antes que se venda, lo traigáis al nuestro Consejo juntamente con el original que en él se vio, que va rubricado y firmado al cabo de Pedro de Mármol, nuestro secretario de Cámara, de los que en el nuestro Consejo residen, para que se corrija con él, y se tase al precio que por cada volumen hubiéredes de haber. Y mandamos que, durante el dicho tiempo, persona alguna sin vuestra licencia no lo pueda imprimir ni vender, so pena que el que lo imprimiere o vendiere haya perdido y pierda todos y cualesquier libros y moldes que de él tuviere o vendiere en estos nuestros reinos, y mandamos a los del nuestro Consejo, presidente y oidores de las nuestras Audiencias, alcaldes, alguaciles de la nuestra casa, Corte y cancillería, y a todos los corregidores, asistentes, gobernadores, alcaldes mayores y ordinarios, y otros jueces y justicias cualesquier, de todas las ciudades, villas y lugares de los nuestros reinos y señoríos, así a los que ahora son como a los que serán de aquí adelante, que vos guarden y cumplan esta nuestra cédula y merced que ansí vos hacemos, contra el tenor y forma de ella, ni de lo en ella contenido, vos no vayan ni pasen ni consientan ir ni pasar por alguna manera, so pena de la nuestra merced y de diez mil maravedís para la nuestra Cámara. Fecha en Madrid. A veinte y cinco días del mes de abril de mil y quinientos y setenta y cuatro años
   YO EL REY
   Por mandado de su Majestad
   Antonio de Eraso

Aprobación del Consejo de Aragón
Por orden y mandado de los señores del Consejo real de la sacra Corona de Aragón, he visto y examinado el libro intitulado Examen de ingenios para las ciencias, compuesto por

el doctor Juan Huarte navarro, natural de San Juan del Pie del Puerto. Paréceme obra católica, en que el autor muestra singular ingenio inventivo, y ejercitado en sutil filosofía natural. Su argumento es exquisito entre todos los que yo he visto y oído en su género. Y, si se probase, sería sin duda de importante utilidad a la república. Tengo por provechoso el haberlo reducido a tales términos, que los ingenios puedan ejercitarse, y descubrir algunos secretos naturales, de los que el autor ofrece. Paréceme que se le debe dar licencia para imprimirlo, etc. Esto me parece, debajo de otro mejor juicio a que me remito. En Madrid, agosto once de 1574 años.

El doctor Heredia

Licencia, para Aragón, de la edición de 1575.
NOS DON FELIPE, por la gracia de Dios Rey de Castilla, de Aragón, de las dos Sicilias, de Jerusalén, de Hungría, de Dalmacia, de Croacia, de León, de Navarra, de Granada, de Toledo, de Valencia, de Galicia, de las Mallorcas, de Sevilla, de Cerdeña, de Córdoba, de Córcega, de Murcia, de Jaén, de los Algarves, de Algecira, de Gibraltar, de las Islas de Canaria, de las islas Indias, y tierra firme del Mar Océano. Archiduque de Austria, Duque de Borgoña, de Bravante y de Milán, Conde de Barcelona, de Flandes y de Tirol, señor de Vizcaya y Molina, Duque de Atenas y Neopatria, Conde de Rosellón y Cerdania, Marqués de Oristan y Goceano. Por cuanto por parte de vos, el doctor Juan Huarte de San Juan, del lugar de San Juan del Pie del Puerto de dicho nuestro Reino de Navarra, nos ha sido fecha relación diciendo que vos habíades compuesto un libro intitulado Examen de ingenios para las ciencias, el cual es de mucho provecho, y que lo deseáis imprimir y llevar a vender los impresos a los reinos y señoríos de nuestra Corona de Aragón, suplicándonos muy humildemente os mandásemos dar licencia para ello, por tiempo de diez años,

con prohibición que ningún otro lo pueda hacer, sino vos o la persona que vuestro poder hubiere. E nos teniendo respecto al fruto y provecho que del dicho libro se puede sacar, y a los gastos y costas que habéis sostenido y se os ofrecen en hacer la dicha impresión, y que ha sido visto y reconocido y aprobado por nuestro mandado, habemos tenido por bien condescender a vuestra suplicación por la manera infraescrita. Por ende con tenor de las presentes, de nuestra cierta ciencia y Real autoridad, damos licencia, permiso y facultad a vos, el dicho doctor Juan Huarte, y a la persona o personas que vuestro poder hubieren, que podáis imprimir, o hacer imprimir, al impresor o impresores que quisiéredes el dicho libro arriba intitulado, en cualesquier ciudades, villas y lugares de los dichos nuestros reinos y señoríos de la Corona de Aragón, y vender en ellos, ansí los impresos fuera como los que haréis en ellos, prohibiendo según que con las presentes prohibimos y vedamos que ninguna otra persona lo pueda imprimir, ni hacer imprimir, ni vender, ni llevar los impresos de otras partes a vender en los dichos reinos y señoríos, sino vos o quien vuestro poder hubiere, por tiempo de los dichos diez años, que empiecen a correr desde el día de la data de las presentes en adelante, so pena de doscientos florines de oro de Aragón y perdimiento de moldes y libros, dividídera en tres partes iguales, una a nuestros reales cofres, otra para vos, el dicho doctor Huarte, y otra al acusador. Con esto, empero, que los libros que hiciéredes imprimir, del día presente en adelante, no los podáis vender hasta que hayáis traído a este nuestro sacro, supremo, Real Consejo, que cabe nos reside, el libro que nos habéis presentado, y está rubricado, y a la fin de él firmado de mano de Pedro Franquesa, escribano de mandamiento infrascrito, juntamente con otro de la nueva impresión, para que se vea y compruebe si la dicha nueva impresión estará conforme al dicho libro que se nos ha presentado, y está rubricado por el dicho Pedro Franquesa como arriba se dice. Mandando con el mismo tenor de las presentes, de la dicha nuestra cierta ciencia y real autoridad, a cualesquier lugartenientes, capitanes generales, canciller, vicecanciller, regentes la cancillería, regentes el oficio y portantes veces de general, gobernador, alguaciles, porteros, vergueros y otros cualesquier oficiales y ministros nuestros, mayores y menores, en los dichos nuestros reinos y señoríos de la Corona de Aragón, constituidos y constituideros, y a sus lugartenientes y regentes los dichos oficios, so incorrimiento de nuestra ira e indignación, y pena de mil florines de oro de Aragón, de los bienes del que lo contrario hiciere exigideros, y a nuestros reales cofres aplicaderos, que la presente nuestra licencia y prohibición, todo lo en ella contenido, os tengan, guarden y observen tener, guardar y observar, hagan sin contradicción ni dar lugar ni permitir que sea hecho lo contrario en manera alguna, si nuestra gracia les es cara, y demás de nuestra ira e indignación en la pena susodicha desean no incurrir. En testimonio de lo cual, mandamos despachar las presentes, con nuestro sello real común en el dorso, selladas. Data en la nuestra villa de Madrid a quince días del mes de agosto. Año del nacimiento de Nuestro Señor, mil quinientos setenta y cuatro.

YO EL REY

Portada de 1594:
EXAMEN / DE INGENIOS / PARA LAS CIENClAS / EN EL CUAL EL LECTOR HALLA- / rá la manera de su ingenio, para escoger la ciencia en que / mas ha de aprovechar. Y la diferencia de habi / lidades que hay en los hombres: y el géne / ro de letras y artes que a cada uno / responde en particular.

Compuesto por el Doctor Juan Huarte de / san Juan. Ahora nuevamente enmenda / do por el mismo Autor, y añadidas / muchas cosas curiosas, y / provechosas.

Dirigido a la C.R.M. del Rey don Felipe nuestro / señor. Cuyo ingenio se declara, ejemplificando / las reglas y preceptos de esta / doctrina.

Con nuevo Privilegio del Rey N.S.

Impreso en Baeza. En casa de Juan Baptista / de Montoya. Año de. 1594.

Privilegio para la edición de 1594.
EL REY
Por cuanto por parte de vos, Luis Huarte de San Juan, hijo legítimo del doctor Juan Huarte de San Juan, natural de la villa de San Juan del Pie del Puerto (ya difunto) nos ha sido fecha relación: que el dicho doctor, vuestro padre, había compuesto y ordenado un libro intitulado Examen de ingenios, el cual había sido impreso una vez y visto por el Santo Oficio, y con algunas enmiendas que había hecho había mandado que anduviese, y al presente no se hallaba ninguno y era pedido de mucha gente; y por ser libro de mucho ingenio, útil y provechoso a la república, nos suplicasteis os mandásemos dar licencia para le poder imprimir, atento el mucho trabajo que el dicho vuestro padre había pasado en enmendarlo y ponerlo en la perfección que ahora le presentábades; y que las enmiendas que estaban fechas eran conforme al mandato del Catálogo último que los del Consejo de la Inquisición habían publicado; y porque no teníades otra cosa ni bienes que os hubiesen quedado del dicho vuestro padre, os diésemos nuestra cédula y privilegio de prorrogación, de que por nos la primera vez había sido al dicho vuestro padre concedido, o como la nuestra merced fuese. Lo cual visto por los del nuestro Consejo, por cuanto en el dicho libro se hicieron las

diligencias que la premática por nos fecha sobre la impresión de los dichos libros dispone, fue acordado que debíamos de mandar dar esta nuestra cédula para vos en la dicha razón, e nos tuvímoslo por bien. Por la cual, por os hacer bien y merced, os damos licencia y facultad para que por tiempo de seis años primeros siguientes, que corren y se cuentan desde el día de la data de esta nuestra cédula, vos o la persona que vuestro poder hubiere, y no otra alguna, podáis imprimir y vender el dicho libro intitulado Examen de ingenios, con todas las enmiendas que en él hay fechas que de suso se hace mención en todos nuestros reinos de Castilla, por el original que en el nuestro Consejo se ha visto, que va rubricado y firmado al cabo de Miguel de Ondarza Zavala, nuestro escribano de Cámara de los que residen en nuestro consejo; con que antes que se venda lo traigáis ante ellos juntamente con el original, para que se vea si la dicha impresión está conforme a él, o traigáis fe en pública forma, en cómo por corrector por vos nombrado se vio y corrigió la dicha impresión por el original. Y mandamos al impresor que así imprimiere el dicho libro, no imprima el principio y primer pliego, ni entregue más de solo un libro con el original al autor o persona a cuya costa se imprimiere, ni otra alguna para efecto de la dicha corrección y tasa hasta que primero el dicho libro esté corregido y tasado por los del nuestro Consejo; y estando ansí, y no de otra manera, pueda imprimir el dicho principio y primer pliego, y en él seguidamente ponga esta nuestra licencia y privilegio, y la aprobación y tasa, so pena de caer e incurrir en las penas contenidas en la dicha premática y leyes de nuestros reinos. Y mandamos que durante el dicho tiempo persona alguna sin vuestra licencia no lo pueda imprimir ni vender, so pena que el que lo imprimiere haya perdido y pierda todos y cualesquiera libros, moldes y aparejos que los dichos libros tuviere, y más incurra en pena de cincuenta mil maravedís por cada

vez que lo contrario hiciere; la cual dicha pena sea la tercia parte para la nuestra Cámara, y la otra tercia parte para la persona que lo denunciare, y la otra tercia parte para el juez que lo sentenciare. Y mandamos a los del nuestro Consejo, presidente y oidores de las nuestras Audiencias, alcaldes, alguaciles de la nuestra casa y Corte y cancillerías, y a todos los corregidores, asistentes, gobernadores, alcaldes mayores y ordinarios, y otros jueces y justicias cualesquier, de todas las ciudades, villas y lugares de estos nuestros reinos y señoríos, así a los que ahora son como a los que serán de aquí adelante, os guarden y cumplan esta nuestra cédula y merced que ansí vos hacemos; y contra el tenor y forma de ella y de lo en ella contenido, no vais ni paséis ni consintáis ir ni pasar por alguna manera, so pena de la nuestra merced y de diez mil maravedís para la nuestra Cámara. Fecha en Valladolid. A seis días del mes de julio de 1592 años.
YO EL REY
Por mandato del rey nuestro señor
Don Luis de Salazar

Tasa
Yo, Miguel de Ondarza Zavala, escribano de Cámara del rey nuestro señor, de los que residen en su Consejo, doy fe que, habiéndose presentado ante los señores del dicho Consejo, por parte de Juan Andrea Guarnero, vecino de la ciudad de Baeza, un libro intitulado *Examen de ingenios,* que con licencia de los señores del dicho Consejo se ha impreso, le tasaron a tres maravedís cada pliego del dicho libro, y a este precio y no a más mandaron se venda, y que esta tasa se ponga al fin de cada un libro. Y para que de ello conste, de pedimento de Juan Orozco Carvajal, en nombre del dicho Juan Andrea Guarnero, di el presente, que es fecho en la villa de Madrid, a diez y ocho días del mes de julio de mil y quinientos y no-

venta y cuatro años, y en fe de ello lo firmé de mi nombre. Miguel de Ondarza Zavala.

Proemio

A la Majestad del rey don Felipe, nuestro señor

Para que las obras de los artífices tuviesen la perfección que convenía al uso de la república, me pareció, Católica Real Majestad, que se había de establecer una ley: que el carpintero no hiciese obra tocante al oficio del labrador, ni el tejedor del arquitecto, ni el jusrisperito curase, ni el médico abogase; sino que cada uno ejercitase sola aquel arte para la cual tenía talento natural, y dejase las demás. Porque, considerando cuán corto y limitado es el ingenio del hombre para una cosa y no más, tuve siempre entendido que ninguno podía saber dos artes con perfección sin que en la una faltase. Y, porque no errase en elegir la que a su natural estaba mejor, había de haber diputados en la república, hombres de gran prudencia y saber, que en la tierna edad descubriesen a cada uno su ingenio, haciéndole estudiar por fuerza la ciencia que le convenía, y no dejarlo a su elección. De lo cual resultaría en vuestros estados y señoríos haber los mayores artífices del mundo y las obras de mayor perfección, no más de por juntar el arte con naturaleza.

Esto mismo quisiera yo que hicieran las Academias de vuestros reinos; que, pues no consienten que el estudiante pase a otra facultad no estando en la lengua latina perito, que tuvieran también examinadores para saber si el que quiere estudiar dialéctica, filosofía, medicina, teología o leyes tiene el ingenio que cada una de estas ciencias ha menester. Porque si no, fuera del daño que este tal hará después en la república usando su arte mal sabida, es lástima ver a un hombre trabajar y quebrarse la cabeza en cosa que es imposible salir con ella. Por no hacer hoy día esta diligencia, han destruido la cristiana religión los que no tenían ingenio para teología, y echan a perder la salud de los hombres los que son inhábiles para medicina, y la jurispericia no tiene la perfección que pudiera por no saber a qué potencia racional pertenece el uso y buena interpretación de las leyes.

Todos los filósofos antiguos hallaron por experiencia que donde no hay naturaleza que disponga al hombre a saber, por demás es trabajar en las reglas del arte. Pero ninguno ha dicho con distinción ni claridad qué naturaleza es la que hace al hombre hábil para una ciencia y para otra incapaz, ni cuántas diferencias de ingenio se hallan en la especie humana, ni qué artes y ciencias responden a cada uno en particular, ni con qué señales se había de conocer, que era lo que más importaba. Estas cuatro cosas, aunque parecen imposibles, contienen la materia sobre que se ha de tratar, fuera de otras muchas que se tocan al propósito de esta doctrina, con intento que los padres curiosos tengan arte y manera para descubrir el ingenio a sus hijos, y sepan aplicar a cada uno la ciencia en que más ha de aprovechar. Que es un aviso que Galeno cuenta haberle dado un demonio a su padre, al cual le aconsejó, estando durmiendo, que hiciese estudiar a su hijo medicina, porque para esta ciencia tenía ingenio único y singular.

De lo cual entenderá vuestra Majestad cuánto importa a la república que haya en ella esta elección y examen de ingenios para las ciencias; pues de estudiar Galeno medicina resultó tanta salud a los enfermos de su tiempo, y para los venideros dejó tantos remedios escritos. Y si como Baldo (aquel ilustre varón en derecho) estudió medicina y la usó, pasara adelante con ella, fuera un médico vulgar (como ya realmente lo era por faltarle la diferencia de ingenio que esta ciencia ha menester) y las leyes perdieran una de las mayores habilidades de hombre que para su declaración se podía hallar.

Queriendo, pues, reducir a arte esta nueva manera de filosofar, y probarla en algunos ingenios, luego me ocurrió el de vuestra Majestad por ser más notorio, de quien todo el mundo se admira viendo un príncipe de tanto saber y prudencia. Del cual aquí no se puede tratar sin hacer fealdad en la obra. El penúltimo capítulo es su conveniente lugar, donde vuestra Majestad verá la manera de su ingenio y el arte y letras con que había de aprovechar a la república si, como es rey y señor nuestro por naturaleza, fuera un hombre particular. Vale.

Segundo proemio

Al lector

Cuando Platón quería enseñar alguna doctrina grave, sutil y apartada de la vulgar opinión, escogía de sus discípulos los que a él le parecían de más delicado ingenio y a solo éstos decía su parecer, sabiendo por experiencia que enseñar cosas delicadas a hombres de bajo entendimiento era gastar el tiempo en vano y echar a perder la doctrina.

Lo segundo que hacía, después de la elección, era prevenirlos con algunos presupuestos claros y verdaderos, y que no estuviesen lejos de la conclusión. Porque los dichos y sentencias que de improviso se publican contra lo que el vulgo tiene persuadido no sirven de más, al principio no haciéndose tal prevención, que alborotar el auditorio y enojarle, de manera que viene a perder la pía afección y aborrecer la doctrina.

Esta manera de proceder quisiera yo poder guardar contigo, curioso lector, si hubiera forma para poderte primero tratar y descubrir a mis solas el talento de tu ingenio; porque, si fuera tal cual convenía a esta doctrina, apartándote de los ingenios comunes, en secreto te dijera sentencias tan nuevas y particulares cual jamás pensaste que podían caer en la imaginación de los hombres.

Pero como no se puede hacer, habiendo de salir en público para todos esta obra, no es posible dejar de alborotarte. Porque si tu ingenio es de los comunes y vulgares, bien sé que estás persuadido que el número de las ciencias y su perfección ha muchos días que por los antiguos está ya cumplido, movido con una vana razón: que, pues ellos no hallaron más que decir, argumento es que no hay otra novedad en las cosas. Y si por ventura tienes tal opinión no pases de aquí, ni leas más adelante; porque te dará pena ver probado cuán miserable diferencia de ingenio te cupo. Pero si eres discreto, bien compuesto y sufrido, decirte he tres conclusiones muy verdaderas, aunque por su novedad son dignas de grande admiración.

La primera es que, de muchas diferencias de ingenio que hay en la especie humana, sola una te puede, con eminencia, caber; si no es que Naturaleza, como muy poderosa, al tiempo que te formó echó todo el resto de sus fuerzas en juntar solas dos, o tres; o, por no poder más, te dejó estulto y privado de todas.

La segunda, que a cada diferencia de ingenio le responde, en eminencia, sola una ciencia y no más; de tal condición, que, si no aciertas a elegir la que responde a tu habilidad natural, ternás de las otras gran remisión, aunque trabajes días y noches.

La tercera, que después de haber entendido cuál es la ciencia que a tu ingenio más le responde, te queda otra dificultad mayor por averiguar; y es si tu habilidad es más acomodada a la práctica que a la teórica, porque estas dos partes, en cualquier género de letras que sea, son tan opuestas entre sí y piden tan diferentes ingenios, que la una a la otra se remiten como si fueran verdaderos contrarios.

Duras sentencias son, yo lo confieso. Pero otra cosa tienen de más dificultad y aspereza: que de ellas no hay a quien apelar ni poder decir de agravios. Porque siendo Dios el autor de Naturaleza, y viendo que ésta no da a cada hombre más que una diferencia de ingenio, como atrás dije, por la oposición o dificultad que de juntarlas hay, se acomoda con ella; y, de las ciencias que gratuitamente reparte entre los hombres, por maravilla da más que una en grado eminente. *Divisiones vero gratiarum sunt, idem autem Spiritus; et divisiones ministrationum sunt, idem autem Dominus, et divisiones operationum sunt, idem vero Deus qui operatur omnia in omnibus. Unicuique autem datur ministratio Spiritus ad utilitatem: alii quidem datur per Spiritum sermo sapientiae, alii autem sermo scientiae secundum eumdem Spiritum; alteri fides in eodem Spiritu, alii gratia sanitatum in uno Spiritu, alii operatio virtutum, alii prophetia, alii discretio Spirituum, alii genera linguarum, alii in interpretatio sermonum. Haec autem omnia operatur unus atque idem Spiritus dividens singulis prout vult.*

Este repartimiento de ciencias yo no dudo sino que le hace Dios teniendo cuenta con el ingenio y natural disposición de cada uno. Porque los talentos que repartió por san Mateo, dice el mismo Evangelista que los dio *unicuique secundum propiam virtutem.* Y pensar que estas ciencias sobrenaturales no piden ciertas disposiciones en el sujeto antes que se infunda, es error muy grande.

Porque cuando Dios formó a Adán y a Eva es cierto que, primero que los llenase de sabiduría, les organizó el celebro de tal manera que la pudiesen recibir con suavidad y fuese cómodo instrumento para con ella poder discurrir y raciocinar. Y así lo dice la divina Escritura: *...et cor dedit illis excogitandi, et disciplina intellectus replevit illos.*

Y que, según la diferencia de ingenio que cada uno tiene, se infunda una ciencia y no otra, o más o menos de cada cual de ellas, es cosa que se deja entender en el mismo ejemplo de nuestros primeros padres; porque, llenándolos Dios a ambos de sabiduría, es conclusión averiguada que le cupo menos a Eva, por la cual razón dicen los teólogos que se atrevió el demonio a engañarla y no osó tentar al varón temiendo su mucha sabiduría. La razón de esto es, como adelante probaremos, que la compostura natural que la mujer tiene en el celebro no es capaz de mucho ingenio ni de mucha sabiduría.

En las sustancias angélicas hallaremos también la misma cuenta y razón. Porque, para dar Dios a un ángel más grados de gloria y más subidos dones, le da primero más delicada naturaleza, y preguntado a los teólogos de qué sirva esta naturaleza tan delicada, dicen que el ángel que tiene más subido entendimiento y mejor natural se convierte con más facilidad a Dios y usa del don con más eficacia; y que lo mismo acontece en los hombres.

De aquí se infiere claramente que, pues hay elección de ingenios para las ciencias sobrenaturales, y que no cualquiera diferencia de habilidad es cómodo instrumento para ellas, que las letras humanas con más razón la pedirán, pues las han de aprender los hombres con las fuerzas de su ingenio.

Saber, pues, distinguir y conocer estas diferencias naturales del ingenio humano, y aplicar con arte a cada una la ciencia en que más ha de aprovechar es el intento de esta mi obra. Si saliere con él como lo tengo propuesto, daremos a Dios la gloria de ello, pues de su mano viene lo bueno y acertado. Y si no, bien sabes, discreto lector, que es imposible inventar un arte y poderla perfeccionar; porque son tan largas y espaciosas las ciencias humanas, que no basta la vida de un hombre a hallarlas y darles la perfección que han de tener. Harto hace el primer inventor en apuntar algunos principios notables, para que los que después sucedieren, con esta simiente, tengan ocasión de ensanchar el arte y ponerla en la cuenta y razón que es necesaria.

Aludiendo a esto Aristóteles, dice que los errores de los que primero comenzaron a filosofar se han de tener en gran veneración; porque, como sea tan dificultoso el inventar cosas nuevas y tan fácil añadir a lo que ya está dicho y tratado, las faltas del primero no merecen, por esta razón, por ser muy reprendidas, ni al que añade se le debe dar mucha alabanza.

Yo bien confieso que esta mi obra no se puede escapar de algunos errores, por ser la materia tan delicada y donde no había camino abierto para poderla tratar. Pero si fueren en materia donde el entendimiento tiene lugar de opinar, en tal caso te ruego, ingenioso lector, antes que des tu decreto, leas primero toda la obra y averigües cuál es la manera de tu ingenio; y si en ella hallares alguna cosa que a tu parecer no esté bien dicha, mira con cuidado las razones que contra ella más fuerza te hacen, y si no las supieres soltar, torna a leer el undécimo capítulo, que en él hallarás la respuesta que pueden tener. Vale.

Prosíguese el segundo proemio [1594]

y dase la razón por qué los hombres son de diferentes pareceres en los juicios que hacen

Una duda me ha traído fatigado el ingenio muchos días ha, y pensando, curioso lector, que su respuesta era muy oculta al juicio y sentido de los hombres, lo había siempre disimulado; hasta que ya, molestado de ocurrirme tantas veces a la imaginación, propuse en mí de saber su razón natural aunque me costase cualquiera trabajo. Y es de dónde puede nacer que, siendo todos los hombres de una especie indivisible y las potencias del ánima racional (memoria, entendimiento y voluntad) de igual perfección en todos, y, lo que más aumenta la dificultad, que, siendo el entendimiento potencia espiritual y apartada de los órganos del cuerpo, con todo eso vemos por experiencia que, si mil hombres se juntan para juzgar y dar su parecer sobre una misma dificultad, cada uno hace juicio diferente y particular, sin concentrarse con los demás. Por donde se dijo:

> *mille hominum species et rerum discolor usus: velle suum cuique est, nec voto vivitur uno.*

Ningún filósofo antiguo ni moderno, que yo haya visto, ha tocado esta dificultad, asombrados, a mi ver, de su gran oscuridad, aunque todos los veo querellosos del vario juicio y apetito de los hombres. Por donde me fue forzado echar el discurso a volar y aprovecharme de la investigación, como en otras dificultades mayores que no han tenido primer movedor.

Y discurriendo, hallé por mi cuenta que en la compostura particular de los hombres hay una causa natural que involuntariamente los inclina a diversos pareceres; y que no es odio, ni pasión, ni ser los hombres detractores y amigos de contradecir, como piensan los que escriben cartas nuncupatorias a sus Mecenates, pidiéndoles contra ellos ayuda y favor. Pero cuál fuese esta causa en particular, y de qué principios puede nacer, aquí estuvo el dolor y trabajo.

Para lo cual es de saber que fue antigua opinión de algunos médicos graves que todos los hombres que vivimos en regiones destempladas estamos actualmente enfermos y con alguna lesión, aunque por habernos engendrado y nacido con ella y no haber gozado de otra mejor templanza, no lo sentimos. Pero advirtiendo en las obras depravadas que hacen nuestras potencias y en los descontentos que cada hora pasan por nosotros sin saber de qué ni por qué, hallaremos claramente que no hay hombre que pueda decir con verdad que está sin achaque ni dolor.

Todos los médicos afirman que la perfecta salud del hombre restriba en una conmoderación de las cuatro calidades primeras, donde el calor no excede a la frialdad, ni la humedad a la sequedad, de la cual declinando, es imposible que pueda hacer tan bien sus obras como antes solía. Y está la razón muy clara: porque si con la perfecta temperatura hace el hombre sus obras con perfección, forzosamente con la destemplanza, que es su contrario, las ha de hacer con alguna falta y lesión. Pero, para conservar aquella perfecta sanidad, es necesario que los cielos influyan siempre unas mismas calidades; y que no haya invierno, estío ni otoño; y que el hombre no discurra por tantas edades; y que los movimientos del cuerpo y del ánima sean siempre uniformes: el velar y dormir, las comidas y bebida, todo templado y correspondiente a la conservación de esta buena temperatura. Todo lo cual es caso imposible, así al arte de medicina como a Naturaleza.

Solo Dios lo pudo hacer con Adán, poniéndolo en el Paraíso terrenal y dándole a comer del árbol de la vida, cuya propiedad era conservar al hombre en el punto perfecto de sanidad en que fue criado. Pero viviendo los hombres en regiones destempladas, sujetas a tales mudanzas del aire, al invierno, estío y otoño, y pasando por tantas edades, cada una de su temperatura, y comiendo unos manjares fríos y otros calientes, forzosamente se ha de destemplar el hombre y perder cada hora la buena templanza de las primeras calidades. De lo cual es evidente argumento ver que todos cuantos hombres se engendran nacen unos flemáticos y otros sanguinos, unos coléricos y otros melancólicos, y por gran maravilla uno templado, y a éste no le dura la buena temperatura un momento sin alterarse.

A estos médicos reprende Galeno diciendo que hablan con mucho rigor. Porque la sanidad de los hombres no consiste en un punto indivisible, sino que tiene anchura y latitud; y que las primeras calidades pueden declinar del perfecto temperamento sin caer luego en enfermedad. Los flemáticos se apartan notablemente por frialdad y humedad, y los coléricos por calor y sequedad; y todos viven sanos y sin achaque ni dolor. Y aunque es verdad que éstos no hacen tan perfectas obras como los templados, pero pasan con ellas sin notable lesión y sin llamar al médico que se les corrija; por la cual razón, el arte las guarda y conserva como disposiciones naturales. Aunque, con esto, confiesa Galeno que son destemplanzas viciosas y que se han de tratar como si fueran enfermedades, aplicando a cada una sus calidades contrarias para reducirlas, si fuese posible, a la perfecta sanidad donde no hay dolores ni achaques. De lo cual es evidente argumento ver que nunca Naturaleza, con sus irritaciones y apetitos, trata de conservar al destemplado con causas semejantes, sino siempre procura reducirle con contrarios, como si estuviese enfermo. Y, así, vemos que el colérico aborrece el estío y se huelga con el invierno, el vino le abrasa y con el agua se amansa. Que es lo que dijo Hipócrates: *calidae naturae cui est, aquae potus et refrigeratio*.

Pero para el fin que yo pretendo, impertinente es que estas destemplanzas sean enfermedades, como dijeron aquellos médicos antiguos, o sanidades imperfectas, como confiesa Galeno, porque de la una y de la otra opinión se infiere claramente lo que yo quiero probar, y es que, por razón de las destemplanzas que los hombres padecen, y por no tener entera su composición natural, están inclinados a gustos y apetitos contrarios, no solamente en la irascible y concupiscible, pero también en la parte racional. Lo cual se ve claramente discurriendo por todas las facultades que gobiernan al hombre destemplado. El que es colérico, según las potencias naturales, desea alimentos fríos y húmedos; y el flemático, calientes y secos. El colérico, según la potencia generativa, se pierde por mujeres; y el flemático las aborrece. El colérico, según la irascible, adora en la honra, en la vanagloria, imperio y mando, y ser a todos superior; y el flemático estima más hartarse de dormir que todos los señoríos del mundo. Y donde se echa también de ver los varios apetitos de los hombres es entre los mismos coléricos, flemáticos, sanguinos y melancólicos, por razón de las muchas diferencias que hay de cólera, flema y melancolía.

Pero, para que más claro se entienda que las varias destemplanzas y enfermedades que los hombres padecen es la causa total de hacer varios juicios en lo que toca a la parte racional, será bien poner ejemplo en las potencias exteriores; porque lo que fuere de ellas, será también de las interiores.

Todos los filósofos naturales convienen en que las potencias con que se ha de hacer algún conocimiento han de estar sanas y limpias de las calidades del objeto que han de conocer, so pena que harán juicios varios y todos falsos. Finjamos, pues, cuatro hombres enfermos en la compostura de la potencia visiva, y que el uno tenga en el humor cristalino una gota de sangre empapada, y otro de cólera, y otro de flema, y otro de melancolía. Si a éstos, no sabiendo ellos de su enfermedad, les pusiésemos delante un pedazo de paño azul para que juzgasen del color verdadero que tenía, es cierto que el primero diría que era colorado, y el segundo amarillo, y el tercero blanco, y el cuarto negro. Y todos lo jurarían, y se reirían unos de otros como que erraban en cosa tan manifiesta y notoria. Y si estas cuatro gotas de humores las pasásemos a la lengua y les diésemos a beber un jarro de agua, el uno diría que era dulce, el otro amarga, el otro salada y el otro aceda.

Veis aquí cuatro juicios diferentes en dos potencias por razón de tener cada una su enfermedad; y ninguna atinó a la verdad. La misma razón y proporción tienen las potencias interiores con sus objetos. Y si no, pasemos aquellos cuatro humores en mayor cantidad al celebro, de manera que le inflamen; y veremos mil diferencias de locuras y disparates, por donde se dijo: cada loco con su tema. Los que no llegan a tanta enfermedad parece que están en su juicio y que dicen y hacen cosas convenientes; pero realmente disparan, sino que no se echa de ver por la mansedumbre con que algunos proceden.

Los médicos de ninguna señal se aprovechan tanto para conocer y entender si un hombre está sano o enfermo como mirarle a las obras que hace. Si éstas son buenas y sanas, es cierto que tiene salud; y si lesas y dañadas, infaliblemente está enfermo. En este argumento se fundó aquel gran filósofo Demócrito abderita cuando le probó a Hipócrates que el hombre desde que nace hasta que muere no es otra cosa más que una perpetua enfermedad según las obras racionales; y, así, le dijo: *Totus homo ex nativitate morbus est: dum educatur, inutilis est et alienum auxlium implorat: dum crescit, protervus, insipiens, paedagogo opus habens; dum in vigore est, audax est; dum decrescit, miserabilis, ubi labores suos recolit ac jactat... Ex maternis enim uteri inquinamentis talis prodiit.* De la cual sentencia se admiró Hipócrates y, pareciéndole que era muy verdadera, se dejó concluir y por tal la contó a su amigo Damageto. Y tornándolo a visitar (gustando de su sabiduría) dice que le preguntó la razón y causa de su continua risa (viéndole reír y burlar de todos los hombres del mundo), a lo cual le respondió la sentencia que sigue: *Numquid universum mundum aegrotare non animadvertis? Alii canes emunt, alii equos, aliis volunt multis imperare, nec sibi ipsis imperare possunt; uxores ducunt quas paulo post eiiciunt; amant, deinde odio habent; cum magna cupiditate liberos generant, deinde adulto eiicunt. Quae est illa vana ac absurda diligentia, nihil ab insania differens? Bellum intestinum gerunt quietem non amplectentes; reges deponunt, alios subrogant; occidunt homines; terram fodientes argentum quaerunt.* Y, así, procedió muy a larga contando los varios apetitos de los hombres y las locuras que hacen y dicen por razón de estar todos enfermos. Y concluyendo, le dijo que este mundo no era más que una casa de locos, cuya vida era una comedia graciosa representada para hacer reír a los hombres; y que ésta era la causa de que se reía tanto. Lo cual oído por Hipócrates, dijo públicamente a los abderitas: *Non insanit Democritus, sed super omnia sapit et nos sapientiores efficit.*

 Si los hombres fuéramos todos templados y viviéramos en regiones templadas y usáramos de alimentos templados, todos (aunque no siempre, pero por la mayor parte) tuviéramos unos mismos conceptos, unos mismos apetitos y antojos; y si alguno tomara la mano a razonar y dar su parecer en alguna dificultad, todos de la misma manera casi a una mano la firmaran de su nombre. Pero viviendo como vivimos en regiones destempladas y con tantas desórdenes en el comer y beber, con tantas pasiones y cuidados del ánima y tan continuas alteraciones del cielo, no es posible dejar de estar enfermos, o por lo menos destemplados. Y como no enfermamos todos con un mismo género de enfermedad, no seguimos comúnmente todos una misma opinión, ni tenemos comúnmente un mismo apetito y antojo, sino cada uno el suyo conforme a la destemplanza que padece.

Con esta filosofía viene muy bien aquella parábola de san Lucas que dice: *Homo quidem descendebat ab Ierusalem in Iericho, et incidit in latrones; qui etiam despoliaverunt eum et, plagis impositis, abierunt semivivo relicto*. La cual declaran algunos autores diciendo que aquel hombre así llagado representa la naturaleza humana después del pecado; porque antes lo había Dios criado perfectísimo en la compostura y temperamento que naturalmente se debía a su especie, y le había dado muchas gracias y dones sobrenaturales para mayor perfección suya. Especialmente le dio la justicia original, con la cual alcanzó el hombre toda la salud y concierto que en su compostura se podía desear; y, así, la llama san Agustín *sanitas naturae*, porque de ella resultaba el armonía y concierto del hombre sujetando la porción inferior a la superior y la superior a Dios. Todo lo cual perdió en el punto que pecó; porque luego le despojaron de lo gratuito, y en lo natural quedó herido y llagado. Y si no, miremos a sus descendientes cómo están y qué obras hacen; y se entenderá claramente que no pueden proceder sino de hombres enfermos y llagados: a lo menos, de su libre albedrío está determinado que después del pecado quedó medio muerto y sin las fuerzas que solía tener. Porque en pecando Adán, luego le echaron del Paraíso terrenal (lugar templadísimo) y lo privaron del árbol de la vida y de los demás amparos que había para conservarle su buena compostura. La vida que comenzó a tener fue de mucho trabajo, durmiendo por los suelos al frío y al sereno y al calor. La región donde habitaba era destemplada, y las comidas y bebidas, contrarias a su salud. Él andaría descalzo y mal vestido, sudando y trabajando para ganar de comer, sin casa ni abrigo, vagando de región en región. Un hombre que se había criado en tanto contento y regalo con tal vida forzosamente había de enfermar y destemplarse; y, así, no le quedó órgano ni instrumento corporal que no estuviese destemplado, sin poder obrar con la suavidad que antes solía. Y con tal destemplanza conoció a su mujer y engendró tan mal hombre como Caín, de tan mal ingenio, malicioso, soberbio, duro, áspero, desvergonzado, envidioso, indevoto y mal acondicionado. Y, así, comenzó a comunicar a sus descendientes esta mala salud y desorden; porque la enfermedad que tienen los padres al tiempo del engendrar, esa misma (dicen los médicos) sacan sus hijos después de nacidos.

Pero una dificultad grande se ofrece en esta doctrina y pide no cualquiera solución. Y es: si todos los hombres estamos enfermos y destemplados como lo hemos probado y de cada destemplanza nace juicio particular ¿qué remedio tenemos para conocer cuál dice la verdad de tantos como opinan? Porque, si aquellos cuatro hombres erraron en el juicio y conocimiento que hicieron del paño azul, por tener cada uno su enfermedad particular en la vista, lo mismo podría acontecer en otros cuatro si cada uno tuviese su particular destemplanza en el celebro; y, así, quedaría la verdad ocultada, o ninguno la alcanzaría por estar todos enfermos y destemplados.

A esto se responde que la sabiduría humana es incierta y caduca por la razón que hemos dicho. Pero, fuera de esto, es de saber que nunca acontece enfermedad en el hombre que, debilitando una potencia, por razón de ella no se fortifique la contraria o la que pide contrario temperamento; como si el celebro templado se destemplase por humedad, es cierto que crecería la memoria y faltaría el entendimiento, como adelante probaremos; y por sequedad, subiría el entendimiento y bajaría la memoria. Y, así, en las obras tocantes al entendimiento, mucho más sabría un hombre de seco celebro, que un muy sano y templado; y en las obras de la memoria, mucho más alcanza un destemplado por humedad, que el hombre más templado del mundo. Porque, según la opinión de los médicos, en muchas obras exceden los destemplados a los templados; por donde dijo Platón que por maravilla se halla hombre de muy subido ingenio que no pique algo en manía (que es una destemplanza caliente y seca del celebro).

De manera que hay destemplanza y enfermedad determinada para cierto género de sabiduría, y repugnante para las demás; y, así, es necesario que el hombre sepa qué enfermedad es la suya y qué destemplanza, y a qué ciencia responde en particular (que es el tema de este libro); porque con ésta alcanzará la verdad y con las demás hará juicios disparados.

Los hombres templados, como adelante probaremos, tienen capacidad para todas las ciencias con cierta mediocridad sin aventajarse mucho en ellas. Pero los destemplados, para una y no más; a la cual si se dan con certidumbre, y la estudian con diligencia y cuidado, harán maravillas en ella; y si la yerran, sabrán muy poquito en las demás. De lo cual es evidente argumento ver por las historias que cada ciencia se inventó en la región destemplada que le cupo acomodada a su invención.

Si Adán y todos sus descendientes vivieran en el Paraíso terrenal, de ninguna arte mecánica ni ciencia de las que ahora se leen en las escuelas tuviera necesidad, ni hasta el día de hoy se hubieran inventado ni puesto en práctica. Porque, andando desnudos y descalzos, no eran necesarios sastres, calceteros, zapateros, cardadores, tejedores, carpinteros ni domificadores; porque en el Paraíso terrenal no había de llover, ni correr aires fríos ni calientes de que se hubieran de guardar. También no hubiera esta teología escolástica y positiva, a lo menos tan extendida como ahora tenemos; porque no pecando Adán, no naciera Jesucristo, de cuya encarnación, muerte y vida, y del pecado original y el reparo que tuvo, está compuesta esta Facultad. Menos hubiera jurispericia; porque para el justo no son necesarias leyes ni derecho: todas las cosas fueran comunes y no hubiera mío ni tuyo, que es la ocasión de los pleitos y del reñir. La medicina fuera ciencia impertinente; porque los hombres fueran inmortales, no sujetos a corrupción ni alteración que les causara enfermedad: comieran todos de aquel árbol de la vida cuya propiedad era repartirles siempre mejor húmido radical que antes tenían.

En pecando Adán, luego tuvieron principio práctico todas las artes y ciencias que hemos dicho, porque todas fueron menester para remediar su miseria y necesidad. La primera que comenzó en el Paraíso terrenal fue la jurispericia, donde se substanció un proceso por el mismo orden judicial que ahora tenemos, citando la parte, y poniéndole su acusación, y respondiendo el reo, con la sentencia y condenación del juez. La segunda fue la teología; porque cuando dijo Dios a la serpiente *et ipsa conteret caput tuum*, entendió Adán, como hombre que tenía el entendimiento lleno de ciencias infusas, que para su remedio el Verbo divino había de encarnar en el vientre virginal de una mujer, y que ésta con su buen parto había de poner debajo sus pies al demonio con todo su imperio; en la cual fe y creencia se salvó. Tras la teología salió luego el arte militar, porque en el camino por donde Adán iba a comer del árbol de la vida fabricó Dios un presidio, donde puso un querubín armado para que le impidiese el paso. Tras el arte militar salió luego la medicina; porque, en pecando Adán, se hizo mortal y corruptible y sujeto a mil enfermedades y dolores.

Todas estas ciencias y artes tuvieron su principio práctico aquí, y después se perfeccionaron y aumentaron cada una en la región destemplada que le cupo, naciendo en ella hombres de ingenio y habilidad acomodada a su invención. Y así concluyo, curioso lector, confesando llanamente que yo estoy enfermo y destemplado (y que tú lo podrás estar también), pues nací en tal región; y que nos podría acontecer lo mismo que a aquellos cuatro hombres, que, siendo el paño azul, el uno juró que era colorado, el otro blanco, el otro amarillo y el otro negro, y ninguno acertó por la lesión particular que cada uno tenía en su vista.

Capítulo I [1594]. Donde se declara qué cosa es ingenio y cuántas diferencias se hallan de él en la especie humana

Precepto es de Platón (el cual obliga a todos los que escriben y enseñan) comenzar la doctrina por la definición del sujeto cuya naturaleza, diferencia y propiedades queremos saber y entender. Dase por esta vía gusto al que la ha de aprender, y el que escribe no se derrama a cuestiones impertinentes, ni deja de tocar aquellas que son necesarias para que la obra salga con toda la perfección que ha de tener. Y es la causa que la definición es un tema tan fecundo y concertado, que apenas se halla paso ni contemplación en la ciencia ni en el método con que se ha proceder, que no esté en él apuntado. Por donde es cierto que no se puede bien proceder en ningún género de sabiduría no comenzando de aquí.

Y pues el sujeto total de esta obra es el ingenio y habilidad de los hombres, razón será, por lo dicho, que sepamos su definición y qué es lo que contiene en su esencia; porque, sabida y entendida como conviene, habremos hallado el verdadero medio para hacer demostración de esta nueva doctrina.

Y porque el nombre, como dice Platón, *est instrumentum docendi discernendique rerum substantia*, es de saber que este nombre, ingenio, desciende de uno de estos tres verbos latinos: *gigno, ingigno, ingenero*; y de este último parece que tiene más clara su descendencia, atento a las muchas letras y sílabas que de él vemos que toma, y lo que de su significación diremos después.

La razón en que se fundaron los primeros que lo inventaron no debió ser liviana; porque saber imaginar los nombres con la consonancia y buen sonido que piden las cosas nuevamente halladas es obra (dice Platón) de hombres heroicos y de alta consideración. Como pareció en la invención de este nombre, ingenio, que para descubrirla fue menester una contemplación muy delicada y llena de filosofía natural. En la cual discurriendo, hallaron que había en el hombre dos potencias generativas: una común con los brutos animales y plantas, y otra participante con las sustancias espirituales, Dios y los ángeles. De la primera no hay que tratar por ser tan manifiesta y notoria; la segunda es la que tiene alguna dificultad, por no ser sus partos y manera de engendrar al vulgo tan conocidos.

Pero hablando con los filósofos naturales, ellos bien saben que el entendimiento es potencia generativa y que se empreña y pare, y que tiene hijos y nietos, y una partera (dice Platón) que le ayuda a parir. Porque de la manera que en la primera generación el animal o planta da ser real y sustantífico a su hijo, no lo teniendo antes de la generación, así el entendimiento tiene virtud y fuerzas naturales de producir y parir dentro de sí un hijo, al cual llaman los filósofos naturales noticia o concepto, que es *verbum mentis*. Y no solo es lenguaje y doctrina recibida de los filósofos naturales decir que el entendimiento es potencia generativa y llamar hijo a lo que ésta produce; pero aun hablando la Escritura de la generación del Verbo divino, usa de los mismos términos de padre y de hijo y de engendrar y parir: *Nondum erant abyssi, et ego iam concepta eram... Et ante omnes colles, ego parturiebar*. Y, así, es cierto que de la fecundidad del entendimiento del Padre tuvo el Verbo divino su eternal generación: *eructavit con meum verbum bonum*. Y no solo él, pero aun todo lo visible e invisible contenido en el universo, se halló producido por esta misma potencia; en tanto que viendo y considerando los filósofos naturales la gran fecundidad que Dios tenía en su entendimiento, lo llamaron Genio, que por antonomasia quiere decir el grande engendrador.

El ánima racional y las demás sustancias espirituales, puesto caso que también se llaman genios por ser fecundas en producir y engendrar conceptos tocantes a ciencia y sabiduría, pero su entendimiento no tiene en los partos que hace tanta virtud y fuerzas que les pueda dar ser real y sustantífico fuera de sí, como en las generaciones que Dios hizo. Solo llega la fecundidad de éstas a producir dentro de su memoria un accidente que, cuando va muy bien engendrado, no es más que una figura y retrato de aquello que queremos saber y entender; no como la generación del Verbo divino, donde el engendrado salió *consubstantialis Patri* y las demás cosas que parió respondieron afuera con el ser real y sustantífico que ahora las vemos. Pero las generaciones que el hombre hace con su entendimiento, si son de cosas artificiales, no luego toman el ser que han de tener, antes para sacar perfecta la idea con que se han de fabricar es menester fingir primero mil rayas en el aire y componer muchos modelos y últimamente poner las manos para que tomen el ser que han de tener, y las más veces salen erradas. Lo mismo acontece en las demás generaciones que el hombre hace para entender las cosas naturales como ellas son en sí; donde la imagen que el entendimiento concibe de ellas, por maravilla sale de la primera contemplación con el vivo que la cosa tiene; y para pintar una figura tal y tan buena como ella está en su original, es menester juntar infinitos ingenios y que pasen muchos años, y con todo eso conciben mil disparates.

Supuesta, pues, esta doctrina, es ahora de saber que las artes y ciencias que aprenden los hombres son unas imágenes y figuras que los ingenios engendraron dentro de su memoria, las cuales representan al vivo la natural compostura que tiene el sujeto cuya es la ciencia que el hombre quiere aprender: como la medicina no fue más en el entendimiento de Hipócrates y Galeno que un dibujo que contrahace al natural la compostura verdadera del hombre, con sus causas y achaques de enfermar y sanar; y la jurispericia es otra figura, donde está representada la verdadera forma de la justicia con que se guarda y conserva la policía humana y viven los hombres en paz. Por donde es cierto que si el que aprende oyendo la doctrina de un buen maestro, no pudiere pintar en su memoria otra figura tal y tan buena como es la que le van diciendo, que sin duda es estéril y que no se puede empreñar ni parir, si no son disparates y monstruos.

Y esto baste en cuanto al nombre ingenio, el cual desciende de este verbo *ingenero*, que quiere decir engendrar dentro de sí una figura entera y verdadera que represente al vivo la naturaleza del sujeto cuya es la ciencia que se aprende.

Cicerón definió el ingenio diciendo: *docilitas et memoria quae fere uno ingenii nomine appellantur*, en las cuales palabras siguió la opinión de la gente popular que se contenta con ver sus hijos disciplinables y con docilidad para ser enseñados de otros, y con memoria que retenga y guarde las figuras que el entendimiento ha concebido. Al cual propósito dijo Aristóteles que el oído y la memoria se habían de juntar para aprovechar en las ciencias.

Pero, realmente, esta definición es muy corta y no comprende todas las diferencias de ingenio que hay; porque esta palabra, docilitas, abraza solos aquellos ingenios que tienen necesidad de maestro, y deja fuera otros muchos cuya fecundidad es tan grande que con solo el objeto y su entendimiento, sin ayuda de nadie, paren mil conceptos que jamás se vieron ni oyeron: cuales fueron aquellos que inventaron las artes. Fuera de esto, mete Cicerón a la memoria en cuenta de ingenio; de la cual dijo Galeno que carecía totalmente de invención, que es decir que no puede engendrar nada de sí, antes su mucha intensión y grandeza (dice Aristóteles) es causa que el entendimiento sea infecundo y que no se pueda empreñar ni parir. Solo sirve de guardar y tener en custodia las formas y figuras que las otras potencias han concebido, como parece en los hombres de letras muy memoriosos, que cuanto dicen y escriben todo tiene otro dueño primero.

Verdad es que, bien considerada aquella partícula, docilitas, hallaremos que dijo bien Cicerón. Porque la prudencia y sabiduría y la verdad que contienen las ciencias (dice Aristóteles) está sembrada en las cosas naturales, y en ellas se ha de buscar y hallar como en su verdadero original. El filósofo natural que piensa ser una proposición verdadera porque la dijo Aristóteles, sin buscar otra razón, no tiene ingenio. Porque la verdad no está en la boca del que afirma, sino en la cosa de que se trata, la cual está dando voces, y grita enseñando al hombre el ser que Naturaleza le dio y el fin para que fue ordenada, conforme aquello: *numquid sapientia non clamitat et prudentia dat vocem suam?* El que tuviere docilidad en el entendimiento y buen oído para percibir lo que Naturaleza dice y enseña con sus obras aprenderá mucho en la contemplación de las cosas naturales, el que no, terná necesidad de preceptor que le avise y le haga considerar lo que los brutos animales y plantas están voceando. *Vade ad formicam, o piger, et considera vias eius et disce prudentiam; quae cum non habeat ducem nec praeceptorem, praeparat in aestate*, etc.

Platón no cayó en este género de docilidad, ni le pareció que había otros maestros que pudiesen enseñar al hombre fuera de los que vemos subidos en cátedra; y, así, dijo: *agri vero et arbores nihil me docere possunt, sed homines qui in urbe versantur*. Mejor lo dijo Salomón, que sabiendo que había este segundo género de docilidad, lo pidió a Dios para gobernar su pueblo: *dabis ergo servo tuo cor docile, ut populum tuum iudicare possit et discernere inter bonum et malum*, por las cuales palabras no pidió más que lumbre y claridad en el entendimiento (aunque le dieron más de lo que pidió) para que, proponiéndole delante las cosas y dudas tocantes a su gobernación, pudiese sacar de la naturaleza de la cosa el verdadero juicio que había de hacer, sin irlo a buscar a los libros; como pareció claramente en aquella sentencia que dio en el primer caso de las meretrices, que cierto la naturaleza de la cosa le enseñó que la verdadera madre del niño no había de consentir que se partiese.

Este mismo género de docilidad y claridad del entendimiento dio Cristo a sus discípulos para entender la Escritura, quitándoles primero la rudeza e inhabilidad que habían sacado de las manos de Naturaleza conforme aquello: *aperuit illis sensum ut intelligerent Scripturas*. Y, así, la Iglesia católica, teniendo entendido lo que importa este género de docilidad para entender la Escritura, tiene ordenado y mandado que ningún hombre de poco ingenio, ni viejo, estudie teología: *Est enim lex, apud nos sanctissima, quae in eiusmodi disciplinis solum adolescentes, nec omnes sed ingenio-*

sos exercet: grandioribus autem natu, ingenioque tardiori, studia haec interdicit. La misma sentencia dijo Platón tratando de los ingenios que habían de estudiar las ciencias divinas: que, por estar las sustancias separadas tan lejos de los sentidos, convenían buscar ingenios muy claros para ellas; y, así dijo: *Nec solum quaerendi sunt homines generosi atque terribiles, sed qui, insuper, eas habeant naturae dotes quas disciplina divina exigit, acumen scilicet facilitatemque ingenii.* Y, de camino, reprende a Solón porque dijo que allá en la vejez se habían de aprender estas letras.

Los que alcanzan esta diferencia de habilidad viven, en las ciencias que tratan, muy descansados; porque no tiene necesidad su entendimiento de memoria que le guarde las figuras y especies para discurrir con ellas otra vez, antes las mismas cosas naturales se las dan todas las veces que las quieren contemplar; y siendo sobrenaturales, sin especies ni figuras que hayan pasado por los sentidos, las entienden. Por donde dijo Platón: *Rerum autem maximarum pretiosissimarumque nulla est imago quae manifeste ad hominum sensum captumque affecta sit; incorporea namque, cum maxima et pulcherrima sint, ratione sola, alio vero nullo, perspicue declarantur.* Y, así, dice que para las ciencias divinas son menester mayores ingenios que para las demás, porque no se aprovechan del sentido. Por donde es muy cierto que aquel dicho tan celebrado de Aristóteles, *nihil est in intellectu quin prius fuerit in sensu,* no tiene lugar en este segundo género de docilidad, sino en el primero, cuya habilidad no se extiende a más de aprender y retener en la memoria lo que el maestro dice y enseña.

De lo cual se colige claramente cuán mal se hace en nuestros tiempos con la teología; pues sin hacer la elección que la Iglesia católica manda, entran a estudiarla muchos que Naturaleza los ordenó para cavar y arar.

A estos dos géneros de docilidad responden dos diferencias de ingenio. La una es de quien dijo Aristóteles: *bonum ingenium est illud quod bene dicenti obedit*; como si dijera: «aquél es buen ingenio que obedece al que bien dice». Porque el hombre que no se convence oyendo buenos discursos y razones, ni puede formar en su memoria aquella figura que le van proponiendo, es señal que su entendimiento es infecundo.

Verdad es que en esto hay una cosa que considerar; y es que hay muchos discípulos que aprenden con gran facilidad todo lo que el maestro les dice y enseña, y lo retienen y guardan en la memoria, sin ninguna contradicción; lo cual puede acontecer por una de dos razones:

O porque el maestro es tal y tan bueno como lo pintó Aristóteles diciendo: *oportet sapientem non solum ea quae ex principiis sunt cognoscere, sed etiam circa principia ipsa verum dicere*. Los discípulos que a este tal maestro obedecieren es cierto que tienen buen ingenio; y mucho más lo descubren cuando oyen la doctrina de maestro que la enseña sin hacer la trabazón y consonancia en las sentencias y conclusiones que piden los principios sobre que está fundada. En no llevando al buen ingenio por este camino derecho, luego se le ofrecen mil dificultades y argumentos, porque lo que oye de tal maestro no le hace la figura y buena correspondencia que piden los verdaderos principios de la doctrina; y, así, trae siempre el entendimiento inquieto y desasosegado por falta del que le enseña. Otros ingenios hay rudos y torpes, que, viendo que los muy ingeniosos son tenidos en mucho por las dificultades y argumentos que ponen al maestro, en saliendo de lección (a imitación suya) procuran molestar con grandes impertinencias al que los enseña, sin dar razón de su dificultad; y por esta vía descubren más presto su inhabilidad que si callasen. Por éstos dijo Platón que eran los que no tienen ingenio para confutar. Pero el que le tiene agudo y delicado no ha de creer nada al maestro, ni recibirle cosa que no venga bien con la doctrina. Y otros callan y obedecen al maestro sin ninguna contradicción, porque su entendimiento no siente la falsedad y disonancia que hace lo que enseña con los principios de atrás.

La segunda diferencia de ingenio definió Aristóteles diciendo: *optimum ingenium est illud quod omnia per se intelligit*. La cual diferencia tiene la misma proporción con las cosas que ha de saber y entender que la vista corporal con las figuras y colores. Si ésta es pura y muy delicada, en abriendo el hombre los ojos dice cada cosa lo que es y atina el lugar donde está y la diferencia que una hace a otra sin que nadie se lo avise. Pero si es turbia y muy corta, aun las cosas muy claras y patentes, teniéndolas delante de sí, no las puede percibir sin tercero que se lo diga. El hombre ingenioso, puesto en consideración, que es abrir los ojos del entendimiento, con livianos discursos entiende el ser de las cosas naturales, sus diferencias y propiedades, y el fin para que fueron ordenadas. Pero, si no tiene este género de habilidad, es necesario que intervenga la diligencia del maestro, y en muchos no basta.

Esta diferencia de ingenio no admite la gente popular, ni le parece que es posible. Y no va muy fuera de camino; porque, como dijo Aristóteles, *nemo est natura sapiens*; como si dijera: «ninguno nació enseñado ni hay en los hombres sabiduría natural». Antes vemos por experiencia que todos cuantos aprenden letras y las han aprendido hasta el día de hoy tuvieron necesidad de maestro y preceptor que los enseñase. Pródico fue maestro de Sócrates, de quien dijo el oráculo de Apolo que era el hombre más sabio del mundo; Sócrates enseñó a Platón, cuyo ingenio fue tal, que mereció por renombre el divino; Platón fue maestro de Aristóteles, de quien dijo Cicerón: Aristóteles *longe omnibus praestans ingenio*; y si en algunos se había de hallar esta diferencia de ingenio era en estos ilustres varones. Y pues ninguno de ellos la alcanzó, argumento es que Naturaleza no la puede hacer. Solo Adán (dicen los teólogos) nació enseñado y con todas las ciencias infusas, y él es el que las enseñó a sus descendientes. Por donde tienen por cierto que no hay dicho ni sentencia, en ningún género de sabiduría, que no la haya dicho otro primero, conforme aquello: *nihil dictum quod non sit dictum prius.*

A esto se responde que Aristóteles definió el ingenio perfecto, tal cual había de ser, aunque bien sabía que no se podía hallar; como lo hizo Cicerón cuando pintó un perfecto orador, del cual dijo que era imposible hallarse, pero tanto ternía el hombre de perfecto orador, cuanto más se allegare a esta pintura. Lo mismo pasa en esta diferencia de ingenio, que, aunque no se puede alcanzar tan perfecta como Aristóteles la imaginó, pero muchos hombres han nacido que llegaron muy cerca de ella, inventando y diciendo lo que jamás oyeron a sus maestros ni a otro ninguno; y muchas cosas que les enseñaron falsas las supieron entender y confutar; y otras verdaderas que les mostraron, se las alcanzaran ellos por sí, venidos al vigor de su habilidad. A lo menos, Galeno cuenta de sí que alcanzó esta diferencia de ingenio, diciendo: *siquidem ipse ea per me ipsum omnia investigavi, ratione ipsa viam monstrante; quando si praeceptores secutus fuissem, multos errores fecissem.* Y si como Naturaleza les dio el ingenio con principio, aumento, estado y declinación, se lo diera todo junto de repente, aconteciera lo que dijo Aristóteles; pero como se lo dio tan poco a poco, tuvo necesidad Platón y Aristóteles, de maestro que los industriase.

Otra tercera diferencia de ingenio se halla, no muy diferente de la pasada, con la cual dicen los que la alcanzan (sin arte ni estudio) cosas tan delicadas, tan verdaderas y prodigiosas, que jamás se vieron, ni oyeron, ni escribieron, ni para siempre vinieron en consideración de los hombres. Llámala Platón *ingenium excellens cum mania*. Con ésta hablan los poetas dichos y sentencias tan levantados, que, si no es por divina revelación (dice Platón), no es posible alcanzarse; y, así, dijo: *res enim levis, volatilis atque sacra poeta est; nec canere prius potest quam Deo plenus et extra se positus et a mente alienatus sit; nam quamdiu mente quis valet, nec fingere carmina nec dare oracula quaquam potest; non arte igitur aliqua haec praeclara canunt quae tu de Homero refers, sed arte divina.*

Esta tercera diferencia de ingenio que añade Platón realmente se halla en los hombres, y yo como testigo de vista lo puedo testificar y aun señalar algunos con el dedo si fuere menester. Pero decir que sus dichos y sentencias son revelaciones divinas, y no particular naturaleza, es error claro y manifiesto; y no le está bien a un filósofo tan grave como Platón ocurrir a las causas universales sin buscar primero las particulares con mucha diligencia y cuidado.

Mejor lo hizo Aristóteles; pues, buscando la razón y causa de hablar las Sibilas de su tiempo cosas tan espantables, dijo: *id non morbo nec divino spiraculo, sed naturali intemperie accidit.* La razón de esto está muy clara en filosofía natural. Porque todas las facultades que gobiernan al hombre (naturales, vitales, animales y racionales) cada una pide particular temperamento para hacer sus obras como conviene sin hacer perjuicio a las demás. La virtud natural que cuece los manjares en el estómago pide calor; la que apetece, frialdad; la que retiene, sequedad; la que expele, humedad. Cualquiera de estas facultades que tomare más grados de aquella calidad con que obra, se hará más robusta y fuerte hasta cierto punto, pero las demás, lo han de pagar; porque parece cosa imposible que estando todas cuatro virtudes juntas en un mismo lugar, que crezca la que pide calor y que no se enflaquezca la que obra con frialdad; y, así, dijo Galeno que el estómago caliente cuece mucho apetece mal, y el frío cuece mal y apetece mucho.

Lo mismo pasa en el sentido y movimiento, que son obras de la facultad animal. Las muchas fuerzas corporales arguyen mucha tierra en los nervios y músculos, porque sin dureza y sequedad no pueden obrar con firmeza. Por lo contrario, tener buen sentido y vivo tacto es indicio que los nervios están compuestos de partes aéreas, sutiles y muy delicadas, y que su temperamento es caliente y húmido. Pues ¿cómo es posible que en un mismo nervio suba el temperamento y compostura natural que piden las fuerzas corporales y que no se altere la perfección del tacto, siendo calidades contrarias? Lo cual se ve claramente por experiencia: que siendo un hombre robusto y de muchas fuerzas corporales, luego es torpe en el tacto; y en teniendo muy vivo tacto, es muy flojo en las fuerzas corporales.

La misma cuenta y razón llevan las potencias racionales, memoria, imaginativa y entendimiento. La memoria, para ser buena y firme (como adelante probaremos), pide humedad y que el celebro sea de gruesa sustancia; por lo contrario, el entendimiento, que el celebro sea seco y compuesto de partes sutiles y muy delicadas. Subiendo, pues, de punto la memoria, forzosamente ha de bajar el entendimiento; y si no, discurra el curioso lector y dé una vuelta por los hombres que él ha visto y conocido de memoria muy excesiva y hallará que en las obras que pertenecen al entendimiento son casi furiosos. Lo mismo pasa en la imaginativa cuando sube de punto: que, en las obras que son de su jurisdicción, engendra conceptos espantosos, cuales fueron aquellos que admiraron a Platón, y cuando el hombre viene a obrar con el entendimiento, lo pueden atar.

De aquí se entiende claramente que la sabiduría humana ha de ser con moderación y templanza, y no con tanta desigualdad. Y, así, Galeno tiene por hombres prudentísimos a los templados, porque *sapiunt ad sobrietatem*. Demócrito abderita fue uno de los mayores filósofos naturales y morales que hubo en su tiempo, aunque Platón dice que supo más de lo natural que de lo divino; el cual vino a tanta pujanza de entendimiento allá en la vejez, que se le perdió la imaginativa, por la cual razón comenzó a hacer y decir dichos y sentencias tan fuera de términos, que toda la ciudad de Abderas le tuvo por loco. Para cuyo remedio despacharon aprisa un correo a la isla de Coy, donde Hipócrates habitaba, pidiéndole con gran instancia, y ofreciéndole muchos dones, viniese con gran brevedad a curar a Demócrito, que había perdido el juicio. Lo cual hizo Hipócrates de muy buena gana, porque tenía deseo de ver y comunicar un hombre de cuya sabiduría tantas grandezas se contaban. Y, así, se partió luego; y llegando al lugar donde habitaba, que era un yermo debajo de un plátano, comenzó a razonar con él. Y haciéndole las preguntas que convenían para descubrir la falta que tenía en la parte racional, halló que era el hombre más sabio que había en el mundo.

Y, así, dijo a los que lo habían traído que ellos eran los locos y desatinados, pues tal juicio habían hecho de un hombre tan prudente. Y fue la ventura de Demócrito que todo cuanto razonó con Hipócrates en aquel breve tiempo fueron discursos del entendimiento y no de la imaginativa, donde tenía la lesión.

Capítulo II [1594]. Donde se declara las diferencias que hay de hombres inhábiles para las ciencias

Una de las mayores injurias que al hombre le pueden hacer de palabra, estando ya en edad de discreción (dice Aristóteles), es llamarle falto de ingenio. Porque toda su honra y nobleza (dice Cicerón) es tener ingenio y ser bien hablado: *ut hominis decus est ingenium, sic ingenii lumen est eloquentia*. En solo esto se diferencia de los brutos animales y tiene semejanza con Dios, que es la mayor grandeza que en su naturaleza pudo alcanzar. Por lo contrario, el que partió sin ingenio, ningún género de letras puede aprender; y donde no hay sabiduría (dice Platón) no puede haber felicidad ni honra que sea verdadera; antes dice el Sabio: *stultus natus est in ignominiam suam*; porque forzosamente se ha de contar en el número de los brutos animales y estimarse por tal, puesto caso que en los demás bienes, así naturales como de fortuna, sea hermoso, gentil hombre, rico, bien nacido, y en dignidad rey o emperador.

Esto se deja entender claramente considerando el estado tan feliz y honroso que el primer hombre tenía antes que perdiese el ingenio con que fue criado, y cuál quedó después sin sabiduría: *Homo cum in honore esset, non intellexit: comparatus est iumentis insipientibus, et similis factus est illis.* Y es de advertir que no se contentó la Escritura divina con apodarle a los brutos animales de cualquiera manera, sino a los incipientes; acordándose que en otra parte había loado la prudencia y saber de la serpiente y hormiga, con los cuales, aunque brutos, no tiene que ver el hombre sin ingenio.

Atento, pues, a esta injuria tan grande y al sentimiento que el hombre hace cuando oye tal palabra, dijo el texto divino: *qui dixerit fratri suo raca, reus erit concilio; qui vero dixerit, fatue, reus erit gehennae ignis*; como si dijera: «el que con ira dijere a su prójimo raca (que quiere decir hombre falto de ingenio) será digno de concilio, pero si le dijere tonto merecerá fuego eterno.» Esta obra, cierto, ha sido hasta aquí digna de juicio y de concilio, y que haya andado por tantos tribunales examinada y requerida, porque (fuera de otras muchas razones) en alguna manera se ha dicho en ella al prójimo raca, aunque no con ira ni con ánimo de injuriarle. Al que tenía grande entendimiento le quitó la memoria; al de grande memoria, el entendimiento; al de mucha imaginativa, el entendimiento y memoria; al gran predicador, lo escolástico; al grande escolástico, el púlpito; al positivo, dijo que su facultad pertenecía a la memoria (de lo cual se sintió grandemente); al grande abogado, que no podía saber gobernar; todo esto, por la mayor parte. Pero, porque a ninguno ha dicho *fatue*, no ha sido digna del fuego.

Ahora soy informado que algunos han leído y releído muchas veces esta obra buscando el capítulo propio de su ingenio y el género de letras en que más habían de aprovechar; y no lo hallando, redarguyeron el título de este libro de falso, y que el autor prometía en él vanamente lo que no pudo cumplir. Y no contentos con esto, dijeron otras muchas injurias, como si yo estuviera obligado a dar ingenio y capítulo en esta obra a quien Dios y Naturaleza se lo quitó.

Dos preceptos pone el Sabio muy justos y racionales, y por la misma causa nos obliga a los guardar. El primero es: *Non respondeas stulto iuxta stultitiam suam, ne efficiaris ei similis*; como si dijera: «no respondas a las injurias que el necio te hiciere, porque te harás semejante a él». El segundo: *Responde stulto iuxta stultitiam suam, ne sibi sapiens esse videatur*; como si dijera: «responde al necio conforme a su necedad, porque no se tenga por sabio», y no por injuriarlo, sino que no hay cosa más perjudicial en la república que un necio con opinión de sabio, mayormente si tiene algún mando y gobierno.

Y por lo que toca a este examen de ingenios que vamos tratando es cierto que las letras y sabidurías, tanto cuanto facilitan al hombre ingenioso para discurrir y filosofar, tanto y mucho más entorpecen al necio: *compedes in pedibus stulto doctrina, et quasi vincula manuum super manum dexteram.* Mucho mejor pasa el hombre inhábil sin letras que con ellas; porque, no estando obligado a saber, con poco discurso vive entre los hombres. Y que el arte y letras sean grillos y cadenas para atar los necios, y no para facilitarlos, es cosa muy manifiesta en los que estudian en las Universidades, entre los cuales hallaremos algunos que el primer año saben más que el segundo, y el segundo más que el tercero; de los cuales se suele decir que el primer año son doctores, y el segundo licenciados, y el tercero bachilleres, y el cuarto no saben nada. Y es la causa, como dijo el Sabio, que los preceptos y reglas de las artes son esposas y cadenas para el que no tiene ingenio.

Por tanto, sabiendo que muchos inhábiles han leído y leerán esta obra con intento de buscar el ingenio y habilidad que les cupo, me pareció (para cumplir con el precepto del Sabio) que era bien declarar aquí las diferencias de inhabilidad que hay en los hombres para las letras, y con qué indicios se podrán conocer; para que, venidos a buscar la manera de su ingenio, topen claramente con las señales de su inhabilidad. Que es por lo que dijo el Sabio: responde *stulto*; porque, despedidos de las letras, por ventura buscarán otra manera de vivir más acomodada a su ingenio, atento que no hay hombre en el mundo, por rudo que sea, a quien no le diese Naturaleza alguna habilidad para algo.

Venidos, pues, al punto, es de saber que a las tres diferencias de ingenio que pusimos en el capítulo pasado, responden otros tres géneros de inhabilidad. Unos hombres hay cuya ánima está tan sepultada en las calidades materiales del cuerpo y tan asida de las causas, que echan a perder la parte racional, que para siempre quedan privados de poder engendrar ni parir conceptos tocantes a letras y sabiduría. La inhabilidad de éstos responde totalmente a los capados; porque, así como hay hombres impotentes para engendrar por faltarles los instrumentos de la generación, así hay entendimientos capados y eunucos, fríos y maleficiados, sin fuerzas ni calor natural para engendrar algún concepto de sabiduría. Estos no pueden atinar a ciertos principios que presuponen todas las artes en el ingenio del que aprende antes que se comience la disciplina, de los cuales no hay otra prueba ni demostración más que recibirlos el ingenio por cosa notoria; y si la figura de éstos no la pueden formar dentro de sí, es la suma estulticia que para las ciencias se puede hallar, porque impide totalmente la entrada por donde se han de enseñar. Con éstos no hay que tratar ni quebrarse la cabeza en enseñarlos, porque no bastan golpes, castigo, voces, arte de enseñar, disciplina, ejemplos, tiempo, experiencia, ni otros cualquiera despertadores, para meterlos en acuerdo y hacerlos engendrar. Estos difieren muy poco de los brutos animales y están siempre durmiendo aunque los vemos velar; y, así, dijo el Sabio: *cum dormiente loquitur qui enarrat stulto sapientiam*. Y es la comparación muy delicada y a propósito, porque el sueño y la necedad ambos nacen de un mismo principio, que es la mucha frialdad y humedad del celebro.

Otro segundo género de inhabilidad se halla en los hombres, no de tanta torpeza como el pasado, porque conciben la figura de los primeros principios y de ellos sacan algunas conclusiones, aunque pocas y con mucho trabajo; pero no les dura la figura más tiempo en la memoria de cuanto los maestros se la están pintando y diciendo con muchos ejemplos y maneras de enseñar acomodadas a su rudeza. Son como algunas mujeres que se empreñan y paren; pero, en naciendo la criatura, luego se les muere. Estos tienen el celebro muy aguanoso, por donde las figuras no hallan pringue ni lentor aceitoso en que trabarse. Y, así, enseñar a éstos no es más que coger agua en cesto: *cor fatui tanquam vas confractum, et omnem sapientiam non tenebit.*

Otra tercera diferencia de inhabilidad se halla muy ordinaria entre los hombres que aprenden letras, que participa algo de ingenio. Porque concibe dentro de sí la figura de los primeros principios y de ellos saca muchas conclusiones, y las retiene y guarda en la memoria; pero, al tiempo de poner cada cosa en su asiento y lugar, hace mil disparates. Es como la mujer que se empreña y pare un hijo a luz la cabeza donde han de estar los pies y los ojos en el colodrillo. Hácese en este tercer género de inhabilidad una maraña y confusión de figuras en la memoria tan grande, que al tiempo que el hombre quiere darse a entender no le bastan infinitas maneras de hablar para recitar lo que ha concebido, porque no fue otra cosa más que infinitos conceptos todos sueltos y sin la trabazón que han de tener. Éstos son los que en las Escuelas llaman confusos, cuyo celebro es desigual, así en la sustancia como en el temperamento: por unas partes es sutil y por otras grueso y destemplado; y por ser heterogéneos, en un momento hablan cosas de ingenio y habilidad, y en otro dicen mil disparates. Por éstos, se dijo: *tamquam domus exterminata sic fatuo sapientia, et scientia insensati inenarrabilia verba.*

Otra cuarta diferencia de inhabilidad he considerado entre los hombres de letras, que ni estoy bien de llamarla inhabilidad, ni menos ingenio. Porque los veo que conciben la doctrina y la retienen con firmeza en la memoria, y asientan la figura con la correspondencia de partes que ha de tener, y hablan y obran muy bien cuando es menester; y pidiéndoles el *propter quid* de aquello que saben y entienden, descubren claramente que sus letras no son más que una aprehensión de solos los términos y sentencias que contiene la doctrina, sin entender ni saber el por qué y cómo es así. De éstos, dijo Aristóteles que *son sicut quaedam inanimantia: faciunt quidem sed nescientia faciunt ea quae faciunt, ut ignis comburit; sed inanimata natura quadam horum singula faciunt.* Como si dijera: «hay unos hombres que hablan por instinto natural como brutos animales, y dicen más de lo que saben y entienden a manera de agentes inanimados, los cuales obran muy bien sin entender los efectos que producen, como el fuego cuando quema; y es la causa que los guía Naturaleza, y así no pueden errar».

Y pudiera Aristóteles compararlos con algunos brutos animales en quien vemos y consideramos muchas obras hechas con discreción y prudencia; y pareciéndole a Aristóteles que en alguna manera tienen conocimiento de lo que hacen, se pasó a los agentes inanimados. Porque para él no son sabios ni tienen ingenio los que obran, aunque sea muy bien, si no saben reducir el efecto hasta la última causa. Esta diferencia de inhabilidad, o de ingenio, quedara muy bien probada si, como yo la he visto y conocido muchas veces, la pudiera señalar con el dedo sin ofender a su dueño.

Capítulo I [III de 1594]. Donde se prueba por un ejemplo que si el muchacho no tiene el ingenio y habilidad que pide la ciencia que quiere estudiar, por

demás es oírla de buenos maestros, tener muchos
libros, ni trabajar en ellos toda la vida

Bien pensaba Cicerón que para que su hijo Marco saliese, en aquel género de letras que había escogido, tal cual él deseaba, que bastaba enviarle a un Estudio tan famoso y celebrado por el mundo como el de Atenas, y que tuviese por maestro a Cratipo, el mayor filósofo de aquellos tiempo, y tenerle en una ciudad tan populosa, donde, por el gran concurso de gentes que allí acudían, necesariamente habría muchos ejemplos y casos extraños que le enseñasen por experiencia cosas tocantes a las letras que aprendía.

Pero con todas estas diligencias y otras muchas más que como buen padre haría (comprándole libros y escribiéndole otros de su propia invención) cuentan los historiadores que salió un gran necio, con poca elocuencia y menos filosofía. Cosa muy usada entre los hombres, pagar el hijo la mucha sabiduría del padre.

Realmente debió de imaginar Cicerón que, aunque su hijo no hubiera sacado de las manos de la naturaleza el ingenio y habilidad que la elocuencia y filosofía pedían, que con la buena industria de tal maestro y los muchos libros y ejemplos de Atenas, y el continuo trabajar del mozo y esperar en el tiempo, se enmendarían las faltas de su entendimiento. Pero, en fin, vemos que se engañó; de lo cual no me maravillo, porque tuvo muchos ejemplos a este propósito que le animaron a pensar que lo mismo podría acontecer en su hijo. Y, así, cuenta el mismo Cicerón que Jenócrates era de ingenio muy rudo para el estudio de la filosofía natural y moral (de quien dijo Platón que tenía un discípulo que había menester espuelas), y con la buena industria de tal maestro y con el continuo trabajo de Jenócrates salió muy gran filósofo. Lo mismo escribe de Cleante, que era tan estulto y mal razonado, que ningún maestro lo quería recibir en su escuela; de lo cual corrido y afrentado el mozo, trabajó tanto en las letras, que le vinieron a llamar después el segundo Hércules en sabiduría. No menos disparato pareció el ingenio de Demóstenes para la elocuencia, pues de muchacho ya grandecillo dicen que no sabía hablar; y trabajando con cuidado en el arte y oyendo de buenos maestros, salió el mayor orador del mundo. En especial cuenta Cicerón que no podía pronunciar la erre, porque era algo balbuciente, y con maña la vino después tan bien a articular, como si jamás hubiera tenido tal vicio. De donde tuvo origen el refrán que dice ser el ingenio del hombre para las ciencias como quien juega a los dados, que si en la pintas es desdichado, mostrándose con arte a hincarlos en el tablero, viene a enmendar su mala fortuna.

Pero ningún ejemplo de estos que trae Cicerón deja de tener muy conveniente respuesta en mi doctrina. Porque, como adelante probaremos, hay rudeza en los muchachos que arguye mayor ingenio en otra edad, que tener de niños habilidad; antes es indicio de venir a ser hombres necios comenzar luego a raciocinar y ser avisados. Porque si Cicerón alcanzara las verdaderas señales con que se descubren los ingenios en la primera edad, tuviera por buen indicio ser Demóstenes rudo y tardo en el hablar, y tener Jenócrates necesidad de espuelas cuando estudiaba. Yo no quito al buen maestro, al arte y trabajo, su virtud y fuerzas de cultivar los ingenios, así rudos como hábiles. Pero lo que quiero decir es que, si el muchacho no tiene de suyo el entendimiento preñado de los preceptos y reglas determinadamente de aquel arte que quiere aprender, y no de otra ninguna, que son vanas diligencias las que hizo Cicerón con su hijo y las que hiciere cualquiera otro padre con el suyo.

Esta doctrina entenderán fácilmente ser verdadera los que hubieren leído en Platón que Sócrates era hijo de una partera (como él mismo lo cuenta de sí); y como su madre (aunque era gran maestra de partería) no podía hacer parir a la mujer que antes que viniese a sus manos no estaba preñada, así él, usando el mismo oficio de su madre, no podía hacer parir ciencia a sus discípulos, no teniendo ellos de suyo el entendimiento preñado. Tenía entendido que las ciencias eran como naturales a solos los hombres que tenían ingenios acomodados para ellas, y que en éstos acontecía lo que vemos por experiencia en los que se han olvidado de lo que antes sabían, que con solo apuntarles una palabra, por ella sacan todo lo demás.

No tienen otro oficio los maestros con sus discípulos (a lo que yo tengo entendido) más que apuntarles la doctrina; porque si tienen fecundo ingenio, con solo esto les hacen parir admirables conceptos, y si no, atormentan a sí y a los que los enseñan y jamás salen con lo que pretenden. Yo a lo menos, si fuera maestro, antes que recibiera en mi escuela ningún discípulo, había de hacer con él muchas pruebas y experiencias para descubrirle el ingenio; y si le hallara de buen natural para la ciencia que yo profesaba, recibiérale de buena gana, porque es gran contento para el que enseña instruir a un hombre de buena habilidad; y si no, aconsejárale que estudiase la ciencia que a su ingenio más le convenía. Pero, entendido que para ningún género de letras tenía disposición ni capacidad, dijérale con amor y blandas palabras: «Hermano mío, vos no tenéis remedio de ser hombre por el camino que habéis escogido: por vida vuestra que no perdáis el tiempo ni el trabajo y que busquéis otra manera de vivir que no requiera tanta habilidad como las letras».

Viene la experiencia con esto tan clara, que vemos entrar en un curso de cualquier ciencia gran número de discípulos (siendo el maestro o muy bueno o muy ruin) y en fin de la jornada unos salen de grande erudición, otros de mediana, otros no han hecho más, en todo el curso, de perder el tiempo, gastar su hacienda y quebrarse la cabeza sin provecho ninguno. Yo no sé de dónde pueda nacer este efecto, oyendo todos de un mismo maestro y con igual diligencia y cuidado, y por ventura los rudos trabajando más que los hábiles. Y crece más la dificultad viendo que los que son rudos en una ciencia tienen en otra mucha habilidad, y los muy ingeniosos en un género de letras, pasados a otras no las pueden comprender.

Yo a lo menos soy buen testigo en esta verdad. Porque entramos tres compañeros a estudiar juntos latín, y el uno lo aprendió con gran facilidad, y los demás jamás pudieron componer una oración elegante. Pero, pasados todos tres a dialéctica, el uno de los que no pudieron aprender gramática salió en las artes una águila caudal, y los otros dos no hablaron palabra en todo el curso. Y venidos todos tres a oír astrología, fue cosa digna de considerar que el que no pudo aprender latín ni dialéctica, en pocos días supo más que el propio maestro que nos enseñaba, y a los demás jamás nos pudo entrar. De donde espantado, comencé luego sobre ello a discurrir y filosofar, y hallé por mi cuenta que cada ciencia pedía su ingenio determinado y particular, y que sacado de allí no valía nada para las demás letras. Y si esto es verdad, como lo es, y de ello adelante haremos demostración, ¡oh quién entrara hoy día en las escuelas de nuestros tiempos haciendo cala y cata de los ingenios! ¡A cuántos trocara las ciencias y cuántos echara al campo por estólidos e imposibilitados para saber! ¡Y cuántos restituyera de los que por tener corta fortuna están en viles artes arrinconados, cuyos ingenios crió Naturaleza solo para letras! Mas, pues no se puede hacer ni remediar, no hay sino pasar con ello.

Esto que tengo dicho, a lo menos, no se puede negar, sino que hay ingenios determinados para una ciencia, los cuales para otra son disparates. Y, por tanto, conviene, antes que el muchacho se ponga a estudiar, descubrirle la manera de su ingenio y ver cuál de las ciencias viene bien con su habilidad, y hacerle que la aprenda. Pero también se ha de considerar que no basta lo dicho para que salga muy consumado letrado, sino que ha de guardar otras condiciones no menos necesarias que tener habilidad. Y así dice Hipócrates que el ingenio del hombre tiene la misma proporción con la ciencia que la tierra con la semilla; la cual, aunque sea de suyo fecunda y paniega, pero es menester cultivarla y mirar para qué género de simiente tiene más disposición natural. Porque no cualquiera tierra puede panificar con cualquiera simiente sin distinción: unas llevan mejor trigo que cebada, y otras mejor cebada que trigo, y del trigo tierras hay que multiplican mucho candial y el trujillo no lo pueden sufrir. Y no solo con hacer esta distinción se contenta el buen labrador; pero, después de haber arado la tierra con buena sazón, aguarda tiempo conveniente para sembrar, porque no en cualquier parte del año se puede hacer; y después de nacido el pan, lo limpia y escarda para que pueda crecer y dar adelante el fruto que de la simiente se espera. Así, conviene que después de sabida la ciencia que al hombre está mejor, que la comience a estudiar en la primera edad, porque ésta (dice Aristóteles) es la más aparejada de todas para aprender. Allende que la vida del hombre es muy corta, y las artes largas y espaciosas; por donde es menester que haya tiempo bastante para saberlas, y tiempo para poderlas ejercitar y con ellas aprovechar la república.

La memoria de los muchachos dice Aristóteles que está vacía, sin pintura ninguna, porque ha poco que nacieron, y así cualquier cosa reciben con facilidad; no como la memoria de los hombres mayores, que, llena de tantas cosas como han visto en el largo discurso de su vida, no les cabe más.

Y por esto dijo Platón que delante de los niños contemos siempre fábulas y enarraciones honestas que inciten a obras de virtud, porque lo que en esta edad aprenden jamás se les olvida. No como dijo Galeno: «Que entonces se han de aprender las artes, cuando nuestra naturaleza tiene todas las fuerzas que puede alcanzar». Pero no tiene razón si no se distingue: el que ha de aprender latín o cualquiera otra lengua halo de hacer en la niñez, porque si aguarda a que el cuerpo se endurezca y tome la perfección que ha de tener, jamás saldrá con ella.

En la segunda edad, que es la adolescencia, se ha de trabajar en el arte de raciocinar, porque ya se comienza a descubrir el entendimiento, el cual tiene con la dialéctica la misma proporción que las trabas que echamos en los pies y manos de una mula cerril, que, andando algunos días con ellas, toma después cierta gracia en el andar; así nuestro entendimiento, trabado con las reglas y preceptos de la dialéctica, toma después en las ciencias y disputas un modo de discurrir y raciocinar muy gracioso.

Venida la juventud, se pueden aprender todas las demás ciencias que pertenecen al entendimiento, porque ya está bien descubierto. Verdad es que Aristóteles saca la filosofía natural, diciendo que el mozo no está dispuesto para este género de letras, en lo cual parece que tiene razón, por ser ciencia de más alta consideración y prudencia que otra ninguna.

Sabida ya la edad en que se han de aprender las ciencias, conviene luego buscar un lugar aparejado para ellas, donde no se trate otra cosa sino letras, como son las Universidades. Pero ha de salir el muchacho de casa de su padre, porque el regalo de la madre, de los hermanos, parientes y amigos que no son de su profesión es grande estorbo para aprender. Esto se ve claramente en los estudiantes naturales de las villas y lugares donde hay Universidades; ninguno de los cuales, si no es por gran maravilla, jamás sale letrado. Y puédese remediar fácilmente trocando las Universidades: los naturales de la ciudad de Salamanca estudiar en la villa de Alcalá de Henares, y los de Alcalá en Salamanca.

Esto de salir el hombre de su natural para ser valeroso y sabio, es de tanta importancia, que ningún maestro hay en el mundo que tanto le pueda enseñar, especialmente viéndose muchas veces desamparado del favor y regalo de su patria. «Sal de tu tierra (dijo Dios a Abrahán) y de entre tus parientes y de casa de tu padre, y ven al lugar que yo te enseñaré, en el cual engrandeceré tu nombre y te daré mi bendición». Esto mismo dice Dios a todos los hombres que desean tener valor y sabiduría; porque, aunque los puede bendecir en su natural, pero quiere que los hombres se dispongan con aquel medio que Él ordenó, y que no les venga la prudencia de gracia. Todo esto se entiende supuesto que el hombre tenga buen ingenio y habilidad, porque si no, quien bestia va a Roma, bestia torna: poco aprovecha que el rudo vaya a estudiar a Salamanca, donde no hay cátedra de entendimiento ni de prudencia, ni hombre que la enseñe.

La tercera diligencia es buscar maestro que tenga claridad y método en el enseñar, y que su doctrina sea buena y segura, no sofística ni de vanas consideraciones. Porque todo lo que hace el discípulo, en tanto que aprende, es creer todo lo que le propone el maestro, por no tener discreción ni entero juicio para discernir ni apartar lo falso de lo verdadero. Aunque esto es caso fortuito, y no puesto en elección de los que aprenden, venir en tiempo a estudiar que las Universidades tienen buenos maestros o ruines. Como les aconteció a ciertos médicos de quien cuenta Galeno que, teniéndoles ya convencidos con muchas experiencias y razones que la práctica que usaban era errada y en perjuicio de la salud de los hombres, se les saltaron las lágrimas de los ojos, y en presencia del mismo Galeno comenzaron a maldecir su hado y la mala dicha que tuvieron en topar con ruines maestros al tiempo que aprendieron.

Verdad es que hay ingenios de discípulos tan felices, que entienden luego las condiciones del maestro y la doctrina que trae; y si es mala se la saben confutar, y aprobar lo que dice bien. Estos tales mucho más enseñan al maestro en cabo del año, que el maestro a ellos; porque, dudando y preguntando agudamente, le hacen saber y responder cosas tan delicadas, que jamás las supo ni supiera si el discípulo, con la felicidad de su ingenio, no se las apuntara. Pero los que esto pueden hacer son uno, o dos cuando muchos; y los rudos son infinitos. Y, así, es bien (ya que no se ha de hacer esta elección y examen de ingenios para ciencias) que las Universidades se provean siempre de buenos maestros, que tengan sana doctrina y claro ingenio, para que a los ignorantes no enseñen errores ni falsas proposiciones.

La cuarta diligencia que se ha de hacer es estudiar la ciencia con orden, comenzando por sus principios, subir por los medios hasta el fin, sin oír materia que presuponga otra primero. Por donde siempre tuve por error oír muchas lecciones de varias materias, y pasarlas todas juntas en casa: hácese por esta vía una maraña de cosas en el entendimiento, que después, en la práctica, no sabe el hombre aprovecharse de los preceptos de su arte ni asentarlos en su conveniente lugar. Muy mejor es trabajar cada materia por sí y con el orden natural que tiene en su composición; porque de la manera que se aprende, de aquella misma forma se asienta en la memoria. Hacer esto conviene más en particular a los que de su propia naturaleza tienen el ingenio confuso; y puédese remediar fácilmente oyendo sola una materia y, acabada aquélla, entrar en la que se sigue hasta cumplir con toda el arte. Entendiendo Galeno cuánto importaba estudiar con orden y concierto las materias, escribió un libro para enseñar la manera que se había de tener en leer sus obras, con fin que el médico no se hiciese confuso. Otros añaden que el estudiante, en tanto que aprende, no tenga más que un libro que contenga llanamente la doctrina, y en éste estudie y no en muchos, porque no se desbarate ni confunda; y tiene muy gran razón.

Lo último que hace al hombre muy gran letrado es gastar mucho tiempo en las letras y esperar que la ciencia se cueza y eche profundas raíces. Porque de la manera que el cuerpo no se mantiene de lo mucho que en un día comemos y bebemos, sino de lo que el estómago cuece y altera, así nuestro entendimiento no engorda con lo mucho que en poco tiempo leemos, sino de lo que poco a poco va entendiendo y rumiando. Cada día se va disponiendo mejor nuestro ingenio y viene, andando el tiempo, a caer en cosas que atrás no pudo alcanzar ni saber. El entendimiento tiene su principio, aumento, estado y declinación, como el hombre y los demás animales y plantas. Él comienza en el adolescencia, tiene su aumento en la juventud, el estado en la edad de consistencia y comienza a declinar en la vejez. Por tanto, el que quisiere saber cuándo su entendimiento tiene todas las fuerzas que puede alcanzar, sepa que es desde treinta y tres años hasta cincuenta, poco más o menos. En el cual tiempo se han de creer los graves autores si en el discurso de su vida tuvieron contrarias sentencias. Y el que quiere escribir libros halo de hacer en esta edad, y no antes ni después, si no se quiere retractar ni mudar la sentencia.

Pero las edades de los hombres no en todos tienen la misma cuenta y razón. Porque a unos se les acaba la puericia a doce años, a otros a catorce, a otros a dieciséis y a otros a dieciocho. Estos tienen las edades muy largas, porque llega su juventud a poco menos de cuarenta años, la consistencia a sesenta, y tienen de vejez otros veinte años, con los cuales se hacen ochenta de vida, que es el término de los muy potentados. Los primeros, a quienes se les acaba la puericia a doce años, son de muy corta vida; comienzan luego a raciocinar, y nacerles la barba y dúrales muy poco el ingenio, y a treinta y cinco años comienzan a caducar, y a cuarenta y ocho se les acaba la vida.

De todas las condiciones que he dicho, ninguna deja de ser muy necesaria, útil y provechosa para que el muchacho venga a saber. Pero tener buena y correspondiente naturaleza a la ciencia que quiere estudiar es lo que más hace al caso, porque, con ella, vemos que muchos hombres comenzaron a estudiar pasada la juventud, y oyeron de ruines maestros, con mal orden y en sus tierras, y en poco tiempo salieron muy grandes letrados; y si falta el ingenio, dice Hipócrates que todo lo demás son diligencias perdidas.

Pero quien mejor lo encareció fue el buen Marco Cicerón, el cual, con dolor de ver a su hijo tan necio y que ninguna cosa aprovecharon los medios que para hacerle sabio buscó, dijo de esta manera: *nam quid est alliud gigantum more bellare cum diis, nisi naturae repugnare?* Como si dijera: «¿qué cosa hay más parecida a la batalla que los gigantes traían con los dioses que ponerse el hombre a estudiar faltándole el ingenio?» Porque de la manera que los gigantes nunca vencían a los dioses, antes eran siempre de ellos vencidos, así cualquiera estudiante que procurare vencer a su mala naturaleza quedará de ella vencido. Y, por tanto, nos aconseja el mismo Cicerón que no forcejemos contra naturaleza, ni procuremos ser oradores si ella no lo consiente, porque trabajaremos en vano.

Capítulo II [IV de 1594]. Donde se declara que Naturaleza es la que hace al muchacho hábil para aprender

Sentencia es muy común y usada de los filósofos antiguos diciendo: «Naturaleza es la que hace al hombre hábil para aprender, y el arte con sus preceptos y reglas le facilita, y el uso y experiencia que tiene de las cosas particulares le hace poderoso para obrar». Pero ninguno ha dicho en particular qué cosa sea esta Naturaleza, ni en que género de causas se ha de poner: solo afirmaron que, faltando ella en el que aprende, vana cosa es el arte, la experiencia, los maestros, los libros y el trabajo.

La gente vulgar, en viendo a un hombre de grande ingenio y habilidad, luego señala a Dios por autor y no cura de otra causa ninguna, antes tiene por vana imaginación todo lo que discrepa de aquí. Pero los filósofos naturales burlan de esta manera de hablar; porque, puesto caso que es piadosa y contiene en sí religión y verdad, nace de ignorar el orden y concierto, que puso Dios en las cosas naturales el día que las crió; y por amparar su ignorancia con seguridad y que nadie les pueda reprender ni contradecir, afirman que todo es lo que Dios quiere, y que ninguna cosa sucede que no nazca de su divina voluntad. Y por ser esta tan gran verdad, son dignos de represión; porque, así como no cualquiera pregunta dice Aristóteles que se ha de hacer, de la misma manera ni cualquiera respuesta, aunque verdadera, se ha de dar.

Estando un filósofo natural razonando con un gramático, llegó a ellos un hortelano curioso y les preguntó qué podía ser la causa que haciendo él tantos regalos a la tierra en cavarla, ararla, estercolarla y regarla, con todo eso nunca llevaba de buena gana la hortaliza que en ella sembraba, y las yerbas que ella producía de suyo las hacía crecer con tanta facilidad. Respondió el gramático que aquel efecto nacía de la divina Providencia, y que así estaba ordenando para la buena gobernación del mundo. De la cual respuesta se rió el filósofo natural, viendo que se acogía a Dios por no saber el discurso de las causas naturales ni de qué manera producían sus efectos. El gramático, viéndole reír, le preguntó si burlaba de él, o de qué se reía. El filósofo le dijo que no se reía de él, sino del maestro que le había enseñado tan mal. Porque las cosas que nacen de la Providencia divina (como son las obras sobrenaturales) pertenece su conocimiento y solución a los metafísicos, que ahora llaman teólogos; pero la cuestión del hortelano es natural y pertenece a la jurisdicción de los filósofos naturales, porque hay causas ordenadas y manifiestas de donde tal efecto puede nacer. Y, así, respondió el filósofo natural diciendo que la tierra tiene la condición de la madrastra que mantiene muy bien a los hijos que ella parió y quita el alimento a los del marido; y así vemos que los suyos andan gordos y lucidos, y los alnados, flacos y descoloridos. Las yerbas que la tierra produce de suyo son nacidas de sus propias entrañas y las que el hortelano le hace llevar por fuerza son hijas de otra madre ajena, y así les quita la virtud y alimento con que habían de crecer por darlo a las yerbas que ella engendró.

También cuenta Hipócrates que, yendo a visitar a aquel gran filósofo Demócrito, le dijo las locuras que el vulgo decía de la Medicina; y eran que, viéndose libres de la enfermedad, dicen que Dios los sanó, y que si Él no quisiera, poco aprovechara la buena industria del médico. Ella es tan antigua manera de hablar y hanla reñido tantas veces los filósofos naturales, que es por demás tratar de quitarla; ni menos conviene, porque el vulgo, que ignora las causas particulares de cualquier efecto, mejor responde y con más verdad por la causa universal (que es Dios), que decir algún disparate.

Pero yo muchas veces me he puesto a considerar la razón y causa de donde pueda nacer que la gente vulgar sea tan amiga de atribuir todas las cosas a Dios, quitarlas a Naturaleza y aborrecer los medios naturales. Y no sé si la he podido atinar. A lo menos, bien se deja entender que por no saber el vulgo qué efectos se han de atribuir inmediatamente a Dios y cuáles a Naturaleza, los hace hablar de aquella manera. Fuera de que los hombres, por la mayor parte, son impacientes y amigos que se cumpla presto lo que ellos desean; y como los medios naturales son tan espaciosos y obran por discurso de tiempo, no tienen paciencia para aguardarlos; y como saben que Dios es omnipotente y que en un momento hace todo lo que quiere y de ellos tienen muchos ejemplos, querrían que él les diese salud como al paralítico, y sabiduría como a Salomón, y riquezas como a Job, y que los librase de sus enemigos como a David.

La segunda causa es que los hombres somos arrogantes y de vana estimación, muchos de los cuales desean allá dentro de su pecho que Dios les haga a ellos alguna merced particular, y que no sea por la vía común (como es hacer salir el Sol sobre los justos y los malos, y llover para todos en general), porque las mercedes en tanto son más estimadas en cuanto se hacen con menos. Y por esta razón hemos visto muchos hombres fingir milagros en las casas y lugares de devoción; porque luego acuden las gentes a ellos y los tienen en gran veneración, como personas con quien Dios ha tenido cuenta particular; y si son pobres, los favorecen con mucha limosna, y así algunos pican en el interés.

La tercera razón es ser los hombres amigos de holgar; y estar dispuestas las causas naturales por tal orden y concierto, que, para alcanzar sus efectos, es menester trabajar. Y, por tanto, querrían que Dios usase con ellos su omnipotencia y que sin sudar se cumpliesen sus deseos. Dejo aparte la malicia de aquellos que pedían a Dios milagros para tentar su omnipotencia y probar si los podía hacer; y otros que, por vengar su corazón, piden fuego del cielo y otros castigos de gran crueldad.

La última causa es ser mucha la gente religiosa y amiga que Dios sea honrado y engrandecido, lo cual se consigue mucho más con los milagros, que con los efectos naturales. Pero el vulgo de los hombres no sabe que las obras sobrenaturales y prodigiosas las hace Dios para mostrar a los que no lo saben que es omnipotente, y que usa de ellas por argumento para comprobar su doctrina, y que, faltando esta necesidad, nunca jamás las hace. Esto bien se deja entender considerando cómo ya no obra Dios aquellos hechos extraños del Testamento nuevo y viejo; y es la razón haber hecho ya de su parte todas las diligencias que convenían para que los hombres no pretendiesen ignorancia. Y pensar que ha de volver otra vez a hacer los mismos argumentos y tornar con nuevos milagros a comprobar de nuevo su doctrina resucitando muertos, dando vista a los ciegos, sanando los cojos y paralíticos, es un error muy grande; porque de una vez enseña Dios lo que conviene a los hombres y lo prueba con milagros, y no lo torna a repetir: *semel loquitur Deus, et secundo id ipsum non repetit.*

El indicio de que yo más me aprovecho para descubrir si un hombre no tiene el ingenio que es apropiado para la filosofía natural es verle amigo de echar todas las cosas a milagro, sin ninguna distinción; y por lo contrario, los que no se contentan hasta saber la causa particular del efecto, no hay que dudar de su buen ingenio. Estos bien saben que hay efectos que inmediatamente se han de reducir a Dios, como son los milagros, y otros a Naturaleza, que son aquellos que tienen causas ordenadas de donde suelen nacer; pero hablando de una manera y de la otra, siempre ponemos a Dios por autor. Porque, cuando dijo Aristóteles *Deus et natura nihil faciunt frustra*, no entendió que Naturaleza fuese alguna causa universal con jurisdicción apartada de Dios, sino que es nombre del orden y concierto que Dios tiene puesto en la compostura del mundo para que sucedan las efectos que son necesarios para su conservación. Porque de la misma manera se suele decir que el rey y el Derecho civil no hacen agravio a nadie; en la cual manera de hablar ninguno entiende que este nombre Derecho significa algún príncipe que tenga jurisdicción apartada de la del rey, sino que es un término que abraza con su significación todas las leyes y ordenamiento real que el rey tiene hecho para conservar en paz su república.

Y así como el rey tiene casos reservados para sí, los cuales no pueden ser determinados por el Derecho por ser extraños y graves, de la misma manera dejó Dios reservados para sí los efectos milagrosos, para la producción de los cuales no dio orden ni poder a las causas naturales. Pero aquí es de notar que el que los ha de conocer por tales y diferenciarlos de las obras naturales ha de ser gran filósofo natural y saber de cada efecto qué causas ordenadas puede tener; y, con todo, no basta si la Iglesia católica no los declara por tales.

Y de la manera que los letrados trabajan y estudian en leer el Derecho civil y guardarlo en la memoria para saber y entender cuál fue la voluntad del rey en la determinación de tal caso, así nosotros, los filósofos naturales, como letrados de esta facultad, ponemos nuestro estudio en saber el discurso y orden que Dios hizo el día que crió el mundo, para contemplar y saber de qué manera quiso que sucediesen las cosas y por qué razón. Y así como sería cosa de reír si un letrado alegase en sus escritos de bien probado que el rey manda determinar el caso, sin mostrar la ley y razón por donde lo decide, así los filósofos naturales se ríen de los que dicen «esta obra es de Dios», sin señalar el orden y discurso de causas particulares de donde pudo nacer.

Y de la manera que el rey no quiere escuchar cuando le piden que quebrante alguna ley justa, o que haga determinar el caso fuera del orden judicial que él tiene mandado guardar, así Dios no quiere escuchar cuando alguno le pide milagros y hechos fuera del orden natural sin necesidad. Porque aun el rey cada día quita y pone leyes y muda el orden judicial, así por la variedad de los tiempos como por ser el consejo del hombre caduco, y no poder atinar de una vez a la rectitud y justicia. Pero el orden natural de todo el universo, que llamamos Naturaleza, desde que Dios crió el mundo no ha habido que añadir ni quitar una jota; porque lo hizo con tanta providencia y saber, que pedir que no se guarde aquel orden es poner falta en sus obras.

Volviendo, pues, a aquella sentencia tan usada de los filósofos antiguos, *Natura facit habilem*, es de entender que hay ingenios y habilidades que Dios reparte entre los hombres fuera del orden natural, como fue la sabiduría de los apóstoles, los cuales, siendo rudos y torpes, fueron alumbrados milagrosamente y llenos de ciencia y saber. De este género de habilidad y sabiduría no se puede verificar *Natura facit habilem*; porque esta es obra que inmediatamente se ha de reducir a Dios, y no a Naturaleza. Lo mismo se entiende de la sabiduría de los profetas y de todos aquellos a quien Dios infundió alguna gracia.

Otro género de habilidad hay en los hombres, que les nace de haberse engendrado con aquel orden y concierto de causas que Dios ordenó para este fin; y de esta suerte con verdad se dice *Natura facit habilem*. Porque, como probaremos en el capítulo postrero de esta obra, hay orden y concierto en las causas naturales, que, si los padres al tiempo de engendrar tienen cuidado de guardarle, saldrán todos sus hijos sabios sin que falte ninguno. Pero, en el entretanto, esta significación de Naturaleza es muy universal y confusa, y el entendimiento no huelga ni descansa hasta saber el discurso particular y la última causa. Y, así, es menester buscar otra significación de este nombre, naturaleza, que tenga a nuestro propósito más conveniencia.

Aristóteles y los demás filósofos naturales descienden más en particular, y llaman naturaleza a cualquier forma substancial que da ser a la cosa y es principio de todas sus obras. En la cual significación, nuestra ánima racional con razón se llamará Naturaleza, porque de ella recibimos el ser formal que tenemos de hombres, y ella misma es principio de cuanto hacemos y obramos.

Pero como todas las ánimas racionales sean de igual perfección, así la del sabio como la del necio, no se puede afirmar que Naturaleza, en esta significación, es la que hace al hombre hábil; porque, si esto fuese verdad, todos los hombres ternían igual ingenio y saber. Y, así, el mismo Aristóteles buscó otra significación de Naturaleza, la cual es razón y causa de ser el hombre hábil o inhábil, diciendo que el temperamento de las cuatro calidades primeras (calor, frialdad, humedad y sequedad) se ha de llamar naturaleza, porque de ésta nacen todas las habilidades del hombre, todas las virtudes y vicios, y esta gran variedad que vemos de ingenios.

Y pruébase claramente, considerando las edades de un hombre sapientísimo; el cual en la puericia no es más que un bruto animal, ni usa de otras potencias más que de la irascible y concupiscible; pero, venida la adolescencia, comienza a descubrir un ingenio admirable, y vemos que le dura hasta cierto tiempo y no más, porque, viniendo la vejez, cada día va perdiendo el ingenio, hasta que viene a caducar.

Esta variedad de ingenios, cierto es que [no] nace del ánima racional, porque en todas las edades es la misma, sin haber recibido en sus fuerzas y substancia ninguna alteración, sino que en cada edad tiene el hombre vario temperamento y contraria disposición, por razón de la cual hace el ánima unas obras en la puericia y otras en la juventud y otras en la vejez. De donde tomamos argumento evidente que, pues una misma ánima hace contrarias obras en un mismo cuerpo por tener en cada edad contrario temperamento, que cuando de dos muchachos el uno es hábil y el otro necio, que nace de tener cada uno temperamento diferente del otro, al cual, por ser principio de todas las obras del ánima racional, llamaron los médicos y filósofos naturaleza. De la cual significación se verifica propiamente aquella sentencia *Natura facit habilem*.

En confirmación de esta doctrina escribió Galeno un libro probando que las costumbres del ánima siguen el temperamento del cuerpo donde está; y que, por razón del calor, frialdad, humedad y sequedad de la región que habitan los hombres, y de los manjares que comen, y de las aguas que beben y del aire que respiran, unos son necios y otros sabios, unos valientes y otros cobardes, unos crueles y otros misericordiosos, unos cerrados de pecho y otros abiertos, unos mentirosos y otros verdaderos, unos traidores y otros leales, unos inquietos y otros sosegados, unos doblados y otros sencillos, unos escasos y otros liberales, unos vergonzosos y otros desvergonzados, unos incrédulos y otros fáciles de persuadir. Y para probar esto trae muchos lugares de Hipócrates, Platón y Aristóteles, los cuales afirmaron que la diferencia de las naciones, así en la compostura del cuerpo como en las condiciones del ánima, nace de la variedad de este temperamento.

Y vese claramente por experiencia cuánto disten los griegos de los escitas, y los franceses de los españoles, y los indios de los alemanes, y los de Etiopía de los ingleses. Y no solamente se echa de ver en regiones tan apartadas; pero si consideramos las provincias que rodean a toda España, podemos repartir las virtudes y vicios, que hemos contado, entre los moradores de ellas, dando a cada cual su vicio y su virtud. Y si no, consideremos el ingenio y costumbres de los catalanes, valencianos, murcianos, granadinos, andaluces, extremeños, portugueses, gallegos, asturianos, montañeses, vizcaínos, navarros, aragoneses, y los del riñón de Castilla. ¿Quién no ve y conoce lo que estos difieren entre sí, no solo en la figura del rostro y compostura del cuerpo, pero también en las virtudes y vicios del ánima? Y todo nace de tener cada provincia de éstas su particular y diferente temperamento. Y no solamente se conoce esta variedad de costumbres en regiones tan apartadas, pero aun en lugares que no distan más que una pequeña legua, no se puede creer la diferencia que hay de ingenios entre los moradores.

Finalmente, todo lo que escribe Galeno en su libro es el fundamento de esta mi obra; aunque él no atinó en particular a las diferencias de habilidad que tienen los hombres, ni a las ciencias que cada una demanda en particular. Aunque bien entendió que era necesario repartir las ciencias a los muchachos y dar a cada uno la que pedía su habilidad natural, pues dijo que las repúblicas bien ordenadas habían de tener hombres de gran prudencia y saber que, en la tierna edad, descubriesen a cada uno su ingenio y solercia natural, para hacerle aprender el arte que le convenía y no dejarlo a su elección.

Capítulo V [1594]. Donde se declara lo mucho que puede el temperamento para hacer al hombre prudente y de buenas costumbres

Considerando Hipócrates la buena naturaleza de nuestra ánima racional y el ser tan alterable y caduco del cuerpo humano donde está, dijo una sentencia digna de tan grave autor: *anima quidem semper similis est, et in maiori et in minori, non enim alteratur nec per naturam nec per necessitatem; corpus autem numquam idem in ullo aliquo est, nec secundum naturam nec ex necessitate*; como si dijera: «nuestra ánima racional siempre es la misma por todo el discurso de la vida, en la vejez y en la niñez, y siendo grandes y pequeños; el cuerpo, por lo contrario, jamás está quedo en un ser, ni hay manera para conservarlo». Y aunque algunos médicos han trabajado en hacer arte para ello, ninguno ha podido excusar con sus preceptos y reglas las alteraciones de las edades: la puericia, caliente y húmeda; la adolescencia, templada; la juventud, caliente y seca; la consistencia, templada en calor y frialdad, y destemplada con sequedad; la vejez, fría y seca. Ni se puede impedir que los cielos no muden el aire cada momento, ni que éste haga en nuestro cuerpo tan varias impresiones.

Por donde tuvo entendido que para hacer un hombre prudentísimo, no lo siendo, que no era menester alterar el ánima racional ni mejorarle su naturaleza; porque (fuera de que es imposible) ninguna cosa le faltó en su creación para que por falta suya no pudiese hacer el hombre muy bien las obras de su especie. Y, así, dijo: *si ignis et aqua in corpore temperamentum acceperint, fit anima sapientissima et memoria valentissima praedita; si vero ignis superetur ab aqua, fit tarda et stulta*; como si dijera: «cuando los cuatro elementos, agua y fuego especialmente, entran en la composición del cuerpo humano en igual peso y medida, se hace el ánima prudentísima y de muy gran memoria; pero si el agua vence al fuego, queda tarda y estulta»; y no por culpa suya, sino porque el instrumento con que ella había de obrar estaba depravado.

Lo cual visto por Galeno, sacó por última conclusión que todas las costumbres y habilidades del ánima sin falta seguían el temperamento del cuerpo donde está. Y, de camino, reprende a los filósofos morales porque no se dan a la medicina, siendo verdad que no solamente la prudencia (que es el fundamento de todas las virtudes), pero la justicia, fortaleza y temperancia, y sus vicios contrarios, dependen del temperamento del cuerpo. Por tanto, dijo que al médico pertenecía corromper los vicios del hombre e introducir las virtudes contrarias; y, así, hizo arte para corromper el vicio de la lujuria e introducir la virtud de la castidad; y cómo el soberbio se hará manso y tratable; y el avariento, liberal; y el cobarde, valiente; y el necio sabio, y prudente. Y todo el estudio que pone es en alterar el cuerpo con medicinas y manjares acomodados a cada vicio y virtud; y no cura del ánima fundado en la opinión de Hipócrates, el cual confiesa llanamente que el ánima no es alterable ni tiene necesidad de virtud adquisita para hacer lo que ella está obligada si le dan buen instrumento para ello. Y, así, tiene por error poner las virtudes en el ánima y no en los instrumentos del cuerpo con que ha de obrar. Y con esto, le parece que es imposible adquirirse alguna virtud que no nazca nuevo temperamento en el hombre.

Pero esta opinión es falsa y contra el común consentimiento de los filósofos morales, los cuales afirman «que las virtudes son hábitos espirituales sujetados en el ánima racional». Porque cual es el accidente, tal ha de ser el sujeto donde cae. Mayormente que, como el ánima sea el agente y movedor, y el cuerpo el que ha de ser movido, más a propósito caen las virtudes en el que hace que en el que padece. Y si las virtudes y vicios fuesen hábitos que dependieran del temperamento, seguirseía que el hombre obraría como agente natural y no libre, necesitado con el apetito bueno o malo que le señalase el temperamento; y de esta manera las buenas obras no merecerían ser premiadas ni las malas castigadas, conforme aquello: *in naturalibus nec meremur nec demeremur.* Mayormente que vemos muchos hombres virtuosos con temperamento malo y vicioso que los inclina antes a pecar que a obrar conforme a virtud; de quien se dijo: *vir sapiens dominabitur astris.* Y en lo que toca a los hechos de la prudencia y habilidad, vemos muchas obras imprudentes de hombres sapientísimos y muy templados, y otras muy acertadas de quien no sabe tanto ni tiene tan buena temperatura. Por donde se entiende que la prudencia y sabiduría, y las demás virtudes humanas, están en el ánima, y que no dependen de la compostura y temperamento del cuerpo como pensaron Hipócrates y Galeno.

Pero, con todo eso, hace mucha fuerza que estos dos graves médicos, y con ellos Aristóteles y Platón, hayan dicho esta sentencia y que no digan verdad. Por donde es de saber que las virtudes perfectas, como las fingen los filósofos morales, son hábitos espirituales sujetados en el ánima racional, cuyo ser no depende del temperamento. Pero, con esto, es cierto que no hay virtud ni vicio en el hombre (no se entiende de las sobrenaturales, porque éstas no entran en esta cuenta y razón) que no tenga su temperatura en los miembros del cuerpo, que le ayude o desayude en sus obras, a la cual, impropiamente, llaman los filósofos morales vicio o virtud, viendo que ordinariamente los hombres no tienen otras costumbres sino aquellas que apunta su temperamento. Dije ordinariamente, porque muchos hombres tienen el ánima llena de virtudes perfectas y en los miembros del cuerpo no tienen temperamento que les ayude a hacer lo que el ánima quiere, y con todo eso, por tener libre albedrío, obran muy bien aunque con gran lucha y contienda; como es aquello de san Pablo; *condelector enim legi Dei secundum interiorem hominem; video autem aliam legem in membris meis, repugnatem legi mentis meae, et captivantem me in lege peccati quae est in membris meis. Infielix ego homo! Quis me liberabit de corpore mortis huius? Gratia Dei per Jesum Christum Dominum nostrum. Igitur ego ipse mente servio legi Dei; carne autem legi peccati.* Por las cuales palabras, da a entender san Pablo que sentía dentro de sí dos leyes contrarias: una en el ánima, con la cual amaba la ley de Dios y se holgaba con ella; y otra en los miembros de su cuerpo, que le convidaba a pecar.

Conforme a esto, bien parece que a las virtudes que san Pablo tenía en el ánima no le respondían las temperaturas en los miembros del cuerpo que eran necesarias para obrar con suavidad y sin contradicción de la carne. Su ánima quería rezar y contemplar; y cuando iba al celebro con que lo había de ejecutar, lo hallaba destemplado por frialdad y humedad, que son dos calidades ordenadas para dormir, y con mucha pesadumbre.

Tales estaban aquellos tres discípulos que acompañaron a Jesucristo en el huerto cuando oraba, pues les dijo: *spiritus quidem promptus est, caro autem infirma.* El ánima quería ayunar, y cuando iba al estómago con lo que había de hacer, lo hallaba con mil desmayos y con un apetito insaciable de comer. El ánima quería que fuese casto y continente, y cuando iba a los instrumentos de la generación, los hallaba con un fuego ardiente inclinándolo a lo contrario.

En tales disposiciones como éstas, obran los virtuosos con gran dificultad, y por esto se dijo: *virtus versatur circa difficile*. Pero si el ánima, cuando quiere meditar, hallase el celebro caliente y seco, que es disposición natural para velar; y cuando quiere ayunar, hallase el estómago caliente y seco, con la cual temperatura dice Galeno aborrece el hombre el comer; y, si cuando quiere y ama la castidad, estuviesen los testículos fríos y húmedos, todo se lo hallaba hecho sin ninguna contradicción. Porque la ley del ánima y la ley de los miembros del cuerpo, ambas pedían una misma cosa, y, así, obraría el hombre con mucha suavidad. Por donde dijo bien Galeno que al médico pertenecía hacer un hombre, de vicioso, virtuoso; y que los filósofos morales hacían mal en no aprovecharse de la medicina para conseguir el fin de su arte, pues en alterar los miembros del cuerpo hacían obrar a los virtuosos con suavidad.

Lo que yo quisiera de Galeno y de todos los filósofos morales es que, si es verdad que a cada vicio y virtud de las que están en el ánima responde en los miembros del cuerpo su particular temperatura que le ayuda o desayuda para obrar, que nos contaran todos los vicios del hombre y sus virtudes, y nos dijeran en qué calidades corporales restribaba cada una de ellas, para aplicarles la cura que cada una había menester.

Aristóteles bien entendió que la buena temperatura hacía al hombre prudentísimo y de buenas costumbres, y, así, dijo *optima enim temperies non solum corpori, verum intelligenti homini prodest*. Pero no declaró cuál era la mejor temperatura, antes dijo que las costumbres del hombre se fundaban en solo calor y frialdad; y los médicos, especialmente Hipócrates y Galeno, tienen por viciosas estas dos calidades, y aprueban la templada donde el calor no excede a la frialdad ni la humedad a la sequedad. Y, así, dijo Hipócrates: *quod humidissimum est in aqua et siccissimum igne, si in corpore temperamentum acceperint, fit homo prudentissimus.*

Pero muchos médicos han examinado esta temperatura por la gran fama que tiene; y no responde tanto en la obra como Hipócrates dice, antes les parece que son unos hombres flojos y de poco brío, y en sus hechos no muestran tanta prudencia y discreción como los destemplados: tienen la condición muy blanda y suave, y no saben hacer mal a nadie en dicho ni hecho, que es por donde parecen muy virtuosos y sin pasiones de las que alteran el ánimo. Estos médicos tienen por mala temperatura la templada, porque afloja y desbarata la fortaleza de las potencias y es causa que no obren como conviene; lo cual se ve claramente en dos tiempos del año, verano y otoño, donde el aire viene a templar y entonces vienen las enfermedades. Y, así, se halla el cuerpo más sano, o con mucho frío o con mucho calor, que con lo tépido del verano.

A estos médicos parece favorecer algo la divina Escritura tratando de las costumbres del hombre: *utinam esses calidus aut frigidus; sed quia tepidus es, incipian te vomere ex ore meo.* Parece que se fundó en la doctrina de Aristóteles, el cual tiene por opinión muy verdadera que todas las costumbres activas del hombre restriban en calor y frialdad, y no en lo tépido ni templado. Pero holgara yo que Aristóteles nos dijera qué virtud, qué calidad de éstas pide, y en qué restriba su vicio contrario, para hacer las curas que dice Galeno. Yo para mí tengo entendido que la frialdad es la más importante para que el ánima racional conserve sus virtudes en paz y que no haya en los miembros del cuerpo quien le contradiga. Porque ninguna calidad (dice Galeno) debilita tanto la concupiscible e irascible como la frialdad, especialmente si está conjunta con la sequedad, y estando debilitada y enferma la porción inferior, las virtudes del ánima racional crecen a palmos.

Y si no, quiero poner delante al filósofo moral un hombre lujurioso, gran comedor y bebedor, para que me le cure según las reglas de su arte, y que le engendre en su ánima hábito de castidad y temperancia, y que obre con ellas con suavidad, sin que le introduzca en los miembros de su cuerpo frialdad y sequedad y le corrompa el calor y humedad demasiado que antes tenía. Y veamos cómo lo hará.

Cierto es que lo primero que ha de hacer es afearle el vicio de la lujuria; y le contará los males y daños que suele traer consigo, y el peligro en que está su ánima si la muerte le arrebatase sin haber hecho penitencia de sus pecados. Tras esto, le aconsejaría el ayuno, el rezar y meditar, el poco dormir, el acostarse en el suelo y vestido, la disciplina, el apartarse de mujeres y ocuparse en obras pías; todo lo cual se contiene en aquel aforismo de san Pablo: *castigo corpus meum et redigo in servitutem*. Con estos remedios, perseverando muchos días en ellos, se porná el hombre flaco y amarillo y tan diferente del que solía ser, que el que antes se perdía por mujeres y por comer y beber, ahora le da pena y dolor oírlo mentar.

Viendo el filósofo moral al hombre vicioso con estas señales, dirá, y con razón: «éste ya tiene hábito de castidad y temperancia». Pero, porque su arte no pasa de aquí, piensa que estas dos virtudes han venido por los aires y asentándose en el ánima racional sin haber pasado por el cuerpo. Mas el médico, que sabe de dónde nace la flaqueza y color amarillo, y cómo se introducen las virtudes y corrompen los vicios, dirá que este hombre tiene ya hábito de castidad y temperancia porque con aquellos remedios se perdió el calor natural y en su lugar sucedió frialdad. Y que todo aquel orden de vivir sean causas refrigerantes, es cosa fácil de probar discurriendo por cada una de ellas:

El temor en que le puso la represión y consideración de las penas infernales si moría en pecado mortal, es cierto que mortifica el calor natural y pone el cuerpo frío; y, así, pregunta Aristóteles: *cur voce et manibus et labro inferiori tremunt qui metuun? Ad quoniam hic affectus, caloris defectio ex locis superioribus est, ex quo ut palleant accidit.*

El ayuno también es una de las cosas que más mortifica el calor natural y deja al hombre frío, porque nuestra naturaleza (dice Galeno) se conserva con la comida y bebida como la llama del candil con el aceite; y tanto calor natural hay en el cuerpo humano cuanto es el manjar que se ha cocido, y tanto alimento se ha de dar a comer cuanto fuere el calor, y si damos menos en cantidad luego se disminuye; por la cual razón manda Hipócrates que a los niños no les hagamos ayunar, porque se resuelven y consumen por falta de alimento.

La disciplina, si es dolorosa y con sangre, ¿quién no sabe que gasta y consume muchos espíritus vitales y animales y que por la efusión de la sangre pierde el hombre el pulso y el calor natural?

El sueño, dice Galeno, es una de las cosas que más fortifica el calor natural, porque por él se entra a las cavidades del cuerpo y fortifica las virtudes naturales, y, así, cuece el manjar y lo convierte en nuestra sustancia y con la vigilia se corrompe y endurece. Y es la causa que el sueño calienta las partes interiores y enfría las exteriores; y por lo contrario, la vigilia enfría estómago, hígado y corazón (que es con lo que vivimos) y calienta las partes exteriores, que es lo más innoble del cuerpo y de lo que menos nos aprovechamos. De manera que el que se quita el sueño forzosamente ha de padecer muchas enfermedades frías.

Del «dormir en el suelo, y comer no más que una vez, y andar mal vestido», dijo Hipócrates que gastaba la carne y la sangre, donde reside el calor natural: *semel tantum cibum sumere, duriter cubare, nudusque ambulare.* Y dando Galeno la razón por qué la cama dura enflaquece y consume las carnes, dice que, solicitado el cuerpo con el dolor, no le deja dormir, y dando muchas vueltas comprime por todas partes las carnes y así no las deja crecer. Y cuánto calor se pierda gastando las carnes, dícelo el mismo Hipócrates enseñando cómo se hará el hombre prudente: *conducit ad sapientiam ut minime carnosi sint, nam ad carnis bonam habitudinem ardoris inflammationem fieri necesse est*; como si dijera: «conviene para la sabiduría que los hombres no tengan muchas carnes, porque su temperamento es muy caliente»; y esta calidad echa a perder la prudencia.

El rezar y meditar se hace subiendo el calor a la cabeza, por cuya ausencia quedan las demás partes del cuerpo frías; y si es con mucha atención, se viene a perder el sentido del tacto, del cual dijo Aristóteles que era necesario para la vida de los animales, y los demás sentidos servían de ornamento y perfección, porque sin gusto, olfato, vista y oído vemos que se puede vivir. Mas estando el ánima elevada en alguna profunda contemplación, no envía la facultad animal a las partes del cuerpo, sin la cual ni los oídos pueden oír, ni los ojos ver, ni las narices oler, ni el gusto gastar, ni el tacto tocar; por donde ni sienten frío los que están meditando, ni calor, ni hambre, sed, ni cansancio. Y siendo el tacto la centinela que descubre al hombre quién es el que le hace bien o mal, no se puede aprovechar de él; y así, estando helado de frío, o abrasándose de calor, o muerto de hambre, pasa por ello sin sentirlo, porque no hay quien le avise. En esta disposición, dice Hipócrates que el ánima no hace lo que está obligada, pues siendo su oficio animar el cuerpo y darle sentido y movimiento, lo deja desamparado: *quicumque dolentes parte aliqua corpopis, omnino dolorem non sentiunt, iis mens aegrotat*. Pero la peor disposición que se halla en los hombres de letras y en los demás que se dan a meditación, es la flaqueza de estómago, que siempre cuece el manjar sin calor natural, por estar ordinariamente en la cabeza; y así, está lleno de crudezas y flemas. Por donde, Cornelio Celso encomienda que a los hombres que se dan a letras les confortemos el estómago más que otra parte ninguna. De manera que el rezar, contemplar y meditar enfría y deseca el cuerpo y lo hace melancólico. Y, así, dijo Aristóteles: *cur homines qui ingenio claruerunt, vel in studiis philosophiae, vel in republica administranda, vel in carmine pangendo, vel in artibus exercendis, melancholicos omnes fuisse videantur?*

El apartarse de mujeres (teniendo antes su conversación) cuánto enfríe el cuerpo, y cuántas alteraciones nuevas nazcan en el continente, pruébalo Galeno por muchas experiencias que vio y notó. Especialmente cuenta lo que aconteció a un amigo suyo, después de viudo: que se le quitó luego la gana de comer y no podía digerir una yema de huevo; y si porfiaba a comer como solía, lo vomitaba luego; y con esto andaba triste y melancólico. Al cual le aconsejó que se casase si quería tener salud; y, así, dice: *hic quam celerrime liberatus est, ad pristinam consuetudinem reversus.*

De los cantores cuenta el mismo Galeno que, sabiendo por experiencia la gran correspondencia que tienen testículos con la garganta, y que tratar con mujeres les echaba a perder la voz, se hacían continentes por fuerza, por no perder el comer y salario que por su música les daban; y con esto (dice Galeno) tenían los instrumentos de la generación tan pequeños, fríos y rugosos, como si fueran viejos. Al revés de los lujuriosos; cuyas partes por ser muy ejercitadas y usadas, son muy crecidas, los vasos seminarios muy anchos y patentes, a los cuales acude gran copia de sangre y calor natura. Porque, como dice Platón: *ignavia quidem exsolvit, proprii autem officii exercitatio robus augere, solet*; como si dijera: «ejercitar las partes del cuerpo les hace cobrar más fuerzas, y el no usar de ellas las debilita». Y así, es cierto que en cada acto lujurioso se fortifican más los miembros genitales y quedan más poderosos y codiciosos para volver otra vez a la obra; y cada vez que el hombre resiste a la carne, queda más frío y con menos fuerzas para aquel acto. De donde concluyó que el casto y continente, hecho por este camino, viene a parar a frialdad habitual, con la cual obra tan sin pena ni contradicción como el viejo y como el que nació frío de su propia naturaleza y como el capado. Y, así, los que desean ser continentes y que no les irrite la carne, temiendo su mucha flaqueza, usan de medicinas frías y de cosas que gasten y consuman la simiente y la pongan fría; por quien se puede entender: *beati qui se castraverunt propter regnum Dei.*

Todo esto que hemos dicho y probado de la lujuria y castidad, se ha de entender de las demás virtudes y vicios. Porque cada uno tiene su particular temperamento de calor y frialdad, y en el modo de sustancia que cada miembro adquiere, y por la intensión o remisión de estas dos calidades. Dije de calor y frialdad, porque ninguna virtud ni vicio se funda en humedad ni sequedad. Porque, según la opinión de Aristóteles, estas dos calidades son pasivas, y el calor y frialdad activas; y, así, dijo: *mores enim condit calidum aut frigidum, omnium maxime quae in nostro corpore habentur.* Y, con su sentencia, responde a la Escritura cuando dijo: *utinam frigidus esses, aut calidus, sed quia tepidus es et nec frigidus nec calidus incipiam te vomere ex ore meo.* La razón de esto restriba en que no se hallan hombres templados en el punto de perfección que se requiere para fundar las virtudes. Así, escogió la Escritura (y el Filósofo) al calor y frialdad; por no haber otras calidades para asentar las virtudes. Aunque con su contrapeso; porque, puesto caso que a frialdad y calor responden muchas virtudes, también son fuente de muchos vicios, y, así, por maravilla no hay hombre malo en quien no se hallen algunas virtudes naturales, ni tan virtuoso que no tenga algún vicio.

Pero la calidad con que se halla mejor el ánima racional es la frialdad del cuerpo. Esto se probará claramente discurriendo por todas las edades del hombre: puericia, adolescencia, juventud, edad perfecta y vejez; donde hallaremos que, por tener cada edad su particular temperamento, en unas es vicioso y en otras virtuoso, en unas es imprudente y en otras sabio.

La puericia no es más que un temperamento caliente y húmido, en el cual (dice Platón) está el ánima racional ahogada, sin poder usar de su entendimiento y voluntad y libre albedrío, hasta que con el discurso del tiempo pasa a otra edad y adquiere nuevo temperamento. Las virtudes de la niñez son muchas, y pocos los vicios. Los niños, dice Platón, son admirativos, del cual principio nacen todas las ciencias; lo segundo son disciplinables, blandos y tiernos para introducirles cualquiera virtud; lo tercero son temerosos y vergonzosos, que es el fundamento (dice Platón) de la temperancia; lo cuarto tienen credulidad y son fáciles de persuadir; son caritativos, liberales, castos y humildes; simples y no maliciosos. Atento a las cuales virtudes; dijo Jesucristo a sus discípulos: *nisi efficiamini sicut parvulus iste, non intrabitis in regnum caelorum*. De qué edad fuese este niño que Dios les mostró, no se puede saber. Pero Hipócrates divide la puericia en tres o cuatro partes; y porque desde un año hasta catorce van tomando siempre muchos humores y diversos temperamentos, así padecen muchas enfermedades, y por la misma razón responden al ánima diferentes virtudes y vicios. En lo cual restribando, Platón comienza a instruir a un niño desde el primer año, aunque no sepa hablar, enseñando al ama que lo cría cómo le entenderá (por el llorar, reír y callar) sus virtudes y vicios, y cómo se los corregirá. Las virtudes de esta edad dice la Escritura que tenía Saúl cuando fue elegido por rey: *puer erat unius anni Saul quando coepit regnare*. Por donde parece que Dios hace la misma partición que Hipócrates señalando por años las virtudes de la puericia.

El adolescencia es la segunda edad del hombre; y cuéntase desde catorce años hasta veinte y cinco. La cual, según la opinión de los médicos, no es caliente, fría, húmeda ni seca, sino en medio de estas calidades, templada. Con esta temperatura, están los instrumentos del cuerpo como el ánima los ha menester para todo género de virtud, especialmente para la prudencia; y, así, dijo Hipócrates: *quod humidissimum est in igne, et siccissimum in aqua, si in corpore tamperamentum acceperint, anima est sapientissima et memoria valentissima praedita*. Las virtudes que dijimos de la puericia parecen obras hechas con solo instinto natural, como las hacen las hormigas serpientes y abejas, sin discurso racional; pero las de la adolescencia van hechas ya con discreción y prudencia, y así entiende el adolescente lo que hace y a qué propósito, y conociendo el fin, dispone los medios para conseguirlo. Cuando la Escritura dijo *sensus et cogitatio hominis prona est ab adolescentia sua ad malum* se puede entender exclusive, sacando la puericia y el adolescencia; que son las edades donde el hombre es más virtuoso.

La tercera edad es la juventud, que se cuenta de veinte y cinco años hasta treinta y cinco. Su temperamento es caliente y seco; del cual dijo Hipócrates: *cum aqua superatur ab igne, fit anima insana et furiosa*. Y así lo muestra la experiencia; porque no hay maldad de que no esté tentado el hombre en esta edad: ira, gula, lujuria, soberbia, homicidios, adulterios, robos, temeridades, rapiña, audacia, enemistad, engaños, mentiras, bandos, disensiones, venganzas, odios, injuria y protervia. En la cual edad viéndose David, dijo: *Domine, ne revoces me in dimidio dierum meorum*, porque la juventud está en medio de las cinco edades del hombre, puericia, adolescencia, juventud, edad perfecta y vejez. Y es tan malo el hombre en ella, que dijo Salomón: *tria sunt difficilia mihi, et quartum penitus ignoro: viam aquilae in coelo, viam colubris super petram, viam navis in medio mari, et viam viri in adolescentia*. Toma en este lugar adolescencia por juventud.

De todo esto, cierto es que tiene alguna excusa de la culpa el ánima, pues es la misma por todo el discurso de las edades, y tan perfecta como Dios la crió al principio, si no por los varios temperamentos que el cuerpo adquiere en cada edad; y porque en la juventud está el cuerpo más destemplado, por esto obra el ánima con más dificultad las obras virtuosas y con más facilidad las viciosas. Esto es, a la letra, lo que dijo la Sabiduría: *Puer eram ingeniosus et sortitus sum animam bonam; et cum essem magis bonus, veni ad corpus coinquinatum, et inveni quod aliter homo continens esse non potest nisi Deus det*; como si dijera: «A mí me dieron buena ánima, y de niño era muy ingenioso; y siendo más bueno (entiéndese en el adolescencia) vine después a un cuerpo tan sucio y destemplado cual está en la juventud, y hallé por mi cuenta que el hombre no podía tener castidad y continencia si Dios no se la daba». Por tanto, viéndose David fuera de tan mala edad, y acordándose de lo que en ella había pasado, dijo: *delicta juventutis meae et ignorantias meas ne memineris*.

En la cuarta edad, que es de consistencia, torna el hombre a templarse en la aposición de calor y frialdad; porque quien de mucho calor baja a frialdad, forzosamente ha de pasar por el medio. Y con la sequedad que le quedó al cuerpo de la juventud, se hace el ánima prudentísima. Por donde los hombres que han vivido mal en la juventud dan las vueltas notables que vemos, reconociendo la mala vida pasada y viviendo de otra manera. Comienza esta edad desde treinta y cinco años hasta cuarenta y cinco, en unos más y en otros menos, conforme a la compostura y temperamento de cada uno.

La última edad del hombre es la vejez; en la cual está el cuerpo frío y seco, y con mil enfermedades y flaco: todas las potencias perdidas, sin poder hacer lo que antes solían. Pero, con ser el ánima racional la misma que fue en la puericia, adolescencia, juventud, consistencia y vejez, sin haber recibido ninguna alteración que le debilitase sus potencias, venida a esta última edad y con este temperamento frío y seco, es prudentísima, justa, fuerte y con temperancia; y aunque al hombre se han de atribuir estas obras, pero el ánima es el primer movedor, conforme aquello: *anima est principium intelligendi*. Todo el tiempo que el cuerpo está poderoso, con fuertes facultades vitales, naturales y animales, acuden muy pocas virtudes morales al hombre; pero en perdiendo las fuerzas, luego el ánima crece en virtudes. Parece que quiso sentir esto san Pablo cuando dijo: *virtus in infirmitate perficitur*; como si dijera: «la virtud y fuerzas del ánima racional se perfeccionan cuando el cuerpo está enfermo». Y así parece, porque en ninguna edad está el cuerpo más flaco que en la vejez, ni el ánima más libre y suelta para obrar conforme a razón.

Pero con todo eso, cuenta Aristóteles seis vicios que tienen los viejos por razón de la frialdad que el hombre tiene en esta edad. Lo primero son cobardes, porque el ánimo y valentía consiste en el mucho calor y sangre del corazón, y los viejos tienen poca y muy fría. Lo segundo son avarientos, y guardan el dinero más de lo que es menester; porque, estando ya en los postreros tercios de la vida y que la razón les había de dictar que con poca hacienda podrían pasar, entonces les crece más la codicia, como si estuvieran en la niñez y considerando que les restaba cinco edades por pasar y que era bien guardar con qué comprar de comer. Lo tercero son sospechosos; y no sé la razón por qué Aristóteles lo llama vicio, siendo verdad que esto les nace de haber visto por experiencia tantas maldades de los hombres, y acordándose de los vicios y pecados que ellos propios cometieron en su mocedad; y, así, viven siempre con recato, sabiendo que hay poco que fiar de los hombres. Lo cuarto son de mala esperanza y jamás piensan que los negocios han de suceder bien; y de dos o tres fines que pueden tener, siempre eligen el peor y aquél están esperando. Lo quinto son desvergonzados; porque la vergüenza, dice Aristóteles, pertenece a la sangre; y, como los viejos carecen de este humor, no pueden ser vergonzosos. Lo sexto son incrédulos: jamás piensan que les dicen verdad, trayendo a la memoria los embustes y engaños de los hombres y lo que han visto en el mundo en el largo discurso de su vida. Las virtudes contrarias (dice Aristóteles) tienen los mozos. Son animosos, liberales, jamás sospechan mal, son de buena esperanza, vergonzosos, y fáciles de persuadir y creer.

Lo mismo que hemos probado en las edades del hombre pudiéramos demostrar en el sexo: qué virtudes y vicios tiene el hombre, y cuáles la mujer. Y por razón de los humores: sangre, cólera, flema y melancolía. Y por razón de las regiones y lugares particulares: en una provincia son los hombres magnánimos y en otra pusilánimes, en una prudentes y en otra imprudentes, en una verdaderos y en otra mentirosos, como es aquello del Apóstol: *cretenses semper mendaces, malae bestiae ventris pigri.* Y si discurrimos por las comidas y bebidas, hallaremos que unas ayudan a la virtud y contradicen al vicio, y otras favorecen al vicio y contradicen a la virtud, pero de tal manera que el hombre quede libre para hacer lo que quisiere, conforme aquello: *apposuit tibi aquam et ignem: ad quod volueris porrige manum tuam.* Porque ningún temperamento de éstos hay que (no quitando al hombre su juicio) lo fuerce a nada, salvo a la irritación.

Y es de notar que, en la meditación y contemplación de las cosas, adquiere el hombre nuevo temperamento sobre el que tienen los miembros de su cuerpo. Porque, como adelante probaremos, de tres potencias que tiene el hombre, memoria entendimiento e imaginativa, sola la imaginativa (dice Aristóteles) es libre para imaginar lo que quisiere. Y de las obras de esta potencia (dicen Hipócrates y Galeno) andan siempre asidos los espíritus vitales y sangre arterial; y los echa a la parte que quiere; y donde acude este calor natural queda la parte más poderosa para hacer su obra, y las demás con menos fuerzas. Y, así, aconseja Galeno a los cantores de la diosa Diana que no se pongan a contemplar en mujeres, porque de solo esto, sin acto carnal, se les calientan los instrumentos de la generación; y, éstos calientes, luego la voz se pone áspera y ronca, porque como dijo Hipócrates: *tussis sedatio, tumor testium, et e contra.* Y si alguno se pone a considerar y meditar en la injuria que otro le ha hecho, luego se sube el calor natural y toda la sangre al corazón, y fortifica la facultad irascible y debilita la racional; y si pasa la consideración a que Dios manda perdonar las injurias y hacer bien a nuestros enemigos, y al premio que da por ello, vase todo el calor natural y sangre a la cabeza, y fortifica la facultad racional y debilita la irascible. Y, así, estando en nuestra elección fortificar con la imaginativa la potencia que quisiéremos, con razón somos premiados cuando fortificamos la racional y debilitamos la irascible, y con justa causa somos culpados cuando fortificamos la irascible y debilitamos la racional.

De aquí se entiende claramente con cuánta razón encomiendan los filósofos morales la meditación y consideración de las cosas divinas, pues con sola ella adquirimos el temperamento que el ánima racional ha menester y debilitamos la porción inferior. Pero una cosa no puedo callar antes que concluya con este capítulo, y es que todos los actos de virtud puede el hombre ejercitar sin haber en el cuerpo cómodo temperamento, aunque con mucha dificultad y trabajo, si no son los actos de prudencia. Porque, si un hombre salió imprudente de las manos de Naturaleza, solo Dios lo puede remediar. Y lo mismo se entiende de la justicia distributiva y de todas las artes y ciencias que aprenden los hombres.

Capítulo III [VI de 1594]. Donde se declara qué Parte del cuerpo ha de estar bien templada para que el muchacho tenga habilidad

Tiene el cuerpo humano tanta variedad de partes y potencias (aplicadas cada una para su fin), que no será fuera de propósito, antes cosa necesaria, saber primero qué miembro ordenó Naturaleza por instrumento principal para que el hombre fuese sabio y prudente. Porque cierto es que no raciocinamos con el pie, ni andamos con la cabeza, ni vemos con las narices, ni oímos con los ojos; sino que cada una de estas partes tiene su uso, y particular compostura para la obra que ha de hacer.

Antes que naciese Hipócrates y Platón, estaba muy recibido entre los filósofos naturales que el corazón era la parte principal donde residía la facultad racional, y el instrumento con que nuestra ánima hacía las obras de prudencia, solercia, memoria y entendimiento; y así la divina Escritura, acomodándose a la común manera de hablar de aquel tiempo, llama en muchas partes corazón a la parte superior del hombre. Pero venidos al mundo estos dos graves filósofos, dieron a entender que era falsa aquella opinión y probaron con muchas razones y experiencias que el celebro era el asiento principal del ánima racional; y así lo recibieron todos, si no fue Aristóteles, el cual, con ánimo de contradecir en todo a Platón, tornó a refrescar la opinión primera y con argumentos tópicos hacerla probable.

Cuál sea la más verdadera sentencia ya no es tiempo de ponerlo en cuestión, porque ningún filósofo duda en esta era que el celebro es el instrumento que naturaleza ordenó para que el hombre fuese sabio y prudente. Solo conviene explicar qué condiciones ha de tener esta parte para que se pueda decir estar bien organizada y que el muchacho, por esta razón, tenga buen ingenio y habilidad.

Cuatro condiciones ha de tener el celebro para que el ánima racional pueda con él hacer cómodamente las obras que son de entendimiento y prudencia. La primera es buena compostura; la segunda, que sus partes estén bien unidas; la tercera, que el calor no exceda a la frialdad, ni la humedad a la sequedad; la cuarta, que la sustancia esté compuesta de partes sutiles y muy delicadas. En la buena composición se encierran otras cuatro cosas. La primera es buena figura; la segunda, cantidad suficiente; la tercera, que en el celebro haya cuatro ventrículos distintos y apartados, cada uno puesto en su asiento y lugar: la cuarta, que la capacidad de éstos no sea mayor ni menor de lo que conviene a sus obras.

La buena figura del celebro arguye Galeno considerando por de fuera la forma y compostura de la cabeza, la cual dice que sería tal cual conviene tomando una bola de cera perfectamente redonda, y apretándola livianamente por los lados: quedaría de esta manera la frente y el colodrillo con un poco de giba. De donde se sigue que tener el hombre la frente muy llana y el colodrillo remachado, que no tiene su celebro la figura que pide el ingenio y habilidad.

La cantidad de celebro que ha menester el ánima para discurrir y raciocinar es cosa que espanta, porque entre los brutos animales ninguno hay que tenga tantos sesos como el hombre, de tal manera, que si juntásemos los que se hallan en dos bueyes muy grandes, no igualarían con los de un solo hombre por pequeño que fuese. Y lo que es más de notar: que entre los brutos animales; aquellos que se van llegando más a la prudencia y discreción humana (como es la mona, la zorra y el perro), éstos tienen mayor cantidad de celebro que los otros, aunque en corpulencia sean mayores. Por donde dijo Galeno que la cabeza pequeña era siempre viciosa en el hombre, por tener falta de sesos; aunque también afirmó que si la grande nacía de haber mucha materia, y mal sazonada, al tiempo que Naturaleza la formó, que es mal indicio, porque toda es huesos y carne, y muy pocos sesos; como acontece en las naranjas muy grandes, que abiertas tienen poca medula y la cáscara muy canteruda. Ninguna cosa ofende tanto el ánima racional, como estar en un cuerpo cargado de huesos, de pringue y de carne. Y, así, dijo Platón que las cabezas de los hombres sabios ordinariamente eran flacas y se ofendían fácilmente con cualquiera ocasión; y es la causa que Naturaleza las hizo a teja vana con intento de no ofender al ingenio cargándolas de mucha materia. Y es tan verdadera esta doctrina de Platón, que, con estar el estómago tan desviado del celebro, le viene a ofender si está lleno de pringue y carne; en confirmación de lo cual trae Galeno un refrán que dice: el vientre grueso engendra grueso entendimiento. Y en esto no hay más misterio de que el celebro y el estómago están asidos y trabados con ciertos nervios por los cuales el uno al otro se comunican sus daños. Y por el contrario, siendo el estómago enjuto y descarnado, ayuda grandemente al ingenio, como lo vemos en los famélicos y necesitados; en la cual doctrina se pudo fundar Persio cuando dijo que el vientre era el que daba ingenio al hombre.

Pero lo que más se ha de notar en este propósito es que si las demás partes del cuerpo son gruesas y carnosas, por donde el hombre viene a tener gran corpulencia, dice Aristóteles que le echa a perder el ingenio. Por donde estoy persuadido que si el hombre tiene gran cabeza aunque haya sido la causa estar Naturaleza muy fuerte y por haber tenido cantidad de materia bien sazonada, que no terná tan buen ingenio como siendo moderada. Aristóteles es de contraria opinión, preguntando qué es la causa que el hombre es el más prudente de todos los animales; a la cual duda responde que ningún animal hay que tenga tan pequeña cabeza como el hombre, respecto de su cuerpo; y entre los hombres, aquéllos (dice) son más prudentes que tienen menor cabeza. Pero no tiene razón; porque si él abriera la cabeza de un hombre, y viera la cantidad de sesos que tiene, hallara que dos caballos juntos no tienen tantos sesos como él. Lo que yo he hallado por experiencia es que, en los hombres pequeños de cuerpo, es mejor declinar la cabeza a grande, y en los que son de mayor corpulencia, a pequeña; y es la razón que de esta manera se halla la cantidad moderada con la cual obra bien el ánima racional.

Fuera de esto, son menester cuatro ventrículos en el celebro para que el ánima racional pueda discurrir y filosofar. El uno ha de estar colocado en el lado derecho del celebro, y el segundo en el izquierdo, y el tercero en el medio de estos dos, y el cuarto en la postrera parte del celebro, como parece en esta figura. De qué sirvan estos ventrículos y las capacidades anchas o angostas al ánima racional, adelante lo diremos tratando de las diferencias de ingenio que hay en el hombre. Pero también no basta que el celebro tenga buena figura, cantidad suficiente, y el número de ventrículos que hemos dicho con su capacidad poca o mucha, sino que sus partes guarden cierto género de continuidad y que no estén divisas. Por la cual razón hemos visto, en las heridas de la cabeza, unos hombres perder la memoria, otros el entendimiento y otros la imaginación; y, puesto caso que después de sanos volvió el celebro a juntarse, pero no a la unión natural que él tenía de antes.

La tercera condición de las cuatro principales era estar el celebro bien templado, con moderado calor y sin exceso de las demás calidades; la cual disposición dijimos atrás que se llamaba buena naturaleza, porque es la que principalmente hace al hombre hábil, y la contraria, inhábil.

Pero la cuarta, que es tener el celebro la sustancia o compostura de partes sutiles y muy delicadas, dice Galeno que es la más importante de todas; porque, queriendo dar indicio de la buena compostura del celebro, dice que el ingenio sutil es señal que el celebro está hecho de partes sutiles y muy delicadas, y si el entendimiento es tardo arguye gruesa sustancia; y no hace mención del temperamento.

Estas condiciones ha de tener el celebro para que el ánima racional pueda hacer con él sus razones y silogismos. Pero hay de por medio una dificultad muy grande. Y es que si abrimos la cabeza de cualquier bruto animal, hallaremos que su celebro está compuesto de la misma forma y manera que el del hombre, sin faltarle ninguna condición de las dichas. Por donde se entiende que los brutos animales usan también de prudencia y razón mediante la compostura de su celebro, o que nuestra ánima racional no se aprovecha de este miembro por instrumento para sus obras, lo cual no se puede afirmar.

A esta duda responde Galeno diciendo: *In animantium genere quod irrationale appellatur, nulla omnino data ratio sit, sane dubium est. Nam etsi caret ea quae in voce versatur, quam sermonem nominant, quae tamen animo concipitur, quam ratiocinium dicunt, ejus fortasse particeps omne genus animalium est, quamque aliis parcius aliis liberalius tributa sit. Sed profecto quam caeteris animantibus homo sit hac ipsa ratione praestantior, nemo est qui dubitet.* Por estas palabras da a entender Galeno, aunque con algún miedo, que los brutos animales participan de razón, unos más y otros menos, y dentro de su ánimo usan de algunos silogismos y discursos, puesto caso que no lo puedan explicar por palabras; y que la diferencia que les hace el hombre consiste en ser más racional y usar de prudencia con más perfección. También el mismo Galeno prueba con muchas experiencias y razones que los asnos, siendo entre los brutos animales los más necios, alcanzan con su ingenio las cosas más sutiles y delicadas que Platón y Aristóteles hallaron; y así colige diciendo: *Ergo tantum abest ut veteres philosophos laudem tamquam amplum aliquid magnaeque subtilitatis invenerint, quod idem ac diversum, unum ac non unum non solum numero, sed etiam specie sit in audiendum, ut etiam ipsis asinis, qui tamen omnium brutorum stupidissimi videntur, hoc inesse natura dicam.*

Esto mismo quiso sentir Aristóteles cuando preguntó qué es la causa que el hombre es el más prudente de todos los animales; y en otra parte torna a preguntar qué es la razón que el hombre es el más injusto de todos los animales. Por donde da a entender lo mismo que dijo Galeno: que la diferencia que hay del hombre al bruto animal es la misma que se halla entre el hombre necio y el sabio, no más de por intensión. Ello cierto, no hay que dudar sino que los brutos animales tienen memoria, imaginativa y otra potencia que parece al entendimiento, como la mona retrae al hombre. Y que su ánima se aproveche de la compostura del celebro es cosa muy cierta; la cual, siendo buena y tal cual conviene, hace sus obras muy bien y con mucha prudencia, y si el celebro está mal organizado, las yerra. Y, así, vemos que hay asnos que lo son propiamente en el saber, y otros se hallan tan agudos y maliciosos, que pasan de su especie. Y entre los caballos se hallan muchas ruindades y virtudes, y unos más disciplinables que otros; todo lo cual acontece por tener bien o mal organizado el celebro. La razón y solución de esta duda daremos luego en el capítulo que se sigue, porque allí se torna a tocar esta materia.

Otras partes hay en el cuerpo de cuyo temperamento depende tanto el ingenio como del celebro; de las cuales diremos en el postrer capítulo de esta obra. Pero, fuera de ellas y del celebro, hay otra sustancia en el cuerpo de quien se aprovecha el ánima racional en sus obras; y así pide las tres postreras calidades como el celebro, que son cantidad suficiente, delicada sustancia y buen temperamento. Éstos son los espíritus vitales y sangre arterial, los cuales andan vagando por todo el cuerpo y están siempre asidos a la imaginación y siguen su contemplación. El oficio de esta sustancia espiritual es despertar las potencias del hombre y darles fuerza y vigor para que puedan obrar.

Conócese claramente ser éste su uso considerando los movimientos de la imaginativa y lo que sucede después en la obra. Porque si el hombre se pone a imaginar en alguna afrenta que le han hecho, luego acude la sangre arterial al corazón y despierta la irascible, y le da calor y fuerzas para vengarse. Si el hombre está contemplando en alguna mujer hermosa, o está dando y tomando con la imaginación en el acto venéreo, luego acuden estos espíritus vitales a los miembros genitales y los levantan para la obra. Lo mismo acontece cuando se nos acuerda de algún manjar delicado y sabroso: luego desamparan todo el cuerpo y acuden el estómago, y hinchen la boca de agua. Y es tan veloz su movimiento, que si alguna mujer preñada tiene antojo de cualquier manjar y está siempre imaginando en él, vemos por experiencia que viene a mover si de presto no se lo dan; y es la razón natural que estos espíritus vitales, antes del antojo, y con la nueva imaginación del manjar, viénense al estómago a levantar el apetito; en el ínterin, si el útero no tiene fuerte retentriz, no la puede sustentar, y así la viene a mover.

Entendiendo Galeno la condición de estos espíritus vitales, aconseja a los médicos que no den de comer a los enfermos estando los humores crudos y por cocer; porque, en sintiendo que hay manjar en el estómago, luego dejan lo que están haciendo y se vienen a él para le ayudar.

Este mismo beneficio y ayuda recibe el celebro de estos espíritus vitales cuando el ánima racional quiere contemplar, entender, imaginar y hacer actos de memoria; sin los cuales no puede obrar. Y de la manera que la sustancia gruesa del celebro y su mal temperamento echan a perder el ingenio, así los espíritus vitales y sangre arterial, no siendo delicados y de buen temperamento, impiden al hombre su discurso y raciocinio. Por esto dijo Platón que la blandura y buen temperamento del corazón hace el ingenio agudo y perspicaz (habiendo probado atrás que el celebro y no el corazón era el asiento principal del ánima racional); y es la razón que estos espíritus vitales se engendran en el corazón, y tal substancia y temperamento toman cual le tenía el que los formó. De esta sangre arterial se entiende lo que dijo Aristóteles: estar bien compuestos los hombres que tienen la sangre caliente, delicada y pura, porque juntamente son de buenas fuerzas corporales y de ingenio muy acendrado.

Y a estos espíritus vitales llaman los médicos Naturaleza, porque son instrumento principal con que el ánima racional hace sus obras. Y de éstos también se puede verificar aquella sentencia: *Natura facit habilem*.

Capítulo IV [VII de 1594]. Donde se muestra que el ánima vegetativa, sensitiva y racional son sabias sin ser enseñadas de nadie, teniendo el temperamento conveniente que piden sus obras

Tiene tanta fuerza el temperamento de las cuatro calidades primeras (a quien atrás llamamos Naturaleza) para que las plantas, los brutos animales y el hombre acierten a hacer cada cual las obras que son propias de su especie, que si llega a estar en el punto perfecto que puede tener, repentinamente, y sin que nadie les enseñe, saben las plantas formar raíces en la tierra y por ellas traer el alimento, retenerle, cocerle y expeler los excrementos; y los brutos conocen luego en naciendo lo que es conveniente a su naturaleza y huyen de lo que es malo y nocivo. Y lo que más viene a espantar a los que no saben filosofía natural es que el hombre, teniendo el celebro bien templado y con la disposición que alguna ciencia ha menester, repentinamente y sin jamás haberla aprendido de nadie, dice y habla en ella cosas tan delicadas, que no se pueden creer.

Los filósofos vulgares, viendo las obras maravillosas que hacen los brutos animales, dicen que no hay que espantar, porque lo hacen con instinto de naturaleza, la cual muestra y enseña a cada uno en su especie lo que ha de hacer. Y en esto dicen muy bien, porque ya hemos dicho y probado que Naturaleza no es otra cosa más que el temperamento de las cuatro calidades primeras, y que éste es el maestro que enseña a las ánimas cómo han de obrar. Pero ellos llaman instinto de naturaleza a cierta maraña de cosas que suben de las tejas arriba, y jamás lo han podido explicar ni dar a entender.

Los graves filósofos, como son Hipócrates, Platón y Aristóteles, reducen todas estas obras maravillosas al calor, frialdad, humedad y sequedad; y esto toman por primer principio, y no pasan de aquí. Y preguntando quién enseñó a los brutos animales hacer las obras que nos espantan, y a los hombres raciocinar, responde Hipócrates: *Natura omnium sine doctore*; como si dijera: «las facultades, o el temperamento en que consisten, todas son sabias sin haberlo aprendido de nadie». Lo cual parece muy claro considerando las obras del ánima vegetativa (y de todas las demás que gobiernan al hombre): que si tiene un pedazo de simiente humana, con buena temperatura, bien cocida y sazonada, hace un cuerpo tan bien organizado y hermoso, que todos los entalladores del mundo no lo sabrían contrahacer; en tanto que, admirado Galeno de ver una fábrica tan maravillosa, el número que tiene de partes, el asiento y figura, el uso y oficio de cada una por sí, vino a decir que no era posible que el ánima vegetativa ni el temperamento supiesen hacer una obra tan extraña, sino que el autor de ella era Dios o alguna inteligencia muy sabia.

Pero esta manera de hablar ya la dejamos reprobada atrás, porque a los filósofos naturales no les está bien reducir los efectos inmediatamente a Dios, dejando por contar las causas intermedias; mayormente en este caso, donde vemos por experiencia que si la simiente humana es de mala sustancia y no tiene el temperamento que conviene, hace el ánima vegetativa mil disparates. Porque, si es fría y húmeda más de lo que es menester, dice Hipócrates que salen los hombres eunucos o hermafroditas; y si es muy caliente y seca, dice Aristóteles que los hace hocicudos, patituertos y las narices remachadas como son los de Etiopía; y si es húmeda, dice el mismo Galeno que salen largos, y desvaídos; y siendo seca, nacen pequeños de cuerpo. Todo lo cual es gran fealdad en la especie humana, y de tales obras no hay que loar a Naturaleza ni tenerla por sabia. Y si Dios fuera el autor, ninguna de estas calidades le podía estorbar. Solos los primeros hombres que hubo en el mundo dice Platón que los hizo Dios; pero los demás nacieron por el discurso de las causas segundas, las cuales, si están bien ordenadas, hace el ánima vegetativa muy bien sus obras, y si no concurren como conviene, produce mil disparates.

Cuál será el buen orden de naturaleza para este efecto: es tener el ánima vegetativa buen temperamento. Y si no, responda Galeno y todos los filósofos del mundo: ¿qué es la razón que el ánima vegetativa tiene tanto saber y poder en la primera edad del hombre (en formar el cuerpo, aumentarle y nutrirle) y venida la vejez no puede hacer? Porque si al viejo se le cae una muela, no hay remedio de tornarle a nacer; y si al muchacho le faltan todas, vemos que Naturaleza las torna a hacer. Pues ¿es posible que una ánima que no ha hecho otra cosa, en todo el discurso de la vida, sino traer el manjar, retenerlo, cocerle y expeler los excrementos y reengendrar las partes que faltan, que al cabo de la vida se le haya olvidado y que no lo pueda hacer? Cierto es que responderá Galeno que ser sabia y poderosa el ánima vegetativa en la niñez, que nace de tener mucho calor y humedad natural, y en la vejez no lo puede hacer, ni sabe, por la mucha frialdad y sequedad que tiene el cuerpo en esta edad.

También la sabiduría del ánima sensitiva depende del temperamento del celebro; porque si es tal cual sus obras le piden y han menester, las acierta muy bien a hacer, y si no, también las yerra como el ánima vegetativa. El medio que tuvo Galeno para contemplar y conocer por vista de ojos la sabiduría del ánima sensitiva fue tomar un cabrito luego en naciendo; el cual, puesto en el suelo, comenzó a andar como si le hubieran enseñado y dicho que las piernas se habían hecho para tal uso; y tras esto, se sacudió de la humedad superflua que sacó de la madre; y alzando el pie, se rascó tras la oreja, y poniéndole muchas escudillas delante con vino, agua, vinagre, aceite y leche, después de haberlas olido todas, de sola la leche comió. Lo cual visto por muchos filósofos que a la sazón se hallaron presentes, a voces dijeron: «¡Gran razón tuvo Hipócrates en decir que las ánimas eran sabias sin haber tenido maestro!» Y no solo se contentó Galeno con esto; pero pasados dos meses, lo sacó al campo muerto de hambre; y oliendo muchas yerbas, de solas aquéllas comió que las cabras suelen pacer.

Pero, si como Galeno se puso a contemplar las obras de este cabrito, lo hiciera entre tres o cuatro juntos, viera que unos andaban mejor que otros, se sacudían mejor, se rascaban mejor y hacían mejor hechas las obras que hemos contado. Y si Galeno criara dos potros, hijos de unos mismos padres, viera que el uno se hollaba con más gracia y donaire, corría y paraba mejor, y tenía más fidelidad. Y Si tomara un nido de halcones y los criara, hallara que el primero era gran volador, el segundo gran cazador y el tercero goloso y de malas costumbres. Lo mismo hallara en los podencos y galgos; que, siendo hijos de unos mismos padres, al uno no le faltaba más que hablar en la caza y al otro no le imprime más que si fuera mastín de ganado.

Todo esto no se puede reducir a aquellos vanos instintos de Naturaleza que fingen los filósofos. Porque, preguntando por qué razón el un perro tiene más instinto que el otro, siendo ambos de la misma especie y hijos de un mismo padre, yo no sé qué podrían responder, si no es acudir luego a su bordón, diciendo que Dios le enseñó al uno más que al otro y le dio más instinto natural. Y tornándoles a repreguntar qué es la causa que este buen perro, siendo mozo es un gran cazador y venida la vejez no tiene tanta habilidad, y, por el contrario, de mozo no saber cazar y de viejo ser astuto y mañoso, no sé qué puedan responder. Yo, a lo menos, diría que ser el perro más hábil para la caza que el otro nace de tener mejor temperamento en el celebro; y otras veces cazar bien de mozo y no poderlo hacer de viejo, que proviene que en la una edad tiene el temperamento que requieren las habilidades de la caza, y en la otra no. De donde se infiere que, pues la temperatura de las cuatro calidades primeras es la razón y causa por donde un bruto animal hace mejor las obras de su especie que otro, que el temperamento es el maestro que enseña al ánima sensitiva lo que ha de hacer.

Y si Galeno considerara las sendas y caminos de la hormiga y contemplara su prudencia, su misericordia, su justicia y gobernación, se le acabara el juicio, viendo un animal tan pequeño con tanta sabiduría sin tener preceptos ni maestro que le enseñase. Pero, sabida la temperatura que la hormiga tiene en su celebro, y viendo cuán apropiada es para la sabiduría (como adelante se mostrará) cesará el admiración y entenderemos que los brutos animales, con el temperamento de su celebro y con las fantasmas que les entran por los cinco sentidos, hacen los discursos y habilidades que les notamos. Y entre los animales de una misma especie, el que fuere más disciplinable e ingenioso nace de tener el celebro más bien templado; y si por alguna ocasión o enfermedad se le alterase el buen temperamento del celebro, perdería luego la prudencia y habilidad, como lo hace el hombre.

Del ánima racional es ahora la dificultad: cómo ella también tiene instinto natural para las obras de su especie, que son sabiduría y prudencia; y cómo de repente, por razón del buen temperamento, puede saber el hombre las ciencias sin haberlas oído de nadie; pues nos muestra la experiencia que, si no se aprenden, ninguno nace con ellas.

Entre Platón y Aristóteles hay una cuestión muy reñida sobre averiguar la razón y causa de donde puede nacer la sabiduría del hombre. El uno dice que nuestra ánima racional es más antigua que el cuerpo; porque, antes que Naturaleza le organizase, estaba ya ella en el cielo en compañía de Dios, de donde salió llena de ciencia y sabiduría; pero, entrando a informar la materia, por el mal temperamento que en ella halló, las perdió todas, hasta que andando el tiempo se vino a enmendar la mala temperatura, y sucedió otra en su lugar, con la cual (por ser acomodada a las ciencias que perdió) poco a poco vino a acordarse de lo que ya tenía olvidado. Esta opinión es falsa; y espántome yo de Platón, siendo tan gran filósofo, que no supiese dar razón de la sabiduría humana viendo que los brutos animales tienen sus prudencias y habilidades naturales, sin que su alma salga del cuerpo ni vaya al cielo a aprenderlas. Por donde no carece de culpa, mayormente habiendo leído en el Génesis, a quien él tanto crédito daba, que Dios organizó primero el cuerpo de Adán, antes que criase el ánima. Eso mismo acontece ahora, salvo que Naturaleza engendra el cuerpo, y en la última disposición cría Dios el ánima en el mismo cuerpo, sin estar fuera de él tiempo ni momento.

Aristóteles echó por otro camino, diciendo: *omnis doctrina omnisque disciplina ex praexistenti fit cognitione*; como si dijera: «todo cuanto saben y aprenden los hombres nace de haberlo oído, visto, olido, gustado y palpado, porque ninguna noticia puede haber en el entendimiento que no haya pasado primero por alguno de los cinco sentidos». Y, así, dijo que estas potencias salen de las manos de Naturaleza «como una tabla rasa donde no hay pintura ninguna». La cual opinión también es falsa como la de Platón. Y para que mejor lo podamos dar a entender y probar, es menester convenir primero con los filósofos vulgares que en el cuerpo humano no hay más que un ánima, y ésta es la racional, la cual es principio de todo cuanto hacemos y obramos; puesto caso que en esto hay opiniones y no falta en contrario quien defienda que en compañía del ánima racional hay otras dos o tres.

Siendo, pues, así, en las obras que hace el ánima racional como vegetativa, ya hemos probado que sabe formar al hombre, y darle la figura que ha de tener; y sabe traer el alimento, retenerle, cocerle y expeler los excrementos; y si alguna parte falta en el cuerpo, la sabe rehacer de nuevo y darle la compostura que ha de tener conforme al uso. Y en las obras de sensitiva y motiva, sabe luego el niño, en naciendo, mamar y menear los labios para sacar la leche, y con tal maña, que ningún hombre, por sabio que sea, lo acertara a hacer; y con esto atina a las calidades que convienen a la conservación de su naturaleza, y huye de lo que es nocivo y dañoso, sabe llorar y reír sin haberlo aprendido de nadie. Y si no, digan los filósofos vulgares quién enseñó a los niños hacer estas obras, o por qué sentido les vino. Bien sé que responderán que Dios les dio aquel instinto natural, como a los brutos animales; en lo cual no dicen mal, si el instinto natural es lo mismo que el temperamento.

Las obras propias del ánima racional, que son entender, imaginar y hacer actos de memoria, no las puede el hombre hacer luego en naciendo; porque el temperamento de la niñez es muy disconveniente para ella, y muy apropiado para la vegetativa y sensitiva; como el de la vejez, que es apropiado para el ánima racional y malo para la vegetativa y sensitiva. Y si, como el temperamento que sirve a la prudencia se adquiere poco a poco en el celebro, se pudiera juntar todo de repente, de improviso supiera el hombre discurrir y filosofar mejor que si en las escuelas lo hubiera aprendido; pero, como Naturaleza no lo puede hacer sino por discurso de tiempo, así va el hombre adquiriendo poco a poco la sabiduría. Y que sea ésta la razón y causa, pruébase claramente considerando que, después de ser un hombre muy sabio, viene poco a poco a hacerse necio, por ir cada día (hacia la edad decrépita) adquiriendo otro temperamento contrario. Yo para mí tengo entendido que si como Naturaleza hace al hombre de simiente caliente y húmeda (que es el temperamento que enseña a la vegetativa y sensitiva lo que ha de hacer) le formara de simiente fría y seca, que en naciendo supiera luego discurrir y raciocinar, y no atinara a mamar, por ser esta temperatura disconveniente a tales obras.

Pero, para que se entienda por experiencia que si el celebro tiene el temperamento que piden las ciencias naturales no es menester maestro que nos enseñe, es necesario advertir en una cosa que acontece cada día. Y es que si el hombre cae en alguna enfermedad por la cual el celebro de repente mude su temperatura (como es la manía, melancolía y frenesía) en un momento acontece perder, si es prudente, cuanto sabe, y dice mil disparates; y si es necio, adquiere más ingenio y habilidad que antes tenía.

De un rústico labrador sabré yo decir que, estando frenético, hizo delante de mí un razonamiento encomendando a los circunstantes su salud, y que mirasen por sus hijos y mujer si de aquella enfermedad fuese Dios servido llevarle, con tantos lugares retóricos, con tanta elegancia y policía de vocablos como Cicerón lo podía hacer delante del Senado. De lo cual admirados los circunstantes, me preguntaron de dónde podía venir tanta elocuencia y sabiduría a un hombre que estando en sanidad no sabía hablar; y acuérdome que respondí que la oratoria es una ciencia que nace de cierto punto de calor, y que este rústico labrador le tenía ya por razón de la enfermedad.

De otro frenético podré también afirmar que, en más de ocho días, jamás habló palabra que no le buscase luego su consonante, y las más veces hacía una copla redondilla muy bien formada. Y espantados los circunstantes de oír hablar en verso a un hombre que en sanidad jamás lo supo hacer, dije que raras veces acontecía ser poeta en la frenesía el que lo era en sanidad; porque el temperamento que el celebro tiene, estando el hombre sano, con el cual es poeta, ordinariamente se ha de desbaratar en la enfermedad y hacer obras contrarias. Acuérdome que su mujer de este frenético, y una hermana suya que se llamaba Marigarcía, le reprendían porque decía mal de los santos. De lo cual enojado el paciente, dijo a su mujer de esta manera: «Pues reniego de Dios por amor de vos, y de Santa María por amor de Marigarcía, y de San Pedro por amor de Juan de Olmedo.» Y así fue discurriendo por muchos santos que hacían consonancia con los demás circunstantes que allí estaban.

Pero esto es cifra y caso de poco momento respecto de las delicadezas que dijo un paje de un Grande de estos reinos estando maníaco. El cual era tenido en sanidad por mozo de poco ingenio; pero caído en la enfermedad, eran tantas las gracias que decía, los apodos, las respuestas que daba a lo que le preguntaban, las trazas que fingía para gobernar un reino del cual se tenía por señor, que por maravilla le venían gentes a ver y oír, y el propio señor jamás se quitaba de la cabecera rogando a Dios que no sanase. Lo cual se pareció después muy claro. Porque, librado el paje de esta enfermedad, se fue el médico que le curaba a despedir del señor, con ánimo de recibir algún galardón o buenas palabras; pero él le dijo de esta manera: «Yo os doy mi palabra, señor doctor, que de ningún mal suceso he recibido jamás tanta pena, como de ver a este paje sano; porque tan avisada locura no era razón trocarla por un juicio tan torpe como a éste le queda en sanidad. Paréceme que de cuerdo y avisado lo habéis tornado necio, que es la mayor miseria que a un hombre puede acontecer. El pobre médico, viendo cuán mal agradecida era su cura, se fue a despedir del paje; y en la última conclusión de muchas cosas que habían tratado, dijo el paje: «Señor doctor, yo os beso las manos por tan gran merced, como me habéis hecho en haberme vuelto mi juicio; pero yo os doy mi palabra, a fe de quien soy, que en alguna manera me pesa de haber sanado, porque estando en mi locura vivía en las más altas consideraciones del mundo, y me fingía tan gran señor que no había rey en la tierra que no fuese mi feudatario. Y que fuese burla y mentira, ¿qué importaba?, pues gustaba tanto de ello como si fuera verdad. ¡Harto peor es ahora, que me hallo de veras que soy un pobre paje y que mañana tengo que comenzar a servir a quien, estando en mi enfermedad, no le recibiera por mi lacayo!»

Todo esto no es mucho que lo reciban los filósofos y crean que pudo ser así. Pero, ¿si yo les afirmase ahora, por historias muy verdaderas, que algunos hombres ignorantes, padeciendo esta enfermedad, hablaron en latín sin haberlo en sanidad aprendido? ¿Y de una mujer frenética que decía a cada persona de los que la entraban a visitar sus virtudes y vicios, y algunas veces acertaba con la certidumbre que suelen los que hablan por conjeturas y por indicios, por esto ninguno la osaba ya entrar a ver, temiendo las verdades que decía? Y lo que más causó admiración fue que, estándola el barbero sangrando, le dijo: «Mirá, fulano, lo que hacéis, porque tenéis muy pocos días de vida, y vuestra mujer se ha de casar con fulano.» Y, aunque acaso, fue tan verdadero su pronóstico, que antes de medio año se cumplió.

Ya me parece que oigo decir a los que huyen de la filosofía natural que todo esto es gran burla y mentira, y, si por ventura fue verdad, que el demonio, como es sabio y sutil, permitiéndolo Dios se entró en el cuerpo de esta mujer y de los demás frenéticos que hemos dicho, y les hizo decir aquellas cosas espantosas. Y aun confesar esto se les hace cuesta arriba, porque el demonio no puede saber lo que está por venir, no teniendo espíritu profético. Ellos tienen por fuerte argumento decir: «esto es falso porque yo no entiendo cómo puede ser», como si las cosas dificultosas y muy delicadas estuviesen sujetas a los rateros entendimientos y de ellos se dejasen entender.

Yo no pretendo aquí convencer a los que tienen falta de ingenio, porque esto es trabajar en vano, sino hacerle confesar a Aristóteles que los hombres, teniendo el temperamento que sus obras han menester, pueden saber muchas cosas sin haber tenido de ellas particular sentido ni haberlas aprendido de nadie: *Multi etiam propterea quod ille calor sedi mentis, in vicino est, morbis vesaniae implicantur aut instinctu lymphatico infervescunt, ex quo Sibillae efficiuntur, et Bacchae, et omnes qui divino spiraculo instigari creduntur, cum scilicet id, non morbo, sed naturali intemperie accidit. Marcus civis Syracusanus, poeta etiam praestantior erat dum mente alienaretur. Et quibus nimius ille calor remissus ad mediocritatem fit, ii prosus melancholici quidem, sed longe prudentiores.* Por estas palabras confiesa claramente Aristóteles que, por calentarse demasiadamente el celebro, vienen muchos hombres a conocer lo que está por venir, como son las sibilas; lo cual dice Aristóteles que no nace por razón de la enfermedad, sino por la desigualdad del calor natural. Y que sea ésta la razón y causa pruébalo claramente por un ejemplo, diciendo que Marco siracusano era más delicado poeta cuando estaba, por el calor demasiado del celebro, fuera de sí; y volviéndose a templar, perdía el metrificar, pero quedaba más prudente y sabio. De manera que no solamente admitió Aristóteles por causa principal de estas cosas extrañas el temperamento del celebro, pero aun reprende a los que dicen ser esto revelación divina y no cosa natural. El primero que llamó divinidades a estas cosas maravillosas fue Hipócrates: *et si quid divinum in morbis habetur, illius quoque ediscere providentiam*, por la cual sentencia manda a los médicos que si los enfermos dijeren divinidades, que sepan conocer lo que son y pronosticar en lo que han de parar. Pero lo que más me admira en este punto es que, preguntándole a Platón de dónde pueda nacer que de dos hijos de un mismo padre el uno sepa hacer versos sin haberle nadie enseñado, y el otro, trabajando en el arte de poesía, no los pueda hacer, responda que el que nació poeta está endemoniado y el otro no. Y, así, tuvo razón Aristóteles de reprenderle, pudiéndolo reducir al temperamento como otras veces lo hizo.

Hablar el frenético en latín sin haberlo en sanidad aprendido muestra la consonancia que hace la lengua latina al ánima racional. Como adelante probaremos, hay ingenio particular y acomodado para inventar lenguas; y son los vocablos, latinos y las maneras que esta lengua tiene de hablar tan racionales, y hacen tan buena consonancia en los oídos, que, alcanzando el ánima racional el temperamento que es necesario para inventar una lengua muy elegante, luego encuentra con ella. Y que dos inventores de lenguas puedan fingir unos mismos vocablos (teniendo el mismo ingenio y habilidad) es cosa que se deja entender considerando que, como Dios crió a Adán y le puso todas las cosas delante para que a cada una le pusiera el nombre con que se había de llamar, formara luego otro hombre con la misma perfección y gracia sobrenatural, pregunto yo ahora: si a éste le trajera Dios las mismas cosas para darles el nombre que habían de tener, ¿qué tales fueran? Yo no dudo sino que acertara con los mismos de Adán; y es la razón muy clara, porque ambos habían de mirar a la naturaleza de la cosa, la cual no era más que una. De esta manera pudo el frenético encontrar con la lengua latina y hablar en ella sin haberla en sanidad aprendido; porque, desbaratándose por la enfermedad el temperamento natural de su celebro, pudo hacerse por un rato como que el mismo que tenía el que inventó la lengua latina, y fingir como que los mismos vocablos (no con tanto concierto y elegancia continuada, porque esto ya parece señal de que el demonio mueve la lengua, como la Iglesia enseña a sus exorcistas).

Esto mismo dice Aristóteles que ha acontecido en algunos niños, que en naciendo hablaron palabras expresas y que después tornaron a callar; y reprende a los filósofos vulgares de su tiempo, que por ignorar la causa natural de este efecto lo atribuían al demonio. La razón y causa de hablar los niños luego en naciendo, y tornar luego a callar jamás la pudo hallar Aristóteles, aunque dijo muchas cosas sobre ello; pero nunca le cupo en el entendimiento que fuese invención del demonio ni efecto sobrenatural como piensan los filósofos vulgares. Los cuales, viéndose cercados de las cosas sutiles y delicadas de la filosofía natural, hacen entender a los que poco saben que Dios o el demonio son autores de los efectos raros y prodigiosos, cuyas causas naturales ellos no saben ni entienden.

Los niños que se engendran de simiente fría y seca, como son los hijos habidos en la vejez, a muy pocos días y meses después de nacidos comienzan a discurrir y filosofar; porque el temperamento frío y seco, como adelante probaremos, es muy apropiado para las obras del ánima racional, y lo que había de hacer el tiempo, los muchos días y meses, suplió la repentina templanza del celebro, la cual se anticipó por muchas causas que hay para ello. Otros niños, dice Aristóteles, que luego en naciendo comenzaron a hablar, y después callaron todo el tiempo que no tuvieron la edad ordinaria y conveniente para hablar; el cual efecto tiene la misma cuenta y razón que lo que hemos dicho del paje, y de los demás maniáticos y frenéticos y de aquel que habló de repente en latín sin haberlo en sanidad aprendido. Y que los niños, estando en el vientre de su madre, y luego en naciendo, puedan padecer estas mismas enfermedades, es cosa que no se puede negar.

El adivinar de la mujer frenética cómo pudo ser, mejor lo diera yo a entender a Cicerón que a estos filósofos naturales. Porque cifrando la naturaleza del hombre, dijo de esta manera: *animal providum, sagax, multiplex, acutum, menor, plenum rationis et consilii, quem vocamus hominem.* Y, en particular, dice que hay naturaleza de hombres que en conocer lo que está por venir hacen ventaja a otros: *est enim vis et natura quaedam quae futura praenuntiat; quorum vim atque naturam ratio nunquam explicuit.* El error de los filósofos naturales está en no considerar (como lo hizo Platón) que el hombre fue hecho a semejanza de Dios, y que participa de su divina providencia, y que tiene potencias para conocer todas tres diferencias de tiempo: memoria para lo pasado, sentidos para lo presente, imaginación y entendimiento para lo que está por venir. Y así como hay hombres que hacen ventaja a otros en acordarse de las cosas pasadas, y otros en conocer lo presente, así hay muchos que tienen más habilidad natural en imaginar lo que está por venir. Uno de los mayores argumentos que forzaron a Cicerón para creer que el ánima racional era incorruptible fue ver la certidumbre con que los enfermos decían lo por venir, especialmente estando cercanos a la muerte. Pero la diferencia que hay entre el espíritu profético y este ingenio natural es que lo que dice Dios por boca de los profetas es infalible, porque es palabra expresa suya, y lo que el hombre pronostica con las fuerzas de su imaginativa no tiene aquella certidumbre.

Los que dijeron que las virtudes y vicios que descubría la frenética a las personas que la entraban a ver era artificio del demonio, sepan que Dios da a los hombres cierta gracia sobrenatural para alcanzar y conocer qué obras son de Dios y cuáles del demonio, la cual cuenta san Pablo entre los dones divinos y la llama *discretio spirituum*; con la cual se conoce si es demonio o algún ángel bueno el que nos viene a tocar. Porque muchas veces viene el demonio a engañarnos con apariencia de buen ángel, y es menester esta gracia y este don sobrenatural para conocerle y diferenciarlo del bueno. De este don estarán más lejos los que no tienen ingenios para la filosofía natural (porque esta ciencia y la sobrenatural que Dios infunde caen sobre una misma potencia, que es el entendimiento), si es verdad que (por la mayor parte) Dios se acomoda en repartir las gracias al buen natural de cada uno, como arriba dije. Estando Jacob en el artículo de la muerte, que es el tiempo donde el ánima racional está más libre para ver lo que está por venir, entraron todos sus doce hijos a verle y a cada uno en particular le dijo sus virtudes y vicios y profetizó lo que sobre ellos y sus descendientes había de acontecer. Esto cierto es que lo hizo en espíritu de Dios. Pero si la Escritura divina y nuestra fe no nos lo certificara, ¿en qué conocieran estos filósofos naturales que ésta era obra de Dios, y que las virtudes y vicios que la frenética decía a los que la entraban a ver, lo hacía en virtud del demonio, pareciendo este caso en parte al de Jacob?

    Estos piensan que la naturaleza del ánima racional es muy ajena de la que tiene el demonio y que sus potencias (entendimiento, imaginativa y memoria) son de otro género muy diferente. Y están engañados. Porque si el ánima racional informa un cuerpo bien organizado, como era el de Adán, sabe muy poco menos que el más avisado diablo; y fuera del cuerpo, tiene tan delicadas potencias como él. Y si los demonios alcanzan lo que está por venir, conjeturando y discurriendo por algunas señales, eso mismo puede hacer el ánima racional cuando se va librando del cuerpo o teniendo aquella diferencia de temperamento que hace al hombre con providencia. Y, así, tan dificultoso es para el entendimiento alcanzar cómo el demonio puede saber estas delicadeces, como atribuírselas al ánima racional. A éstos no les cabe en el entendimiento que puede haber señales en las cosas naturales para conocer por ellas lo que está por venir, y yo digo que hay indicios para alcanzar lo pasado, lo presente, y conjeturar lo que está por venir, y aun para conjeturar algunos secretos del Cielo: *invisibilia enim ipsius, a creatura mundi, per ea quae facta sunt, intellecta, conspiciuntur*. El que tuviere potencia para ello lo alcanzará, y el otro será tal cual dijo Homero: «lo pasado entiende el necio, y no lo que está por venir». Pero el avisado y discreto es la mona de Dios, que le imita en muchas cosas; y aunque no las puede hacer con tanta perfección, pero todavía tiene con Él alguna semejanza en rastrearle.

Capítulo V [VIII de 1594]. Donde se prueba que de solas tres calidades, calor, humedad y sequedad, salen todas las diferencias de ingenios que hay en el hombre

Estando el ánima racional en el cuerpo, es imposible poder hacer obras contrarias y diferentes si para cada una [no] tiene su instrumento particular. Vese esto claramente en la facultad animal, la cual hace varias obras en los sentidos exteriores por tener cada uno su particular compostura: una tienen los ojos, otra los oídos, otra el gusto, otra el olfato y otra el tacto. Y si no fuera así, no hubiera más que un género de obras, o todo fuera ver, o gustar, o palpar, porque el instrumento determina y modifica la potencia para una acción y no más.

De esto manifiesto y claro que pasa en los sentidos exteriores podemos colegir lo que hay allá dentro en los interiores. Con esta misma virtud animal entendemos, imaginamos y nos acordamos; pero si es verdad que cada obra requiere particular instrumento, necesariamente allá dentro en el celebro ha de haber órgano para el entendimiento, y órgano para la imaginación, y otro diferente para la memoria. Porque si todo el celebro estuviese organizado de una misma manera, o todo fuera memoria o todo entendimiento, o todo imaginación. Y vemos que hay obras muy diferentes, luego forzosamente ha de haber variedad de instrumentos. Pero abierta la cabeza y hecha anatomía del celebro, todo está compuesto de un mismo modo de sustancia homogénea y similar, sin variedad de partes heterogéneas. Solo aparecen cuatro senos pequeños, los cuales, bien mirados, todos tienen una misma composición y figura, sin haber cosa de por medio en que puedan diferir.

Cuál sea el uso y aprovechamiento de ellos y de qué sirven en la cabeza, no es fácil determinarlo; porque Galeno y los anatomistas, así modernos como antiguos, lo han procurado averiguar, y ninguno ha dicho determinadamente ni en particular de qué sirve el ventrículo derecho, ni el izquierdo, ni el que está colocado en medio de estos dos, ni el cuarto, cuyo asiento es en el cerebelo, parte postrera de la cabeza. Solo afirmaron, aunque con miedo, que estas cuatro cavidades eran las oficinas donde se cocían los espíritus vitales y se convierten en animales para dar sentido y movimiento a todas las partes del cuerpo; en la cual obra una vez dijo Galeno que el ventrículo de en medio tenía la primacía, y en otra parte le tornó a parecer que el postrero era de mayor eficacia y valor. Pero esta doctrina no es verdadera ni está fundada en buena filosofía natural. Porque no hay dos obras en el cuerpo humano tan contrarias ni que tanto se impidan, como es el raciocinar y el cocer los alimentos; y es la razón que el contemplar pide quietud, sosiego y claridad en los espíritus animales, y el cocimiento se hace con gran estruendo y alboroto, y se levantan de esta obra muchos vapores que enturbian y oscurecen los espíritus animales, por donde el ánima racional no puede ver las figuras. Y no era tan imprudente Naturaleza, que había de juntar en un mismo lugar dos obras que hacen con tanta repugnancia. Antes loa grandemente Platón la prudencia y saber del que nos formó en haber apartado el hígado del celebro en tanta distancia, porque con el ruido que se hace mezclando los alimentos y con la oscuridad y tinieblas que causan los vapores en los espíritus animales, no estorbasen al ánima racional sus discursos y raciocinios. Pero sin que notara esta filosofía Platón, lo vemos cada hora por experiencia, que con estar el hígado y el estómago tan desviados del celebro, en acabando de comer y buen rato después, no hay hombre que pueda estudiar.

 La verdad que parece en este punto es que el ventrículo cuarto tiene por oficio cocer y alterar los espíritus vitales y convertirlos en animales para el fin que tenemos dicho, y por esto lo apartó Naturaleza en tanta distancia de los otros tres y le hizo cerebelo aparte, dividido y tan remoto como parece, porque con su obra no estorbase la contemplación de los demás. Los tres ventrículos delanteros yo no dudo sino que los hizo Naturaleza para discurrir y filosofar, lo cual se prueba claramente porque en los grandes estudios y contemplaciones siempre duele aquella parte de la cabeza que responde a estas tres cavidades. La fuerza de este argumento se conoce considerando que, cansadas las demás potencias de hacer sus obras, siempre duelen los instrumentos con que se han ejercitado; como en el demasiado ver duelen los ojos, y del mucho andar las plantas de los pies.

La dificultad está ahora en saber en cuál de estos ventrículos está el entendimiento, y en cuál la memoria, y en cuál la imaginativa; porque están tan juntos y vecinos, que por el argumento pasado, ni por otro ningún indicio, no se puede distinguir ni conocer. Aunque, considerando que el entendimiento no puede obrar sin que la memoria esté presente (representándole las figuras y fantasmas conforme aquello: *oportet intelligentem phantasmata speculari*) ni la memoria sin que asista con ella la imaginativa, de la manera que atrás lo dejamos declarado, entenderemos fácilmente que todas tres potencias están juntas en cada ventrículo, y que no está solo el entendimiento en el uno, ni sola la memoria en el otro, ni la imaginativa en el tercero, como los filósofos vulgares han pensado. Esta junta de potencias se suele hacer en el cuerpo humano cuando una no puede obrar sin que otra le ayude, como parece en las cuatro virtudes naturales: *tractrix, redentrix, concoctrix, expultrix*; y por haberse menester las unas a las otras, las juntó Naturaleza en un mismo lugar y no las dividió ni apartó.

Pero, si esto es verdad, ¿a qué propósito hizo Naturaleza tres ventrículos y en cada uno de ellos juntó todas tres potencias racionales, pues solo uno bastaba para entender y hacer actos de memoria? A esto se puede responder que la misma dificultad tiene saber por qué Naturaleza hizo dos ojos, y dos oídos, pues en cada uno de ellos está toda la potencia visiva y auditiva, y con solo un ojo se puede ver. A lo cual se dice que las potencias que se ordenan para perfeccionar al animal, cuanto mayor número hay de ellas, tanto más segura está su perfección, porque puede faltar una o dos por alguna ocasión, y es bien que queden obras del mismo género con que obrar. En una enfermedad que los médicos llaman resolución o perlesía de medio lado, ordinariamente se pierde la obra de aquel ventrículo que está a la parte resuelta; y si no quedaran salvos y sin lesión los otros dos, quedara el hombre estulto y privado de razón; y aun con todo eso, por faltarle el un ventrículo solo, se le conoce tener gran remisión en las obras, así del entendimiento como de la imaginativa y memoria; como sentiría menoscabo en la vista el que solía mirar con dos ojos si le quebrasen el uno de ellos. De donde se entiende claramente que en cada ventrículo están todas tres potencias, pues de sola la lesión de uno se debilitan todas tres.

Atento, pues, que todos tres ventrículos tienen la misma composición y que no hay en ellos variedad ninguna de partes, no podemos dejar de tomar por instrumento las primeras calidades y hacer tantas diferencias genéticas de ingenio cuanto fuere el número de ellas; porque pensar que el ánima racional (estando en el cuerpo) puede obrar sin tener órgano corporal que le ayude, es contra toda la filosofía natural. Pero de cuatro calidades que hay (calor, frialdad, humedad y sequedad) todos los médicos echan fuera la frialdad por inútil para todas las obras del ánima racional. Y así parece por experiencia en las demás facultades; que, en subiendo sobre el calor, todas las potencias del hombre hacen torpemente sus obras: ni el estómago puede cocer el manjar, ni los testículos hacer simiente fecunda, ni los músculos menear el cuerpo, ni el celebro raciocinar. Y, así, dijo Galeno: *frigiditas enim officiis omnibus animae aperte incommodat*; como si dijera: «la frialdad echa a perder todas las obras del ánima», solo sirve en el cuerpo de templar el calor natural y hacerle que no queme tanto. Pero Aristóteles es de contrario parecer diciendo: *est certe roboris efficarior sanguis qui crassior et calidios est; vim autem sentiendi intelligendique obtinet pleniorem qui tenuior atque frigidior est*; como si dijera: «la sangre gruesa y caliente hace muchas fuerzas corporales, pero la delgada y fría es causa de tener el hombre gran entendimiento»; donde parece claramente que de la frialdad nace la mayor diferencia de ingenio que hay en el hombre, que es el entendimiento.

También Aristóteles pregunta por qué los hombres que habitan tierras muy calientes, como es Egipto, son más ingeniosos y sabios que los que moran en lugares fríos. A la cual pregunta responde que el calor demasiado de la región gasta y consume el calor natural del celebro y le deja frío, por donde vienen a ser los hombres muy racionales; y por lo contrario, la mucha frialdad del aire fortifica el calor natural del celebro y no le da lugar que se resuelva. Y, así, los muy calientes de celebro dice que no pueden discurrir ni filosofar, antes son inquietos y no perseverantes en una opinión. A la cual sentencia parece que alude Galeno diciendo que la causa de ser el hombre mudable y tener cada momento su opinión, es ser caliente de celebro; y por lo contrario, estar firme y estable en una sentencia lo hace la frialdad del celebro. Pero la verdad es que de esta calidad no nace ninguna diferencia de ingenio; ni Aristóteles quiso decir que la sangre fría a predominio hace mejor entendimiento, sino la menos caliente. Ser el hombre mudable, verdad es que nace de tener mucho calor, el cual levanta las figuras que están en el celebro y las hace bullir, por la cual obra se le representan al ánima muchas imágenes de cosas que la convidan a su contemplación, y por gozar de todas deja unas y toma otras. Al revés acontece en la frialdad, que, por comprimir las figuras y no dejarlas levantar, hace al hombre firme en una opinión; y es porque no se le representa otra que lo llame. Esto tiene la frialdad: que impide los movimientos, no solamente de las cosas corporales, pero aun las figuras y especies, que dicen los filósofos ser espirituales, las hace inmóviles en el celebro;

y esta firmeza, antes parece torpeza que diferencia de habilidad. Verdad es que hay otra diferencia de firmeza que nace de estar el entendimiento muy concluido, y no por tener frío el celebro.

Quedan, pues, la sequedad, humedad y calor por instrumento de la facultad racional. Pero ningún filósofo sabe determinadamente dar a cada diferencia de ingenio la suya. Heráclito dijo: *splendor siccus, animus sapientissimus*, por la cual sentencia nos da a entender que la sequedad es causa de ser el hombre muy sabio; pero no declaró en qué género de saber. Lo mismo entendió Platón cuando dijo que nuestra ánima vino al cuerpo sapientísima, y por la mucha humedad que halló en él se hizo torpe y necia; pero, gastándose con el discurso de la edad y adquiriendo sequedad, descubre el saber que antes tenía. Entre los brutos animales (dice Aristóteles), aquéllos son más prudentes, que en su temperamento tienen más frialdad y sequedad, como son las hormigas y abejas, las cuales, en prudencia, compiten con los hombres muy racionales. Fuera de esto, ningún animal bruto hay tan húmido como es el puerco, ni de menos ingenio; y así, un poeta que se llama Píndaro, para motejar a la gente de Beocia de necia, dijo de esta manera: *dicta sues fuit gens Baeotia vecors*. También la sangre, por la mucha humedad, dice Galeno que hace los hombres simples. Y de tales cuenta el mismo Galeno que motejaban los cómicos a los hijos de Hipócrates, diciéndoles que tenían mucho calor natural, que es una sustancia húmeda y muy vaporosa. Este trabajo han de tener los hijos de los hombres sabios: adelante diré la razón y causa en que consiste. También, en los cuatro humores que tenemos, ninguno hay tan frío y seco como la melancolía; y todos cuantos hombres señalados en letras ha habido en el mundo dice Aristóteles que fueron melancólicos.

Finalmente, todos convienen en que la sequedad hace al hombre muy sabio; pero no declaran a cuál de las potencias racionales ayuda más. Solo el profeta Isaías le puso nombre cuando dijo: *vexatio dat intellectum*. Porque la tristeza y la aflicción gasta y consume, no solamente la humedad del celebro, pero los huesos deseca; con la cual calidad se hace el entendimiento más agudo y perspicaz. De lo cual se puede hacer evidente demostración, considerando muchos hombres que, puestos en pobreza y aflicción, vinieron a decir y escribir sentencias dignas de admiración, y venidos después a próspera fortuna, a buen comer y beber, no acertaron a hablar, porque la vida regalada, el contento, el buen suceso, y hacerse todas las cosas a su voluntad, relaja y humedece el celebro. Que es lo que dijo Hipócrates: *gaudium relaxat cor*; como si dijera: «el contento y alegría ensancha el corazón y le da calor y gordura». Y es cosa fácil de probar otra vez, porque, si la tristeza y aflicción deseca y consume las carnes, y por esta razón adquiere el hombre mayor entendimiento, cierto es que su contrario, que es el alegría, ha de humedecer el celebro y abajar el entendimiento. Los que van alcanzando esta manera de ingenio luego se inclinan a pasatiempos, a convites, a músicas, a conversaciones jocosas; y huyen de lo contrario que en otro tiempo les solía dar gusto y contento. De aquí sabrá ya la gente vulgar la razón y causa de donde nace que, subiendo el hombre sabio y virtuoso a alguna gran dignidad (siendo antes pobre y humilde) muda luego las costumbres y la manera de razonar. Y es por haber adquirido nuevo temperamento, húmido y vaporoso, con el cual se le borran las figuras que de antes tenía en la memoria, y le entorpece el entendimiento.

De la humedad, es dificultoso saber qué diferencia de ingenio pueda nacer, pues tanto contradice a la facultad racional. A lo menos, en la opinión de Galeno, todos los humores de nuestro cuerpo que tienen demasiada humedad hacen al hombre estulto y necio. Y, así, dijo: *animi dexteritas et prudentia a bilioso humore proficiscitur; integritatis et constantiae erit auctor humor melancholicus; sanguis, simplicitatis et stupiditatis; pituitae natura ad morum cultum nihil facit*; como si dijera: «la prudencia y buena maña del ánima racional nace de la cólera; ser entero el hombre y constante proviene del humor melancólico; ser bobo y simple, de la sangre; de la flema, para ninguna cosa se aprovecha el ánima racional, más que para dormir».

De manera que la sangre (por ser húmeda) y la flema echan a perder la facultad racional. Pero esto se entiende de las facultades o ingenios racionales discursivos y activos, y no de los pasivos como es la memoria, la cual así depende de la humedad como el entendimiento de la sequedad. Y llamamos a la memoria potencia racional porque sin ella no vale nada el entendimiento ni la imaginativa. A todas da materia y figuras sobre que silogizar, conforme aquel dicho de Aristóteles: *oportet intelligentem phantasmata speculari*. Y el oficio de la memoria es guardar estos fantasmas para cuando el entendimiento los quisiere contemplar; y si ésta se pierde, es imposible poder las demás potencias obrar. Y que el oficio de la memoria no sea otro más que guardar las figuras de las cosas, sin tener ella propia invención, dícelo Galeno de esta manera: *ac memoriam quidem recondere ac servare in se ea quae sensu et mente cognita fuerint, quasi cellan quamdam et receptaculum eorum, non inventricem*. Y siendo éste su uso, claramente se entiende que depende de la humedad, porque ésta hace el celebro blando y la figura se imprime por vía de compresión.

Para prueba de esto es argumento evidente la puericia, en la cual edad aprehende el hombre más de memoria que en todas las demás, y el celebro le tiene humidísimo. Y, así, pregunta Aristóteles: *cur seniores amplius valeamus, iuniores otius discamus?* Como si dijera: «¿qué es la causa que siendo viejos tenemos mucho entendimiento y cuando mozos aprehendemos con más facilidad?». A lo cual responde que la memoria de los viejos está llena de tantas figuras de cosas como han visto y oído en el largo discurso de su vida, y así, queriendo echarle más, no lo puede recibir, porque no hay lugar vacío donde quepa; pero la de los muchachos, como ha poco que nacieron, está muy desembarazada, y por esto reciben presto cuanto les dicen y enseñan. Y dalo a entender comparando la memoria de la mañana con la de la tarde, diciendo que por la mañana aprehendemos mejor porque en aquella hora amanece la memoria vacía y a la tarde mal por estar llena de todo lo que aquel día ha pasado por nosotros. A este problema no sabe responder Aristóteles. Y está la razón muy clara; porque si las especies y figuras que están en la memoria tuvieran cuerpo y cantidad para ocupar lugar, parece que era buena respuesta; pero siendo indivisibles y espirituales, no pueden henchir ni vaciar el lugar donde están, antes vemos por experiencia que cuanto más se ejercita la memoria recibiendo cada día nuevas figuras, tanto se hace más capaz.

La respuesta del problema está muy clara en mi doctrina. Y es que los viejos tienen mucho entendimiento porque tienen mucha sequedad, y son faltos de memoria porque tienen poca humedad; por la cual razón se endurece la sustancia del celebro y así no puede recibir la comprensión de las figuras, como la cera dura admite con dificultad la figura del sello y la blanda con facilidad. Al revés acontece en los muchachos, que por la mucha humedad que tienen en el celebro son faltos de entendimiento, y muy memoriosos por la gran blandura del celebro, en el cual, por razón de la humedad, hacen las especies y figuras, que vienen de fuera, gran compresión, fácil, profunda y bien figurada.

Estar la memoria más fácil a la mañana que a la tarde, no se puede negar; pero no acontece por la razón que trae Aristóteles, sino que el sueño de la noche pasada ha humedecido y fortificado el celebro y la vigilia de todo el día lo ha desecado y endurecido. Y, así, dice Hipócrates: *qui noctu bibere appetunt, iis admodum sitientibus, si supra dormierint, bonum*; como si dijera: «los que de noche tienen gran sequía, durmiendo se les quita». Porque el sueño humedece las carnes y fortifica todas las facultades que gobiernan al hombre, y que haga este efecto el sueño, el mismo Aristóteles lo confiesa.

De esta doctrina se infiere claramente que el entendimiento y la memoria son potencias opuestas y contrarias; de tal manera, que el hombre que tiene gran memoria ha de ser falto de entendimiento, y el que tuviere mucho entendimiento no puede tener buena memoria, porque el celebro es imposible ser juntamente seco y húmido a predominio. En esta máxima se fundó Aristóteles para probar que la memoria es diferente potencia de la reminiscencia; y forma el argumento de esta manera: «Los que tienen mucha reminiscencia son hombres de grande entendimiento, y los que alcanzan mucha memoria son faltos de entendimiento; luego la memoria y reminiscencia son potencia contrarias.» La mayor en mi doctrina es falsa, porque los que tienen mucha reminiscencia son faltos de entendimiento y tienen gran imaginativa, como luego probaré; pero la menor es muy verdadera, aunque Aristóteles no alcanzó la razón en que está fundada la enemistad que el entendimiento tiene con la memoria.

Del calor, que es la tercera calidad, nace la imaginativa, porque ya ni hay otra potencia racional en el celebro, ni otra calidad que le dar. Allende que las ciencias que pertenecen a la imaginativa son las que dicen los delirantes en la enfermedad, y no de las que pertenecen al entendimiento ni memoria; y siendo la frenesía, manía y melancolía pasiones calientes del celebro, es grande argumento para probar que la imaginativa consiste en calor.

Sola una cosa me hace dificultad; y es que la imaginativa es contraria del entendimiento, y también de la memoria; y la razón no viene con la experiencia. Porque mucho calor y sequedad bien se pueden juntar en el celebro, y también calor y humedad en grado intenso; y por esta causa podía tener el hombre grande entendimiento y grande imaginativa, y mucha memoria con mucha imaginativa. Y, realmente, por maravilla se halla hombre de grande imaginativa que tenga buen entendimiento ni memoria. Y debe ser la causa que el entendimiento ha menester que el celebro esté compuesto de partes sutiles y muy delicadas, como atrás lo probamos de Galeno, y el mucho calor gasta y consume lo más delicado, y deja lo grueso y terrestre. Por la misma razón de buena imaginativa no se puede juntar con mucha memoria, porque el calor excesivo resuelve la humedad del celebro y le deja duro y seco, por donde no puede recibir fácilmente las figuras.

De manera que no hay en el hombre más que tres diferencias de ingenio, porque no hay más de tres calidades de donde pueden nacer. Pero debajo de estas tres diferencias universales se contienen otras muchas particulares por razón de los grados de intensión que puede tener el calor, la humedad y sequedad. Aunque no de cualquiera grado de estas tres calidades resulta una diferencia de ingenio, porque a tanta intensión puede llegar la sequedad, el calor y la humedad, que desbarate totalmente la facultad animal, conforme aquella sentencia de Galeno: *omnis inmodica intemperies vires exsolvit*. Y así es cierto; porque, aunque el entendimiento se aprovecha de la sequedad, pero tanta puede ser que le consuma sus obras; lo cual no admite Galeno ni los filósofos antiguos, antes afirman que si el celebro de los viejos no se enfriase, jamás vernían a caducar aunque se hiciesen en cuarto grado secos. Pero no tienen razón por lo que probaremos en la imaginativa; que, aunque sus obras se hacen con calor, en pasando del tercer grado luego comienza a desbaratar. Y lo mismo hace la memoria con la mucha humedad.

Cuántas diferencias nazcan de ingenio por razón de la intensión de cada una de estas tres calidades no se puede decir ahora en particular, hasta que adelante contemos todas las obras y acciones del entendimiento, de la imaginativa y de la memoria. Pero, en el entretanto, es de saber que hay tres obras principales del entendimiento: la primera es inferir, la segunda distinguir y la tercera elegir; de donde se constituyen tres diferencias de entendimiento. En otras tres se parte la memoria; porque hay memoria que recibe con facilidad y luego se le olvida; otra se tarda en percibir y lo retiene mucho tiempo; la tercera recibe con facilidad y tarda mucho en olvidar. La imaginativa contiene muchas más diferencias, porque tiene las tres, como el entendimiento y memoria, y de cada grado resultan otras tres. De ésta diremos adelante con más distinción, cuando diéremos a cada una la ciencia que le responde en particular.

Pero el que quisiere considerar otras tres diferencias de ingenio hallará que hay grados de habilidad en los que estudian. Unos que para las contemplaciones claras y fáciles del arte que aprenden tienen disposición natural, pero, metidos en las oscuras y muy delicadas, es por demás tratar el maestro de hacerles la figura con buenos ejemplos ni que ellos hagan otra tal con su imaginativa, porque no tienen capacidad. En este grado están todos los ruines letrados de cualquiera facultad; los cuales, consultados en las cosas fáciles de su arte, dicen todo lo que se puede entender, pero venidos a lo muy delicado, dicen mil disparates.

Otros ingenios suben un grado más porque son blandos y fáciles de imprimir en ellos todas las reglas y consideraciones del arte, claras, oscuras, fáciles y dificultosas; pero la doctrina, el argumento, la respuesta, la duda y distinción, todo se lo han de dar hecho y levantado. Estos han menester oír la ciencia de buenos maestros que sepan mucho, y tener copia de libros, y estudiar en ellos sin parar; porque tanto sabrán menos, cuanto dejaren de leer y trabajar. De éstos se pude verificar aquella sentencia de Aristóteles tan celebrada: *intellectus noster est tamquam tabula rasa in qua nihil est depictum*, porque todo cuanto han de saber y aprender lo han de oír a otro primero, y sobre ello no tienen ninguna invención.

En el tercer grado, hace Naturaleza unos ingenios tan perfectos, que no han menester maestro que los enseñen ni les digan cómo han de filosofar; porque de una consideración que les apunta el doctor sacan ellos ciento, y sin decirles nada se les hinche la boca de ciencia y saber. Estos ingenios engañaron a Platón y le hicieron decir que nuestro saber es un cierto género de reminiscencia, oyéndolos hablar y decir lo que jamás vino en consideración de los hombres. A estos tales está permitido que escriban libros, y a otros no. Porque el orden y concierto que se ha de tener para que las ciencias reciban cada día aumento y mayor perfección es juntar la nueva invención de los que ahora vivimos con lo que los antiguos dejaron escrito en sus libros; porque, haciéndolo de esta manera, cada uno en su tiempo, vernían a crecer las artes, y los hombres que están por nacer gozarían de la invención y trabajo de los que primero vivieron. A los demás que carecen de invención no había de consentir la república que escribiesen libros, ni dejárselos imprimir; porque no hacen más de dar círculos en los dichos y sentencias de los autores graves, y tornarlos a repetir, y hurtando uno de aquí y tomando otro de allí, ya no hay quien no componga una obra.

A los ingenios inventivos llaman en lengua toscana caprichosos, por semejanza que tienen con la cabra en el andar y pacer. Esta jamás huelga por lo llano; siempre es amiga de andar a sus solas por los riscos y alturas, y asomarse a grandes profundidades; por donde no sigue vereda ninguna ni quiere caminar con compaña. Tal propiedad como ésta se halla en el ánima racional cuando tiene un celebro bien organizado y templado: jamás huelga en ninguna contemplación, todo es andar inquieta buscando cosas nuevas que saber y entender. De esta manera de ánima se verifica aquel dicho de Hipócrates: *animae deambulatio, cogitatio hominibus*. Porque hay otros hombres que jamás salen de una contemplación ni piensan que hay más en el mundo que descubrir. Estos tienen la propiedad de la oveja, la cual nunca sale de las pisadas del manso, ni se atreve a caminar por lugares desiertos y sin carril, sino por veredas muy holladas y que alguno vaya delante.

Ambas diferencias de ingenio son muy ordinarias entre los hombres de letras. Unos hay que son remontados y fuera de la común opinión; juzgan y tratan las cosas por diferente manera; son libres en dar su parecer; y no siguen a nadie. Otros hay recogidos, humildes y muy sosegados, desconfiados de sí y rendidos al parecer de un autor grave a quien siguen, cuyos dichos y sentencias tienen por ciencia y demostración, y lo que discrepa de aquí juzgan por vanidad y mentira. Juntas estas dos diferencias de ingenio son de mucho provecho. Porque, así como a una gran manada de ovejas suelen los pastores echar una docena de cabras que las levanten y lleven con paso apresurado a gozar de nuevos pastos y que no estén hollados, de la misma manera conviene que haya en las letras humanas algunos ingenios caprichosos que descubran a los entendimientos oviles nuevos secretos de naturaleza y les den contemplaciones, nunca oídas, en que ejercitarse. Porque de esta manera van creciendo las artes, y los hombres saben más cada día.

> Capítulo VI [IX de 1594]. Donde se ponen algunas dudas y argumentos contra la doctrina del capítulo pasado y la respuesta de ellos

Una de las razones por donde la sabiduría de Sócrates ha sido hasta el día de hoy tan celebrada fue que después de haber sido juzgado en el Oráculo de Apolo por el hombre más sabio del mundo dijo de esta manera: *hoc unum scio, me nihil scire*; la cual sentencia han pasado todos los que la han leído y entendido que fue dicha por ser Sócrates hombre humildísimo, menospreciador de las cosas humanas, y que, respecto de las divinas, todo le parecía de ningún ser y valor. Pero realmente están engañados, porque esta virtud de la humildad ningún filósofo antiguo la alcanzó ni supo qué cosa era, hasta que Dios vino al mundo y la enseñó. Lo que Sócrates quiso sentir y dar a entender fue la poca certidumbre que tienen las ciencias humanas, y cuán inquieto y temeroso está el entendimiento del filósofo en cuanto sabe, viendo por experiencia que todo está lleno de dudas y argumentos y que, sin temor de la parte contraria, no se puede asentir con nada, por lo cual fue dicho: *cogitationes mortalium timidae, e incertae providentiae nostrae*. Y el que ha de tener verdadera ciencia de las cosas ha de estar firme y quieto sin temor ni recelo de que se podría engañar; y el filósofo que no está de esta manera con mucha verdad podrá decir y afirmar que no sabe nada.

Esta misma consideración tuvo Galeno cuando dijo: *scientia est conveniens, firma et nuquam a ratione declinans cognitio: eam neque apud philosophos, praesertim dum rerum naturas perscrutantur, invenies, multo sane minus in re medica, immo, ut verbo expedram, ne ad homines quidem venit.* Según esto, el verdadero conocimiento de las cosas se debió de quedar por allá, y solamente vino al hombre un género de opinión que le trae incierto y con miedo si es así o no lo que afirma. Pero lo que en esto nota Galeno más en particular es que la filosofía y medicina son las ciencias más inciertas de cuantas usan los hombres. Y si esto es verdad, ¿qué diremos de la filosofía que vamos tratando, donde se hace con el entendimiento anatomía de cosa tan oscura y dificultosa como son las potencias y habilidades del ánima racional, en la cual materia se ofrecen tantas dudas y argumentos que no queda doctrina llana sobre que restribar?

Una de las cuales y más principal es que hemos hecho al entendimiento potencia orgánica, como a la imaginativa y memoria, y le hemos dado al celebro con sequedad por instrumento con que obre, cosa tan ajena de la doctrina de Aristóteles y de todos sus secuaces; los cuales, poniendo al entendimiento apartado de órgano corporal, probaban fácilmente que el ánima racional era inmortal y que, salida del cuerpo, duraba para siempre jamás. Y, siendo disputable la contraria opinión, queda la puerta cerrada para no poderse demostrar. Fuera de esto, las razones en que se fundó Aristóteles para probar que el entendimiento no era potencia orgánica son de tanta eficacia, que no se puede concluir otra cosa. Porque a esta potencia le pertenece conocer y entender la naturaleza y ser de todas cuantas cosas materiales hay en el mundo; y si ella estuviese conjunta con alguna cosa corporal, aquella misma estorbaría el conocimiento de las demás; como lo vemos en los sentidos exteriores; que si el gusto está amargo, todo cuanto toca la lengua tiene el mismo sabor; y si el humor cristalino está verde o amarillo, todo cuanto ve el ojo juzga que tiene el mismo color. Y es la causa que *intus existens prohibet extraneum*. También dice Aristóteles que si el entendimiento estuviese mezclado con algún órgano corporal, que sería *qualis*; porque quien se junta con calientes o fríos, forzosamente se le ha de pegar el calor. Y decir que el entendimiento es caliente, frío, húmedo o seco es predicación abominable a los oídos de los filósofos naturales.

La segunda duda principal es que Aristóteles y todos los peripatéticos ponen otras dos potencias fuera del entendimiento, imaginativa y memoria, que son reminiscencia y sentido común, atenidos a aquella regia: *potentiae cognoscuntur per actiones*. Ellos hallan que fuera de las obras del entendimiento, imaginativa y memoria, hay otras dos muy diferentes; luego de cinco potencias nace el ingenio del hombre, y no de solas tres como hasta aquí hemos probado. También dijimos en el capítulo pasado, de opinión de Galeno, que la memoria no hace otra obra en el celebro mas que guardar las especies y figuras de las cosas, de la manera que el arca guarda y tiene en custodia la ropa y lo demás que en ella echan. Y si por tal comparación hemos de entender el oficio de esta potencia, es menester poner otra facultad racional que saque las figuras de la memoria y las represente al entendimiento, como es necesario que haya quien abra el arca y saque lo que está metido en ella.

Fuera de esto, dijimos que el entendimiento y la memoria eran potencias contrarias, y que la una a la otra se remitían, porque la una pedía mucha sequedad y la otra mucha humedad y blandura en el celebro. Y si esto es verdad, ¿por qué dijo Aristóteles, y Platón, que los hombres que tienen las carnes blandas tienen mucho entendimiento, siendo la blandura efecto de la humedad?

También dijimos que, para ser la memoria buena, era necesario que el celebro tuviese blandura, porque las figuras se han de sellar en él por vía de compresión, y estando duro no podrían fácilmente señalar. Bien es verdad que para recibir la figura con presteza, que es necesario tener el celebro blandura; mas, para conservar las especies mucho tiempo, todos dicen que es necesario la dureza y sequedad, como parece en las cosas de fuera, que la figura que está impresa en cosa blanda se borra con facilidad, pero en lo seco y duro jamás se pierde. Y, así, vemos muchos hombres que toman de memoria con gran facilidad, pero luego se les olvida; de lo cual dando Galeno la razón, dice que los tales con la mucha humedad tiene la sustancia del celebro fluido y no consistente; por donde se les borra presto la figura como quien sella en el agua. Otros, al revés, hacen memoria con dificultad, pero lo que una vez aprende jamás se les olvida. Y, así, parece cosa imposible haber aquella diferencia de memoria que dijimos: que aprehenda con facilidad y que lo conserve mucho tiempo.

También se hace dificultoso de entender cómo sea posible que, sellándose tantas figuras juntas en el celebro, no se borren las unas a las otras. Porque si en un pedazo de cera blanda se imprimiesen muchos sellos de varias figuras, cierto es que los unos a los otros se borrarían, mezclándose las figuras. Y lo que no hace menos dificultad es saber de dónde nace que, ejercitándose, la memoria se haga más fácil para recibir las figuras, siendo cierto que el ejercicio no solamente corporal deseca y enjuga las carnes, pero mucho más el espiritual.

También es dificultoso de entender cómo la imaginativa sea contraria del entendimiento (si no hay otra causa más urgente que resolver el mucho calor las partes sutiles del celebro, y quedar las terrestres y gruesas); pues la melancolía es uno de los más gruesos y terrestres humores de nuestro cuerpo, y dice Aristóteles que de ninguno otro se aprovecha tanto el entendimiento como de él. Y hácese mayor la dificultad considerando que la melancolía es un humor grueso, frío y seco, y la cólera delicada en sustancia, y de temperamento caliente y seca; y con todo eso, es la melancolía más apropiada para el entendimiento que la cólera. Lo cual parece contra razón; porque este humor ayuda con dos cualidades al entendimiento y contradice con sola una, que es el calor; y la melancolía ayuda con la sequedad y no más, y contradice con la frialdad y grosura de sustancia, que es lo que más abomina el entendimiento. Y así Galeno dio más ingenio y prudencia a la cólera que a la melancolía.

Últimamente se pregunta la causa de dónde pueda nacer que el trabajo y continua contemplación en el estudio hace a muchos sabios, a los cuales al principio les faltaba la buena naturaleza de estas calidades que decimos, y dando y tomando con la imaginación vienen a alcanzar muchas verdades que antes ignoraban. Y no tenían el temperamento que para ellas se requería, porque si lo tuvieran no fuera menester trabajarlo.

Todas estas dificultades y otras muchas más se hallan contra la doctrina del capítulo pasado. Porque la filosofía natural no tiene tan ciertos principios como las ciencias matemáticas, en las cuales puede el médico y filósofo (siendo juntamente matemático) hacer siempre demostración; pero venido a curar conforme al arte de medicina, hará en ella muchos errores, y no todas las veces por culpa suya (pues acertaba siempre en las matemáticas), sino por la poca certidumbre de su arte. Y, por tanto, dijo Aristóteles: *non ideo malus medicus si non semper sanet, dum nihil omisserit eorum quae sunt ex arte*, como si dijera: «el médico que hace todas las diligencias de su arte, aunque no siempre sane, no por eso ha de ser tenido por mal artífice». Pero si este mismo hiciese en matemáticas algún error, ninguna disculpa tenía, porque, haciendo en esta ciencia todas las diligencias que ella manda, es imposible dejar de acertar. De manera que, aunque no hagamos demostración de esta doctrina, no se ha de echar toda la culpa a nuestro ingenio ni pensar que es falso lo que decimos.

A la primera duda principal, se responde que si el entendimiento estuviese apartado del cuerpo y no tuviese que ver con el calor, frialdad, humedad y sequedad ni con las demás calidades corporales, seguirseía que todos los hombres ternían igual entendimiento y que todos raciocinarían con igualdad. Y vemos por experiencia que un hombre entiende mejor que otro y discurre mejor. Luego ser el entendimiento potencia orgánica y estar en uno más bien dispuesta que en otro lo causa; y no por otra razón ninguna. Porque todas las ánimas racionales y sus entendimientos, apartadas del cuerpo, son de igual perfección y saber.

Los que siguen la doctrina de Aristóteles, viendo por experiencia que unos hombres raciocinan mejor que otros, inventaron una huida aparente diciendo que discurrir uno mejor que otro no lo causa ser el entendimiento potencia orgánica y estar en unos hombres más bien dispuesto el celebro que en otros, sino que el entendimiento humano, en tanto que el ánima racional estuviere en el cuerpo, ha menester las figuras y fantasmas que están en la imaginativa y memoria, por cuya falta viene el entendimiento a discurrir mal, y no por culpa suya ni por estar conjunto con materia mal organizada. Pero esta respuesta es contra la doctrina del mismo Aristóteles, el cual prueba que cuanto la memoria fuere más ruin, tanto es mejor el entendimiento, y cuanto la memoria fuere más subida de punto, tanto es más flaco el entendimiento (y lo mismo hemos probado atrás de la imaginativa). En confirmación de lo cual pregunta Aristóteles qué es la causa que siendo viejos tenemos tan mala memoria y tan grande entendimiento, y cuando mozos acontece al revés, que somos de gran memoria y tenemos ruin entendimiento. De esto, muestra la experiencia una cosa, y así lo nota Galeno: que cuando en la enfermedad se desbarata el temperamento y buena compostura del celebro, muchas veces se pierden las obras del entendimiento y quedan salvas las de la memoria y las de la imaginativa; lo cual no pudiera acontecer si el entendimiento no tuviera por sí instrumento particular, fuera del que tienen las otras potencias. A esto yo no sé qué se puede responder, si no es por alguna relación metafísica compuesta de acto y potencia, que ni ellos saben qué es lo que quieren decir, ni hay hombre que los entienda. Ninguna cosa hace mayor daño a la sabiduría del hombre que mezclar las ciencias, y lo que es de la filosofía natural tratarlo en la metafísica y lo que es de la metafísica en la filosofía natural.

Las razones en que se funda Aristóteles son de muy poco momento, porque no se sigue que, porque el entendimiento ha de conocer las cosas materiales, no ha de tener órgano corporal. Porque las calidades corporales que sirven a la compostura del órgano no alteran la potencia, ni de ellas salen fantasmas: *hanse como sensibile positum supra sensum, quod non causat sensationem.* Esto se ve claramente en el tacto, que, con estar compuesto de cuatro calidades materiales y tener en sí cantidad y blandura o dureza, con todo eso conoce la mano si una cosa está caliente o fría, dura o blanda, o si es grande o pequeña. Y preguntado cómo el calor natural que está en la mano no impide al tacto que no conozca el calor que está en la piedra, respondemos que las calidades que sirven para la compostura del órgano no alteran al propio órgano, ni de ellas salen especies para conocerlas. También pertenece al ojo conocer todas las figuras y cantidades de las cosas. Y vemos que el propio ojo tiene su propia figura y cantidad; y de los humores y túnicas que le componen, unas tienen colores y otras son diáfanas y transparentes; todo lo cual no estorba que por la vista no conozcamos las figuras y cantidades de todas las cosas que se nos ponen delante. Y es la causa que los humores y túnicas, la figura y cantidad, sirven a la compostura del ojo; y estas cosas no pueden alterar la potencia visiva, y así no estorban ni impiden el conocimiento de las figuras de fuera. Lo mismo decimos del entendimiento: que su propio instrumento, aunque es material y está conjunto con él, no lo puede entender, porque de él no salen especies inteligibles que le puedan alterar; y es la causa que *intelligibile positum supra intellectum non causat intellectionem*. Y así queda libre para entender todas las cosas materiales de fuera, sin haber quien se lo impida. La segunda razón en que se fundó Aristóteles es más liviana que la pasada. Porque ni el entendimiento ni otro accidente ninguno puede ser *qualis*, atento que no puede ser, por sí, sujeto de ninguna calidad; y así poco importa que el entendimiento tenga por órgano el celebro con el temperamento de las cuatro calidades primeras para que por ello se llame *qualis*, pues el cerebro es el del calor, frialdad, humedad y sequedad, y no el entendimiento. A la tercera dificultad que ponen los peripatéticos, diciendo que por hacer potencia orgánica al entendimiento se quita un principio que había para probar la inmortalidad del ánima racional, decimos que otros argumentos hay más firmes con que hacerlo, de los cuales trataremos en el capítulo que se sigue.

Al segundo argumento se responde que no cualquiera diferencia de obras arguye diversidad de potencias. Porque, como adelante probaremos, hace la imaginativa tan extraños hechos, que si fuera esta máxima tan verdadera como los filósofos vulgares piensan o tuviera la interpretación que ellos le dan, habría en el celebro diez o doce potencias más. Pero, porque todas estas obras convienen en una razón genérica, no arguyen más que una imaginativa, la cual se parte después en muchas diferencias particulares por razón de las varias acciones que hace. El componer las especies en presencia de los objetos, o en su ausencia, no solamente no arguye variedad de potencias genéticas, como son el sentido común y la imaginativa, pero ni aun particulares.

Al tercer argumento, se responde que la memoria no es más que una blandura del celebro, dispuesta (con cierto género de humedad) para recibir y guardar lo que la imaginativa percibe, en la misma proporción que tiene el papel blanco y liso con el que ha de escribir. Porque, así como el escribano escribe en el papel las cosas que quiere que no se olviden y después de escritas las torna a leer, de la misma manera se ha de entender que la imaginativa escribe en la memoria las figuras de las cosas que conocieron los cinco sentidos y el entendimiento y otras que ella misma fabrica. Y cuando quiere acordarse de ellas, dice Aristóteles que las torna a mirar y contemplar. De esta manera de comparación usó Platón cuando dijo que, temiendo la poca memoria de la vejez, se daba prisa a hacer otra de papel (que son los libros) para que no se le perdiese su trabajo, y hubiese después quien se lo representase cuando lo quisiese leer. Esto mismo hace la imaginativa: escribir en la memoria y tornar a leer cuando se quiere acordar. El primero que atinó con esta sentencia fue Aristóteles; y el segundo Galeno, el cual dijo de esta manera: *pars enim animae quae imaginatur, quaecumque ea sit, haec eadem recordari videtus.*

Así parece claramente por qué las cosas que imaginamos con mucho cuidado se fijan bien en la memoria, y lo que con liviana consideración tratamos, luego se nos olvida. Y de la manera que el escribano cuando hace buena letra la acierta a leer, así acontece a la imaginativa, que si sella con fuerza, queda la figura en el celebro bien señalada, y si no, apenas se puede conocer. Esto mismo acontece también en las escrituras antiguas, que por quedar unas partes enteras y otras gastadas con el tiempo, no se pueden bien leer si no es sacando muchas partes y razones por discreción. Lo propio hace la imaginativa cuando en la memoria se han perdido algunas figuras y quedan otras. De lo cual nació el error de Aristóteles, pensando que la reminiscencia, por esta razón, era potencia diferente de la memoria; allende que dijo que los que tienen gran reminiscencia son de mucho entendimiento, y también es falso, porque la imaginativa (que es la que hace la reminiscencia) es contraria del entendimiento. De manera que hacer memoria de las cosas y acordarse de ellas después de sabidas es obra imaginativa, como el escribir y tornarlo a leer es obra del escribano, y no del papel. Y, así, la memoria queda por potencia pasiva y no activa, como lo liso y blanco del papel no es más que comodidad para que otro pueda escribir.

A la cuarta duda se responde que no hace al caso para el ingenio tener las carnes duras ni blandas si el celebro no tiene también la misma calidad, el cual vemos muchas veces tener distinto temperamento de todas las demás partes del cuerpo. Pero cuando concurriesen en la misma blandura es mal indicio para el entendimiento, y no menos para la imaginación; y si no, consideremos las carnes de las mujeres y de los niños, y hallaremos que exceden en blandura a la de los hombres; y con todo eso, los hombres en común tienen mejor ingenio que las mujeres. Y es la razón natural que los humores que hacen las carnes blandas son flema y sangre, por ser ambos húmedos, como ya lo dejamos notado; y de estos ha dicho Galeno que nacen los hombres simples y bobos; y por el contrario, los humores que endurecen las carnes son cólera y melancolía, y de estos nace la prudencia y sabiduría que tienen los hombres.

De manera que antes es mal indicio tener las carnes blandas que secas y duras. Y, así, en los hombres que tienen igual temperamento por todo el cuerpo, es cosa muy fácil colegir la manera de su ingenio por la blandura o dureza de carnes; porque si son duras y ásperas, señalan o buen entendimiento o buena imaginativa, y si blandas lo contrario, que es buena memoria y poco entendimiento y menos imaginativas. Y para entender si corresponde el celebro, es menester considerar los cabellos; los cuales siendo gruesos, negros, ásperos y espesos es indicio de buena imaginativa o de buen entendimiento, y si delicados y blandos es argumento de mucha memoria y no más. Pero el que quisiere distinguir y conocer si es entendimiento o imaginativa cuando los cabellos son de aquella manera, ha de considerar de qué forma sea el muchacho acerca de la risa; porque esta pasión descubre mucho qué tal es la imaginativa.

Cuál sea la razón y causa de la risa han procurado muchos filósofos saber, y ninguno ha dicho cosa que se pueda entender. Pero todos convienen en que la sangre es un humor que provoca al hombre a reír; aunque nadie declara qué calidades tiene este humor más que los otros, por donde hace al hombre risueño. *Desipientiae quae cum risu fiunt, securiores; quae vero cum solicitudine periculosiores*; como si dijera Hipócrates: «Cuando los enfermos desatinan y delirando se ríen, tienen más seguridad que si están solícitos y congojosos», porque lo primero se hace de sangre, que es un humor benignísimo, y lo segundo de melancolía.

Pero restribando en la doctrina que vamos tratando, fácilmente se viene a entender todo lo que en este caso se desea saber. La causa de la risa no es otra, a mi parecer, más que una aprobación que hace la imaginativa viendo y oyendo algún hecho o dicho que cuadra muy bien; y como esta potencia reside en el celebro, en contentándole alguna cosa de estas luego lo menea, y tras él los músculos de todo el cuerpo. Y, así, muchas veces aprobamos los dichos agudos inclinando la cabeza, pues cuando la imaginativa es muy buena, no se contenta de cualquier dicho, si no es de aquellos que cuadran muy bien; y si tienen poca correspondencia, y no más, antes recibe pena que alegría. De aquí nace que los hombres de grande imaginativa por maravilla los vemos reír; y lo que más es digno de notar es que los muy graciosos, decidores y apodadores, jamás se ríen de las gracias y donaires que ellos propios dicen, ni de los que oyen a otros; porque tienen tan delicada imaginativa, que aun sus propios donaires no les hacen la correspondencia que ellos querrían. A esto se añade que la gracia, fuera de tener buena proporción y propósito, ha de ser nueva y nunca oída ni vista. Y esto no es propiedad de sola la imaginativa, sino también de las otras potencias que gobiernan al hombre; y, así, vemos que el estómago, a dos veces que usa de un mismo alimento, luego le aborrece; la vista, una misma figura y color; el oído, una misma consonancia por buena que sea, y el entendimiento, una misma contemplación. De aquí nace también que el donoso no se ría de la gracia que dice, porque antes que la eche por la boca sabe ya lo que ha de decir.

  De donde concluyo que los muy risueños, todos son faltos de imaginativa; y, así, cualquier gracia y donaire, por fría que sea, les corresponde muy bien. Y por tener la sangre mucha humedad (de la cual dijimos que echaba a perder la imaginativa), por tanto los muy sanguinos son muy risueños. Esto tiene la humedad, que por ser blanda y suave quita las fuerzas al calor y le hace que no queme tanto, y así se halla mejor con la sequedad, porque le aguza sus obras;

allende que donde hay mucha humedad es indicio que el calor es remiso, pues no la puede resolver ni gastar. Y con calor tan flojo no puede obrar la imaginativa. De aquí se infiere también que los hombres de grande entendimiento son muy risueños por ser faltos de imaginativa; como se lee de aquel gran Demócrito, y de otros muchos que yo he visto y notado. Luego por la risa conoceremos si es entendimiento o imaginativa la que tienen los hombres o muchachos de carnes duras y ásperas, y de cabellos negros y espesos, duros y ásperos. De manera que Aristóteles no anduvo bien en esta doctrina.

Al quinto argumento, se responde que hay dos géneros de humedad en el celebro: una que nace del aire (cuando este elemento predominó en la mixtión) y otra del agua con que se masaron los demás elementos. Si el celebro estuviese blando con la primera humedad, será la memoria muy buena: fácil para recibir y poderosa para retener las figuras mucho tiempo. Porque la humedad del aire es muy aceitosa y llena de pringue, en la cual se traban las especies con gran tenacidad, como se ve en las pinturas que están dibujadas al óleo, que puestas al Sol y al agua ningún daño reciben; y si derramamos aceite sobre alguna escritura, jamás se borra, antes la gastada y que no se puede leer, con el aceite se hace legible, dándole resplandor y transparencia. Pero si la blandura del celebro nace de la segunda humedad, corre el argumento muy bien; porque si recibe con facilidad, con la misma presteza se torna a borrar la figura por no tener pringor la humedad del agua en que se traben las especies. Conócense estas dos humedades en los cabellos: la que proviene del aire los pone mugrosos, llenos de aceite y manteca; y el agua, húmedos y muy llanos.

Al sexto argumento se responde que las figuras de las cosas no se imprimen en el celebro como la figura del sello en la cera, sino haciendo penetración para quedar asidas, o de la manera que se traban los pájaros en la liga, y las moscas en la miel. Porque estas figuras son incorpóreas, y no se pueden mezclar ni corromper las unas a las otras.

A la séptima dificultad, se responde que las figuras masan y ablandan la sustancia del celebro como se enternece la cera trayéndola entre los dedos. Allende que los espíritus vitales tienen virtud de ablandar y humedecer los miembros duros y secos, como lo hace el calor de fuera con el hierro; y que los espíritus vitales suban al celebro cuando se toma de memoria, ya lo dejamos probado atrás. Y no todo ejercicio corporal ni espiritual deseca, antes dicen los médicos que el moderado engorda.

Al octavo argumento, se responde que hay dos géneros de melancolía. Una natural, que es la hez de la sangre, cuyo temperamento es frialdad y sequedad con muy gruesa sustancia, ésta no vale nada para el ingenio, antes hace los hombres necios, torpes y risueños porque carecen de imaginativa. Y la que se llama *atra bilis* o cólera adusta, de la cual dijo Aristóteles que hace los hombres sapientísimos, cuyo temperamento es vario como el del vinagre: unas veces hace efectos de calor, fomentando la tierra, y otras enfría; pero siempre es seco y de sustancia muy delicada. Cicerón confiesa que era tardo de ingenio porque no era melancólico adusto; y dice la verdad, porque si lo fuera no tuviera tanta elocuencia, porque los melancólicos adustos carecen de memoria, a la cual pertenece el hablar con mucho aparato. Tiene otra calidad que ayuda mucho al entendimiento, que es ser espléndida como azabache, con el cual resplandor da luz allá dentro en el celebro para que se vean bien las figuras. Y esto es lo que sintió Heráclito cuando dijo: *splendor siccus animus sapientissimus*. El cual resplandor no tiene la melancolía natural, antes su negro es mortecino. Y que el ánima racional haya menester, dentro en el celebro, luz para ver las figuras y especies adelante lo probaremos.

Al noveno argumento, se responde que la prudencia y destreza de ánimo, que dice Galeno, pertenece a la imaginativa, con la cual se conoce lo que está por venir. Y, así, dijo Cicerón: *memoria praeteritorum, futurorum prudentia*, como si dijera «la memoria es de lo pasado y la prudencia de lo que está por venir».

La destreza de ánimo es lo que llamamos en castellano agudeza *in agilibus*, y por otro nombre *solercia*, astucia, cavilos y engaños; y, así, dijo Cicerón: *prudentia est calliditas quae ratione quadam potest delectum habere bonorum et malorum*. De este género de prudencia y maña carecen los hombres de grande entendimiento por ser faltos de imaginativa; y así lo vemos por experiencia en los grandes letrados de aquellas letras que pertenecen al entendimiento, que, sacados de allí, no valen nada para dar y tomar en las trapazas del mundo.

Este género de prudencia muy bien dijo Galeno que nacía de la cólera. Porque, contando Hipócrates a Damageto, su amigo, la manera cómo halló a Demócrito cuando le fue a visitar y curar, escribe que estaba en el campo, debajo de un plátano, en piernas y sin zapatos, recostado sobre una piedra, con un libro en la mano y rodeado de brutos animales muertos y despedazados. De lo cual admirado Hipócrates, le preguntó de qué servían aquellos animales así, a lo cual le respondió que andaba a buscar qué humor hacía al hombre desatinado, astuto, mañoso, doblado y caviloso, y había hallado (haciendo anatomía de aquellas bestias fieras) que la cólera era la causa de una propiedad tan mala; y que, para vengarse de los hombres astutos, quisiera hacer en ellos lo que había hecho en la zorra, en la serpiente y en la mona. Esta manera de prudencia no solamente es odiosa a los hombres, pero de ella dice san Pablo: *prudentia carnis inimica est Deo.* Y da la razón Platón diciendo: *scientia quae est remota a iustitia calliditas potius quam sapientia est appellanda*; como si dijera: «no es razón que una ciencia que está apartada de la justicia se llame sabiduría, sino astucia o malicia». De la cual usa siempre el demonio para hacer mal a los hombres: *ista sapientia non est de sursum descendens, sed terrena, animalis et diabolica*; como si dijera Santiago: «esta sabiduría no desciende de lo alto, antes es terrena, inhumana y diabólica».

Otro género hay de sabiduría con rectitud y simplicidad, con la cual conocen los hombres lo bueno y reprueban lo malo. El cual, dice Galeno, que pertenece al entendimiento, porque en esta potencia no cabe malicia, doblez, ni astucia, ni sabe cómo se puede hacer mal: todo es rectitud, justicia, llaneza y claridad. El hombre que alcanza esta manera de ingenio se halla recto y simple; y, así, queriendo Demóstenes captar la benevolencia a los jueces en una oración que hizo contra Esquino, los llamó rectos y simples, atento a la simplicidad de su oficio, del cual dijo Cicerón: *simplex est officium atque una bonorum omnium causa*. Para este género de sabiduría es acomodado instrumento la frialdad y sequedad de la melancolía; pero ha de estar compuesta de partes muy sutiles y delicadas.

A la última duda, se responde que cuando el hombre se pone a contemplar alguna verdad que quiere saber y luego no la alcanza es porque le falta al celebro el temperamento conveniente para ello; pero estando un rato en la contemplación, luego acude a la cabeza el calor natural (que son los espíritus vitales y sangre arterial) y sube el temperamento del celebro hasta llegar al punto que es menester. Verdad es que la mucha especulación a unos hace daño y a otros provecho; porque si al celebro le falta poco para llegar al punto del calor conveniente, es menester estar poco contemplando; y si pasa de allí, luego se desbarata el entendimiento con la mucha presencia de los espíritus vitales, y así no atina a la verdad. Por donde vemos muchos hombres que de repente dicen muy bien, y de pensado no valen nada. Otros tienen tan bajo el entendimiento (o por mucha frialdad, o sequedad) que es menester que esté mucho tiempo el calor en la cabeza para subir el temperamento a los grados que le faltan; y, así, de pensado dicen mejor que de repente.

> Capítulo VII. Donde se muestra que aunque el ánima racional ha menester el temperamento de las cuatro calidades primeras, así para estar en el cuerpo como para discurrir y raciocinar, que no por eso se infiere que es corruptible y mortal

Por cosa averiguada tuvo Platón que el ánima racional era sustancia incorpórea, espiritual, no sujeta a corrupción ni a mortalidad como la de los brutos animales; la cual, salida del cuerpo, tiene otra vida mejor y más descansada, pero entiéndese (dice Platón) habiendo vivido el hombre conforme a razón, porque si no, más le valiera al ánima quedarse para siempre en el cuerpo, que padecer los tormentos con que Dios castiga a los malos.

Esta conclusión es tan ilustre y católica, que si él la alcanzó con la felicidad de su ingenio, con justo título tiene por renombre el divino Platón. Pero aunque es tal cual parece, jamás le cupo a Galeno en su entendimiento, antes la tuvo siempre por sospechosa, viendo delirar al hombre cuerdo por calentársele el celebro, y volver en su juicio aplicándole medicinas frías. Y, así, dijo que se holgara que fuera vivo Platón para preguntarle cómo era posible ser el ánima racional inmortal alterándose tan fácilmente con el calor, frialdad, humedad y sequedad; mayormente viendo que se va del cuerpo por una gran calentura, o sangrando al hombre copiosamente, o bebiendo cicuta, y por otras alteraciones corporales que suelen quitar la vida; y si ella fuera incorpórea y espiritual, como dice Platón, no le hiciera el calor (siendo calidad material) perder sus potencias, ni le desbaratara sus obras.

Estas razones confundieron a Galeno y le hicieron desear que algún platónico se las absolviese; y creo que en su vida no le halló, pero después de muerto la experiencia le mostró lo que su entendimiento no pudo alcanzar. Y, así, es cierto que la certidumbre infalible de ser nuestra ánima inmortal no se toma de las razones humanas, ni menos hay argumentos que prueben ser corruptible. Porque a las unas y a los otros se puede responder con facilidad: sola nuestra fe divina nos hace ciertos y firmes que dura para siempre jamás. Pero no tuvo razón Galeno de embarazarse con tan livianos argumentos, porque las obras que se han de hacer mediante algún instrumento no se colige bien en filosofía natural haber falta en el agente principal por no salir acertadas. El pintor que dibuja bien, teniendo el pincel cual conviene a su arte, no tiene culpa cuando, con el malo, hace las figuras borradas y de mala delineación; ni es buen argumento pensar que el escribano tenía alguna lesión en la mano, cuando por falta de pluma bien cortada le fue forzoso escribir con un palo.

Considerando Galeno las obras maravillosas que hay en el universo y la sabiduría y providencia con que están hechas y ordenadas, coligió que había Dios en el mundo, aunque no le veíamos con los ojos corporales; del cual dijo estas palabras: *Deus nec factus est aliquando, cum perenniter ingenitus sit ac sempiternus.* Y en otra parte dice que la fábrica y compostura del cuerpo humano no la hacía el ánima racional ni el calor natural, sino Dios o alguna inteligencia muy sabia. De donde se puede formar un argumento contra Galeno y deshacer su mala consecuencia. Y es de esta manera: «tú sospechas ser el ánima racional corruptible porque si el celebro está bien templado acierta muy bien a discurrir y filosofar, y si se calienta o enfría más de lo que conviene, delira y dice mil disparates. Eso mismo se infiere considerando las obras que tú dices ser de Dios; porque si hace un hombre en lugares templados donde el calor no excede a la frialdad, ni la humedad a la sequedad, le saca muy ingenioso y discreto, y si es la región destemplada, todos los saca estultos y necios». (Y así dice el mismo Galeno que en Escitia por maravilla acierta a salir un hombre sabio, y en Atenas todos nacen filósofos). Pues sospechar que Dios es corruptible porque con unas calidades hace bien estas obras, y con las contrarias salen erradas, no lo puede confesar Galeno, pues ha dicho que Dios es sempiterno.

Platón va por otro camino más acertado, diciendo que, aunque Dios es eterno, omnipotente y de infinita sabiduría, que se ha como agente natural en sus obras y que se sujeta a la disposición de las cuatro calidades primeras, de tal manera que para engendrar un hombre sapientísimo y semejante a él, tuvo necesidad de buscar un lugar, el más templado que había en todo el mundo, donde el calor del aire no excediese a la frialdad, ni la humedad a la sequedad. Y, así, dijo: *Deus vero, quasi belli ac sapientiae studiosus, locum qui viros ipsi, simillimos producturus esset, electum in primis incolendum praebuit.* Y si Dios quisiera hacer un hombre sapientísimo en Escitia o en otra región destemplada, y no usara de su omnipotencia, saliera por fuerza necio por la contrariedad de las calidades primeras; pero no infiriera Platón, como hizo Galeno, que Dios era alterable y corruptible porque el calor y la frialdad le impiden sus obras. Eso mismo se ha de colegir cuando el ánima racional, por estar en un celebro inflamado, no puede usar de discreción y prudencia; y no pensar que por eso es mortal y corruptible. El salir del cuerpo y no poder sufrir la gran calentura ni las demás alteraciones que suelen matar los hombres, solo arguye que es acto y forma sustancial del cuerpo humano, y que para estar en él requiere ciertas disposiciones materiales acomodadas al ser que tiene de ánima, y que los instrumentos con que ha de obrar estén bien compuestos, bien unidos y con el temperamento que sus obras han menester; todo lo cual faltando, por fuerza las ha de errar y ausentarse del cuerpo.

El error de Galeno está en querer averiguar por principios de filosofía natural sí el ánima racional, faltando del cuerpo, muere luego o no, siendo cuestión que pertenece a otra ciencia superior y de más ciertos principios, en la cual probaremos que no es buen argumento el suyo, ni que se infiere bien ser el ánima del hombre corruptible por estar en el cuerpo quieta con unas calidades y ausentarse de él por las contrarias. Lo cual no es dificultoso probarse. Porque otras sustancias espirituales de mayor perfección que el ánima racional eligen lugares alterados con calidades materiales en los cuales parece que habitan a su contento, y si suceden otras disposiciones contrarias, luego se van por no poderlas sufrir. Y, así, es cierto que hay disposiciones en el cuerpo humano las cuales apetece el demonio con tanta agonía, que por gozar de ellas se entra en el hombre donde están, y así queda endemoniado; pero corrompidas y alteradas con medicinas contrarias y hecha evacuación de los humores negros, podridos y hediondos, naturalmente se torna a salir. Véese esto claramente por experiencia: que en siendo una casa grande, oscura, sucia, hedionda, triste y sin moradores que la habiten, luego acuden duendes a ella; y si la limpian y abren ventanas para que le entre el Sol y claridad, luego se van, especialmente si la habitan muchas gentes y hay en ella regocijos y pasatiempos y tocan muchos instrumentos de música.

Cuánto ofenda al demonio el armonía y buena proporción, muéstrase claramente por lo que dice el texto divino: que tomando David su arpa y tocándola, luego huía el demonio y salía del cuerpo de Saúl. Y aunque esto tiene su espíritu, yo tengo entendido que naturalmente molestaba la música al demonio y que no la podía sufrir. El pueblo de Israel sabía ya por experiencia que el demonio era enemigo de música, y por tenerlo así entendido dijeron los criados de Saúl de esta manera: *ecce spiritus Dei malus exagitat te: jubeat Dominus noster rex, et servi tui, qui coram te sunt, quaerent hominem scientem psallere cithara, ut quando arripuerit te spiritus Domini malus, psallat manu sua et levius feras*. De la manera que hay palabras y comparaciones que hacen temblar al demonio, y por no oírlas deja el lugar que tenía elegido para su habitación. Y, así cuenta Josefo que Salomón dejó escritos ciertos modos de conjurar, con los cuales no solamente echaba de presente al demonio, pero jamás osaba volver al cuerpo de donde una vez fue lanzado. También el mismo Salomón mostró una raíz de tan abominable olor para el demonio, que aplicándola a las narices del demonio, lo echaba luego fuera. Es tan sucio el demonio, tan triste y enemigo de cosas limpias, alegres y claras, que entrando Jesucristo en la región de los Geraseos, cuenta san Mateo que le ocurrieron ciertos demonios metidos en dos cuerpos muertos que habían sacado de los sepulcros, dando voces y diciendo: «Jesús, hijo de David, ¿qué tema tienes con nosotros en haber venido antes de tiempo a atormentarnos? Rogámoste que si nos has de echar de este lugar donde estamos, que nos dejes entrar en aquella manada de puercos que allí está». Por la cual razón los llama la divina Escritura sucios espíritus. Por donde se entiende claramente que no solo el ánima racional pide disposiciones en el cuerpo para poderlo informar y ser principio de todas sus obras, pero aun para estar en él, como en lugar acomodado a su naturaleza, las ha menester: pues los demonios, siendo de sustancia más perfecta, aborrecen unas calidades corporales y con las contrarias se huelgan y reciben contento. De manera que no es buen argumento el de Galeno: «Vase el ánima racional del cuerpo por una gran calentura, luego es corruptible»; pues lo hace el demonio (de la manera que hemos dicho), y no es mortal.

Pero lo que en este propósito más se ha de notar es que el demonio no solamente apetece lugares alterados con calidades corporales para estar en ellos a su contento, pero aun cuando quiere obrar alguna cosa que le importa mucho, se aprovecha de las calidades corporales que ayudan para aquel fin. Porque si yo preguntase ahora en qué se pudo fundar el demonio cuando, queriendo engañar a Eva, se metió antes en la serpiente ponzoñosa que en el caballo, en el oso, en el lobo y en otros muchos animales que no eran de tan espantable figura, yo no sé qué se me podría responder. Bien sé que Galeno no admite los dichos y sentencias de Moisés ni de Cristo nuestro redentor, porque ambos, dice, que hablan sin demostración, pero de algún católico he deseado siempre saber la solución de esta duda, y ninguno me la ha dado.

Ello es cierto, como ya lo dejamos probado, que la cólera quemada y retostada es un humor que enseña al ánima racional de qué manera se han de hacer los embustes y engaños. Y, entre los brutos animales, ninguno hay que tanto participe de este humor como la serpiente; y, así, más que todos dice la divina Escritura que es astuto y mañoso. El ánima racional, puesto caso que es la más ínfima de todas las inteligencias, pero tiene la misma naturaleza que el demonio y los ángeles. Y de la manera que ella se aprovecha de esta cólera ponzoñosa para ser el hombre astuto y mañoso, así el demonio, metido en el cuerpo de aquella bestia fiera, se hizo más ingenioso y doblado. Esta manera de filosofar no espantará mucho a los filósofos naturales, porque tiene alguna apariencia de poder ser así. Pero lo que más les ha de acabar el juicio es que queriendo Dios desengañar al mundo y enseñarle llanamente la verdad (que es la contraria obra que hizo el demonio) vino en figura de paloma, y no de águila ni de pavón ni de otras aves que tienen más hermosa figura. Y sabida la causa es que la paloma participa mucho del humor que inclina a rectitud, a llaneza, a verdad y simplicidad, y carece de la cólera, que es el instrumento de la astucia y malicia.

Ninguna cosa de estas admite Galeno, ni los filósofos naturales. Porque no pueden entender cómo el ánima racional y el demonio, siendo sustancias espirituales, se puedan alterar de calidades materiales como es el calor, frialdad, humedad y sequedad: porque si el fuego introduce calor en el leño, es por tener ambos cuerpo y cantidad en que sujetarse, lo cual falta en las sustancias espirituales. Y admitido por cosa imposible que las calidades corporales pudiesen alterar la sustancia espiritual, ¿qué ojos tiene el demonio, ni el ánima racional, para ver los colores y figuras de las cosas, ni qué olfato para percibir los olores, ni qué oído para la música, ni qué tacto para ofenderse del mucho calor, para todo lo cual son menester órganos corporales? Y si, apartada el ánima racional, del cuerpo, se ofende y tiene dolor y tristeza, no es posible dejar de alterarse su naturaleza y venirse a corromper. Estas dificultades y argumentos embarazaron a Galeno y a los filósofos de nuestros tiempos, pero a mí no me concluyen.

Porque, cuando Aristóteles dijo que la mayor propiedad que la sustancia tenía era ser sujeto de los accidentes, no la coartó a la corporal ni espiritual, porque la propiedad del género igualmente la participan las especies; y, así, dijo que los accidentes del cuerpo pasan a la sustancia del ánima racional, y los del ánima al cuerpo, en el cual principio se fundó para escribir todo lo que dijo de fisionomía. Mayormente, que los accidentes con que se alteran las potencias todos son espirituales, sin cuerpo, sin cantidad ni materia; y, así, se multiplican en un momento por el medio y pasan por una vidriera sin romperla, y dos accidentes contrarios pueden estar en un mismo sujeto con toda la intensión que pueden tener; por las cuales propiedades los llamó el mismo Galeno indivisibles, y los filósofos vulgares, intencionales. Y, siendo de esta manera, bien se pueden proporcionar con la sustancia espiritual.

Yo no puedo dejar de entender que el ánima racional apartada del cuerpo, y también el demonio tenga potencia visiva, olfativa, auditiva y tactiva; lo cual me parece que es fácil de probar. Porque si es verdad que las potencias se conocen por las acciones, cierto es que el demonio tenía potencia olfativa, pues olía aquella raíz que Salomón mandaba aplicar a las narices de los endemoniados; y que tenía potencia auditiva, pues oía la música que David daba a Saúl. Pues decir que estas calidades las percibía el demonio con el entendimiento, no se puede afirmar en la doctrina de los filósofos vulgares, porque esta potencia es espiritual y los objetos de los cinco sentidos son materiales. Y, así, es menester buscar otras potencias, en el ánima racional y en el demonio, con quien se pueden proporcionar.

Todas estas dudas soltara bien el ánima del rico avariento de quien cuenta san Lucas que estando en el infierno alzó los ojos y vio a Lázaro que estaba en el seno de Abrahán, y dando voces dijo así: *Pater Abraham, miserere mei: mitte Lazarum ut intingat extremum digiti sui in aquam ut refrigeret linguam meam, quia crucior in hac flamma*; como si dijera: «Padre Abrahán, tené misericordia de mí y envíame a Lázaro, para que moje la extremidad de su dedo en agua y me refresque la lengua, porque estoy atormentado en esta llama». De la doctrina pasada y de lo que dice esta letra se colige que el fuego que abrasa las ánimas en el infierno es material como el que acá tenemos, y que ofendía al rico avariento y a las otras ánimas (por divina disposición) con el calor, y que si Lázaro se llevara un jarro de agua fría, que sintiera gran recreación metiéndose en ella. Y está la razón muy clara; porque si no pudo sufrir estar en el cuerpo por el mucho calor de la calentura, y cuando bebía agua fría sentía el ánima gran recreación, ¿por qué no entenderemos lo mismo estando unida con las llamas del fuego infernal? El alzar los ojos el rico avariento, y la lengua sedienta, y el dedo de Lázaro, todos son nombres de las potencias del ánima para poderse la Escritura explicar: los que no van por este camino, ni se fundan en filosofía natural dicen mil disparates.

Ello es cierto falta de entendimiento pensar que el demonio, o el ánima racional apartada del cuerpo, no podrá conocer los objetos de los cinco sentidos aunque carezca de instrumentos corporales, porque por la misma razón les probaré que el ánima racional apartada del cuerpo no puede entender, imaginar, ni hacer actos de memoria. Porque si, estando en el cuerpo, no puede ver quebrados los ojos, también no puede raciocinar ni acordarse si el celebro está inflamado. Pues decir que el ánima racional apartada del cuerpo no puede raciocinar por no tener celebro es desatino muy grande, el cual se prueba en la misma historia de Abrahán: *Fili, recordare quia recepisti bona in vita tua, et Lazarus similiter mala; nunc autem hic consolatur, tu vero cruciaris; et in his omnibus inter nos et vos chaos magnus firmatus est, ut hi qui volunt hinc transire ad vos non possint, nec inde huc transire. Et ait: rogo ergo te, Pater, ut mittias eum in domum patris mei habeo enim quinque fratres, ut testetur illis, ne et ipsi veniant in hunc locum tormentorum.* De donde concluyo que, así como estas dos ánimas razonaron entre sí, y se acordó el rico avariento que tenía cinco hermanos en casa de su padre, y Abrahán le trajo a la memoria la buena vida que en el mundo había tenido y los trabajos de Lázaro, sin ser menester el celebro, de la misma manera pueden las ánimas ver sin ojos corporales, y oír sin oídos, gustar sin lengua, oler sin narices y tocar sin nervios ni carne; y muy mejor sin comparación. Lo mismo se entiende del demonio, por tener la misma naturaleza que el ánima racional. Y si no, pongamos por caso que el ánima del rico avariento alcanzara de Abrahán que el ánima de Lázaro viniera al mundo a predicar a sus hermanos y persuadirles que fuesen buenos, para que no viniesen a aquel lugar de tormentos donde él estaba. Pregunto yo ahora: ¿cómo el ánima de Lázaro acertara a venir a la ciudad y a la casa de, y si los encontrara en la calle, en compañía de otros, si los conociera por su rostros y los supiera diferenciar de los que venían con ellos, y si estos hermanos del rico avariento le preguntaran quién era, y quién le enviaba, si tuviera alguna potencia para oír sus palabras? Lo mismo se puede inquirir del demonio cuando andaba tras Cristo nuestro redentor oyéndole predicar y viendo los milagros que hacía. Y en aquella disputa que ambos tuvieron en el desierto ¿con qué oídos percibía el demonio las palabras y respuestas que Cristo le daba?

Pero tampoco se infiere que si el ánima racional tiene dolor y tristeza, por alterarse su naturaleza con calidades contrarias, que es corruptible ni mortal. Porque las cenizas, con estar compuestas de cuatro elementos y de acto y potencia, no hay agente natural en el mundo que las pueda corromper ni quitarles las calidades que convienen a su naturaleza. El temperamento natural de las cenizas, todos sabemos que es frío y seco; pero, aunque las echemos en el fuego, jamás perderán la frialdad que tienen radical, y aunque estén cien mil años en el agua es imposible, sacadas de ella, quedar con humedad propia y natural. Y con esto, no se puede dejar de confesar que con el fuego reciben calor y con el agua humedad; pero estas dos calidades son, en las cenizas, superficiales y duran poco en el sujeto, porque apartadas del fuego se tornan luego frías, y quitadas del agua no les dura una hora la humedad.

Pero una duda se ofrece en aquel coloquio y disputa que tuvo el rico avariento con Abrahán; y es cómo supo más delicadas razones el ánima de Abrahán que la del rico avariento, habiendo dicho atrás que todas las ánimas racionales (salidas del cuerpo) son de igual perfección y saber. A la cual se puede responder de una de dos maneras.

La primera es que la ciencia y saber que el ánima alcanzó estando en el cuerpo no la pierde cuando el hombre se muere, antes la perfecciona después, desengañándose de algunos errores. El ánima de Abrahán partió de esta vida sapientísima y llena de muchas revelaciones y secretos que Dios le comunicó por ser su amigo. Pero la del rico avariento por fuerza había de salir incipiente, lo uno por el pecado, que cría ignorancia en el hombre, y lo otro porque las riquezas hacen contrario efecto de la pobreza: ésta da ingenio al hombre como adelante probaremos, y la prosperidad se lo quita.

Otra respuesta hay siguiendo nuestra doctrina, y es que la materia en que estas dos ánimas disputaban era teología escolástica, porque saber si estando en el infierno había lugar de misericordia, y si Lázaro podía pasar desde el limbo al infierno, y si convenía enviar al mundo algún muerto que diese noticia a los vivos de los tormentos que en él pasaban los condenados, todos son puntos escolásticos, cuya decisión pertenece al entendimiento como adelante probaré. Y entre las calidades primeras ninguna hay que tanto desbarate a esta potencia como el calor demasiado, del cual estaba bien atormentado el rico avariento. Pero el ánima de Abrahán moraba en un lugar templadísimo, donde tenía gran consuelo y recreación, y así no era mucho que raciocinase mejor. Por donde concluyo que el ánima racional y el demonio se aprovechan para sus obras de las calidades materiales, y que con unas se ofenden y con las contrarias reciben contento, y que por esta razón apetecen estar en unos lugares y huyen de otros, sin ser corruptibles.

> Capítulo VIII [X de 1594]. Donde se da a cada
> diferencia de ingenio la ciencia que le responde en
> particular y se le quita la que es repugnante y contraria

Todas las artes, dice Cicerón, están constituidas debajo de ciertos principios universales, los cuales aprendidos con estudio y trabajo, en fin se vienen a alcanzar; pero el arte de poesía es en esto tan particular, que si Dios o Naturaleza no hacen al hombre poeta, poco aprovecha enseñarle con preceptos y reglas cómo ha de metrificar. Y, así, dice: *Caeterarum rerum studia, et doctrina et praeceptis et arte constant; poeta natura ipsa valet et mentis viribus excitatur, et quasi divino quadam spiritu afflatur.* Pero en esto no tiene razón Cicerón; porque realmente no hay ciencia ni arte inventada en la república que, si el hombre se pone a estudiarla faltándole el ingenio, salga con ella aunque trabaje en sus preceptos y reglas toda la vida; y si acierta con la que pedía su habilidad natural, en dos días vemos que se halla enseñado. Lo mismo pasa en la poesía sin diferencia ninguna: que, si el que tiene naturaleza acomodada para ella se da a componer versos, los hace con gran perfección, y si no, para siempre es mal poeta.

Siendo esto así, ya me parece que es tiempo saber, por arte, qué diferencia de ciencia a qué diferencia de ingenio le responde en particular, para que cada uno entienda con distinción (sabida ya su naturaleza) para qué arte tiene disposición natural.

Las artes y ciencias que se alcanzan con la memoria son las siguientes: gramática, latín y cualquier otra lengua; la teórica de la jurispericia; teología positiva; cosmografía y aritmética.

Las que pertenecen al entendimiento son: teología escolástica; la teórica de la medicina; la dialéctica; la filosofía natural y moral; la práctica de la jurispericia que llaman abogacía.

De la buena imaginativa nacen todas las artes y ciencias que consisten en figura, correspondencia, armonía y proporción. Estas son: poesía, elocuencia, música, saber predicar, la práctica de la medicina, matemáticas, astrología, gobernar una república, el arte militar; pintar, trazar, escribir, leer, ser un hombre gracioso, apodador, pulido, agudo *in agilibus*, y todos los ingenios y maquinamientos que fingen los artífices; y también una gracia de la cual se admira el vulgo, que es dictar a cuatro escribientes juntos materias diversas, y salir todas muy bien ordenadas.

De todo esto no podemos hacer evidente demostración, ni probar cada cosa por sí, porque sería nunca acabar. Pero echando la cuenta en tres o cuatro ciencias, en las demás correrá la misma razón.

En el catálogo de las ciencias que dijimos pertenecer a la memoria, pusimos la lengua latina y las demás que hablan todas las naciones del mundo. Lo cual ningún hombre sabio puede negar; porque las lenguas fue una invención que los hombres buscaron para poder entre sí comunicarse y explicar los unos a los otros sus conceptos, sin haber en ello más misterio ni principios naturales de haberse juntado los primeros inventores, y a buen pláceme, como dice Aristóteles, fingir los vocablos y dar a cada uno su significación. Resultó de allí tanto número de ellos y tantas maneras de hablar tan sin cuenta ni razón, que, si no es teniendo el hombre buena memoria, con ninguna otra potencia es imposible poderse comprender.

Cuán impertinente sea la imaginativa, y el entendimiento, para aprender lenguas y maneras de hablar, pruébalo claramente la niñez, que, con ser la edad en la cual el hombre está más falto de estas dos potencias, con todo eso dice Aristóteles que los niños aprenden mejor cualquiera lengua que los hombres mayores, aunque son más racionales. Y sin que lo diga nadie, nos lo muestra claramente la experiencia, pues vemos que si a Castilla viene a vivir un vizcaíno de treinta o cuarenta años, jamás aprende el romance, y si es muchacho, en dos o tres años parece nacido en Toledo. Lo mismo acontece en la lengua latina y en todas las demás del mundo, porque todos los lenguajes tienen la misma razón. Luego, si en la edad que más reina la memoria y menos hay de entendimiento y de imaginación, se aprenden mejor las lenguas que cuando hay falta de memoria y sobra de entendimiento, cierto es que con la memoria se adquieren y no con otra potencia ninguna.

Las lenguas, dice Aristóteles que no se pueden sacar por razón, ni consisten en discurso ni raciocinio; y así es necesario oír a otro el vocablo y la significación que tiene, y guardarlo en la memoria. Y con esto prueba que si el hombre nace sordo, necesariamente ha de ser mudo, por no poder oír a otro el articulación de los nombres ni la significación que los inventores les dieron.

De ser las lenguas un plácito y antojo de los hombres, y no más, se infiere claramente que en todas se pueden enseñar las ciencias, y en cualquiera se dice y declara lo que la otra quiso sentir. Y, así, ninguno de los graves autores fue a buscar lengua extranjera para dar a entender sus conceptos; antes los griegos escribieron en griego, los romanos en latín, los hebreos en hebraico, y los moros en arábigo; y así hago yo en mi español, por saber mejor esta lengua que otra ninguna. Los romanos, como señores del mundo, viendo que era necesario haber una lengua común con que todas las naciones se pudiesen comunicar, y ellos oír y entender a los que venían a pedir justicia y cosas tocantes a su gobernación, mandaron que hubiese escuela, en todos los lugares de su imperio, en la cual se enseñase la lengua latina; y así ha durado hasta el día de hoy.

La teología escolástica es cierto que pertenece al entendimiento, supuesto que las obras de esta potencia son distinguir, inferir, raciocinar, juzgar y elegir; porque ninguna cosa se hace en esta facultad que no sea dudar por inconvenientes, responder con distinción, y contra la respuesta inferir lo que en buena consecuencia se colige, y tornar a responder hasta que se sosiegue el entendimiento.

Pero la mayor probación que en este punto se puede hacer es dar a entender con cuánta dificultad se junta la lengua latina con la teología escolástica, y cómo, de ordinario, no acontece ser uno juntamente gran latino y profundo escolástico. Del cual efecto admirados algunos curiosos que han dado ya en ello, procuraron buscar la razón y causa de donde podía nacer; y hallaron por su cuenta que como la teología escolástica está escrita en lengua llana y común y los grandes latinos tienen hecho el oído al sabroso y elegante estilo de Cicerón, no se pueden acomodar a ella. Bien les estuviera a los latinos ser ésta la causa; porque forzando el oído con el uso, tuviera remedio su enfermedad. Pero hablando de veras, antes es dolor de cabeza, que mal de oído.

Los que son grandes latinos tienen forzosamente gran memoria, porque de otra manera no se pudieran señalar tanto en una lengua que no era suya. Y porque grande y feliz memoria es como contraria del grande y subido entendimiento en un sujeto, remítele y bájale de punto; y de aquí nace que el que no tiene tan cabal y subido entendimiento (que es la potencia a quien pertenece el distinguir, inferir, raciocinar, juzgar y elegir) no alcanza subido caudal de teología escolástica. El que no se concluyere con esta razón lea a santo Tomás, Escoto, Durando y Cayetano, que son la prima de esta facultad; y hallará grandes delicadezas en sus obras, dichas y escritas en muy llano y común latín. Y no fue otra la causa sino que estos graves autores tuvieron desde niños muy flaca memoria para aventajarse en la lengua latina; pero venidos a la dialéctica, metafísica y teología escolástica, alcanzaron todo lo que vemos por tener grande entendimiento.

De un teólogo escolástico sabré yo decir (y otros muchos que le conocieron y trataron) que, con ser la prima en esta facultad, no solamente no decía elegancias ni cláusulas rodadas al tono de Cicerón, pero leyendo en la cátedra le notaban sus discípulos de muy poco y común latín. Y, así, le aconsejaron -como hombres que ignoraban esta doctrina- que secretamente hurtase algunos ratos al estudio de la teología escolástica y los emplease en leer a Cicerón. El cual, conociendo que era consejo de buenos amigos, no solamente lo procuró remediar en escondido, pero públicamente, en acabando de leer la materia *De Trinitate* o cómo el Verbo divino pudo encarnar, entraba a oír una lección de latín. Y fue cosa digna de notar que, en mucho tiempo que lo hizo así, no solamente no aprendió nada de nuevo, pero el latín común que antes sabía casi lo vino a perder, por donde le fue forzado leer en romance.

Preguntando Pío IV qué teólogos se habían señalado más en el Concilio tridentino, le dijeron que un singular teólogo español, cuya resolución, argumentos, respuestas y distinciones eran dignas de admiración. Y deseando el Papa ver y conocer un hombre tan señalado, le envió a mandar que se viniese por Roma y le diese cuenta de lo que en el Concilio había pasado. Al cual, puesto en Roma, le hizo muchos favores; entre los cuales le mandó cubrir, y tomándolo por la mano, lo llevó paseando hasta el castillo de Santángelo, y con muy elegante latín le dio cuenta de ciertas obras que en él hacía para fortificarle más, pidiéndole en algunas trazas su parecer. Y respondióle tan embarazadamente por no saber latín, que el embajador de España (que a la sazón era Don Luis de Requesens, Comendador mayor de Castilla) salió a favorecerle con su latín y distraer al Papa a otra materia diferente. En fin, dijo el Papa a los de su Cámara que no era posible saber tanta teología, como decían, un hombre que entendía tan poco latín. Y si como le probó en esta lengua, que es obra de la memoria, y en trazar y edificar, que pertenece a la buena imaginativa, le tentara en cosas tocantes al entendimiento, le dijera divinas consideraciones.

En el catálogo de las ciencias que pertenecen a la imaginativa pusimos al principio la poesía, y no acaso ni con falta de consideración, sino para dar a entender cuán lejos están del entendimiento los que tienen mucha vena para metrificar. Y, así, hallaremos que la misma dificultad que la lengua latina tiene en juntarse con la teología escolástica, ésta se halla (y mucho mayor sin comparación) entre esta facultad y el arte de metrificar. Y es tan contraria del entendimiento, que por la misma razón que alguno se señalare notablemente en ella, se puede despedir de todas las ciencias que pertenecen a esta potencia; y también de la lengua latina por la contrariedad que la buena imaginativa tiene con la mucha memoria.

La razón de lo primero no la alcanzó Aristóteles. Pero confirma mi sentencia con una experiencia, diciendo: *Marcus, civis Syracusanus, poeta erat praestantior dum mente alionaretur*, como si dijera: «Marco siracusano era mejor poeta cuando salía fuera de juicio». Y es la causa que la diferencia de imaginativa a quien pertenece la poesía, es la que pide tres grados de calor; y esta calidad, tan intensa, hemos dicho atrás que echa a perder totalmente el entendimiento. Y así lo notó el mismo Aristóteles; porque, templándose el Marco siracusano, dice que tenía mejor entendimiento, pero que no acertaba a componer tan bien, por la falta del calor con que obra esta diferencia de imaginativa. De la cual carecía Cicerón, cuando queriendo escribir en verso los hechos heroicos de su consulado y el dichoso nacimiento que Roma había tenido en haber sido por él gobernada, dijo así: *O fortunatam natam me consule Romam!* Y por no entender Juvenal que a un hombre de tal ingenio como Cicerón era ciencia repugnante la poesía, satíricamente le picó diciendo: «Si al tono de este verso tan malo dijeras las filípicas contra Marco Antonio, no te costara la vida».

Peor atinó Platón cuando dijo que la poesía no era ciencia humana, sino revelaciones divinas, porque, no estando los poetas fuera de sí, o llenos de Dios, no podían componer ni decir cosa que tuviese primor. Y pruébalo con una razón, diciendo que, estando el hombre en su libre juicio, no puede metrificar. Pero Aristóteles lo reprende en decir que el arte de poesía no es habilidad humana, sino revelaciones divinas, y admite que el hombre cuerdo y que está en su libre juicio no puede ser poeta; y es la razón que donde hay mucho entendimiento, forzosamente ha de haber falta de imaginativa, a quien pertenece el arte de componer. De lo cual se puede hacer mayor demostración sabiendo que después de haber Sócrates aprendido el arte poética con todos sus preceptos y reglas, no pudo hacer un verso. Y por lo menos fue juzgado en el oráculo de Apolo por el hombre más sabio del mundo.

Y, así, tengo por cosa llana que el muchacho que saliere con notable vena para metrificar, y que con liviana consideración se le ofrecieren muchos consonantes, que ordinariamente corre peligro en saber con eminencia la lengua latina, la dialéctica, filosofía, medicina y teología escolástica, y las demás artes y ciencias que pertenecen al entendimiento y memoria. Y así lo vemos por experiencia: que si a un muchacho de estos le damos que aprenda un nominativo de memoria, no lo tomará en dos ni tres días; y si es un pliego de papel escrito en metro para representar alguna comedia a dos vueltas que le dé se le fija en la cabeza. Estos se pierden por leer en libros de caballerías, en Orlando, en Boscán, en «Diana» de Montemayor y otros así; porque todas éstas son obras de imaginativa. Pues ¿qué diremos del canto de órgano y de los maestros de capilla, cuyo ingenio es ineptísimo para el latín y para todas las demás ciencias que pertenecen al entendimiento y memoria? La misma cuenta lleva el tañer y todo género de música.

Por estos tres ejemplos que hemos traído, del latín, de la teología escolástica y de la poesía, entenderemos que es verdadera esta doctrina y que hemos hecho bien el repartimiento, aunque de las demás artes no hagamos particular demostración.

El escribir descubre también la imaginativa. Y, así, pocos hombres de grande entendimiento vemos que hacen buena letra, de lo cual tengo yo notados muchos ejemplos a este propósito. Especialmente conocí un teólogo doctísimo que, corrido de ver cuán mala letra hacía, no osaba escribir cartas a nadie ni responder a las que le enviaban, hasta que determinó traer secretamente a su casa un maestro que le enseñase alguna forma razonable, con que pudiese pasar. Y trabajando muchos días en ello, fue tiempo tan perdido, que ninguna cosa aprovechó; y, así, de aborrecido lo dejó, espantado el maestro que le enseñaba de ver un hombre tan docto en su facultad y tan inhábil para escribir. Pero yo que sé muy cierto que el escribir muy bien es obra de la imaginativa, lo tuve por efecto natural. Y si alguno lo quisiere ver y notar, considere los estudiantes que ganan de comer en las Universidades a trasladar papeles de buena letra; y hallará que saben poca gramática, poca dialéctica y poca filosofía, y si estudian medicina o teología no ahondan nada. Y, así, el muchacho que con la pluma supiere dibujar un caballo muy bien sacado, y un hombre con buena figura, y hiciere unos buenos lazos y rasgos, no hay que ponerle en ningún género de letras, sino con un buen pintor que les facilite su naturaleza con el arte.

El leer bien y con facilidad descubre también una especie de imaginativa. Y si es cosa muy notable, no hay que gastar el tiempo en letras, sino hacerle que gane su vida a leer procesos. En esto hay una cosa digna de notar; y es que la diferencia de imaginativa que hace a los hombres graciosos, decidores y apodadores es contraria de la que ha menester el hombre para leer con facilidad. Y, así, ninguno que sea muy donoso puede aprender a leer si no es tropezando y mintiendo.

El saber jugar a la primera, y hacer envites falsos y verdaderos, y el querer y no querer a su tiempo, y por conjeturas conocer el punto de su contrario, y saberse descartar es obra que pertenece a la imaginativa. Lo mismo es el juego de los cientos; y el trunfo, aunque no tanto como la primera de Alemania. Y no solamente hace prueba y demostración de esta diferencia de ingenio, pero aun descubre todas las virtudes y vicios del hombre, porque cada momento se ofrecen en este juego ocasiones en las cuales da el hombre muestra de lo que también haría en otras cosas mayores viéndose en ellas.

El juego del ajedrez es una de las cosas que más descubren la imaginativa, por donde el que alcanzare delicadas tretas y diez o doce lances juntos en el tablero corre peligro en las ciencias que pertenecen al entendimiento y memoria (si no es que hace junta de dos o tres potencias, como ya lo habemos notado). La cual doctrina si alcanzara un teólogo escolástico doctísimo que yo conocí, cayera en la cuenta de una cosa que dudaba. Este jugaba con un criado suyo muchas veces; y, perdiendo, le decía de corrido: «¿Qué es esto, Fulano, que ni sabéis latín ni dialéctica ni teología, aunque lo habéis estudiado, y me ganáis vos a mí, estando lleno de Escoto y de santo Tomás? ¿Es posible que vos tenéis mejor ingenio que yo? No puedo creer verdaderamente sino que el diablo os revela a vos estas tretas». Y era el misterio que el amo tenía grande entendimiento, con el cual alcanzaba las delicadeces de Escoto y de santo Tomás, y era falto de aquella diferencia de imaginativa con que se juega al ajedrez; y el mozo era de ruin entendimiento y memoria, y muy delicada imaginativa.

Los estudiantes que tienen los libros compuestos, el aposento bien aderezado y barrido, cada cosa en su lugar y en su clavo colgada, tienen cierta diferencia de imaginativa muy contraria del entendimiento y memoria. El mismo ingenio alcanzan los hombres pulidos, bien aseados, y andan a buscar los pelillos de la ropa y se ofenden con las arrugas del vestido. Esto cierto es que nace de la imaginativa; porque si un hombre no sabía metrificar y era desaliñado, si por ventura se enamora, dice Platón que luego se hace poeta y muy aseado y limpio; porque el amor calienta y deseca el celebro, que son las calidades que avivan la imaginativa. Lo mismo nota Juvenal que hace la indignación, que es pasión también que calienta el celebro: *si natura negat, facit indignatio versum*.

Los graciosos, decidores, apodadores y que saben dar una matraca, tienen cierta diferencia de imaginativa muy contraria del entendimiento y memoria. Y, así, jamás salen con la gramática, dialéctica, teología escolástica, medicina ni leyes; pues que sí son agudos *in agilibus*, mañosos para cualquiera cosa que toman a hacer, prestos en hablar y responder a propósito. Éstos son propios para servir en palacio, para solicitadores, procuradores de causas, para mercaderes y tratantes, para comprar y vender, pero no para letras. Con éstos, se engaña mucho la gente vulgar viéndolos tan mañosos para todas las cosas; y, así, les parece que si se dieran a letras salieran grandes hombres; y realmente no hay ingenio para ellas más repugnante.

Los muchachos que se tardaren mucho en hablar tienen humedad demasiada en la lengua y también en el celebro; la cual gastada con el discurso del tiempo, vienen después elocuentísimos y muy habladores por la grande memoria que se les hace moderándose la humedad. Lo cual sabemos de atrás que le aconteció a aquel famoso orador Demóstenes, de quien dijimos que se había espantado Cicerón por la rudeza que de muchacho tenía en hablar y, de grande ser tan elocuente.

También los muchachos que tienen buena voz y gorjean mucho de garganta son ineptísimos para todas las ciencias; y es la razón que son fríos y húmedos, las cuales dos calidades, estando juntas, dijimos atrás que echan a perder la parte racional. Los estudiantes que sacaren la lección puntualmente como la dice el maestro y así la refieren, es indicio de buena memoria, pero el entendimiento lo ha de pagar.

Algunos problemas y dudas se ofrecen en esta doctrina, la respuesta de los cuales por ventura dará más luz para entender que es verdad lo que decimos.

El primero es: ¿de dónde nace que los grandes latinos son más arrogantes y presuntuosos en saber que los hombres muy doctos en aquel género de letras que pertenecen al entendimiento? En tanto que, para dar a entender el refrán qué cosa es gramático, dice de esta manera: *grammaticus ipsa arrogantia est*; como si dijera: «el gramático no es otra cosa sino la misma arrogancia».

El segundo es: ¿en qué va ser la lengua latina tan repugnante al ingenio de los españoles y tan natural a los franceses, italianos, alemanes, ingleses y a los demás que habitan el Septentrión? Como parece por sus obras: que por el buen latín conocemos ya que es extranjero el autor, y por el bárbaro y mal rodado sacamos que es español.

El tercero es: ¿cómo las cosas que dicen y escriben en lengua latina suenan mejor, abultan más y tienen mayor elegancia que en otra cualquier lengua por buena que sea, habiendo dicho atrás que todas las lenguas no es más que un antojo y plácito de aquellos que las inventaron, sin tener fundamento en naturaleza?

La cuarta duda es: ¿de qué manera se compadece que, estando escritas en latín todas las ciencias que pertenecen al entendimiento y que las pueden estudiar y leer en los libros aquellos que son faltos de memoria, siéndoles por esta razón repugnante la lengua latina?

Al primer problema se responde que, para conocer si un hombre es falto de entendimiento, no hay más cierta señal que verle altivo, hinchado, presuntuoso, amigo de honra, puntuoso y lleno de ceremonias. Y es la razón que todas éstas son obras de una diferencia de imaginativa que no pide más que un grado de calor, con el cual bien se compadece la mucha humedad que pide la memoria, por no tener fuerza para la resolver. Por el contrario, es indicio infalible que, siendo un hombre naturalmente humilde, menospreciado de sí y de sus cosas, y que no solamente no se jacta ni alaba, pero se ofende con los loores que otros le dan y se afrenta con los lugares y ceremonias honrosas, bien lo pueden señalar por hombre de grande entendimiento y poca imaginativa y memoria. (Dije naturalmente humilde: porque, si lo es con artificio, no es cierta señal). De aquí es que, como los gramáticos son hombres de gran memoria y hacen junta con aquella diferencia de imaginativa, forzosamente son faltos de entendimiento y tales cuales dice el refrán.

Al segundo problema se responde que, buscando Galeno el ingenio de los hombres por el temperamento de la región que habitan, dice que los que moran debajo el Septentrión todos son faltos de entendimiento; y los que están sitiados entre el Septentrión y la tórrida zona son prudentísimos. La cual postura responde puntualmente a nuestra región, y es cierto así. Porque España, ni es tan fría como los lugares del Norte, ni tan caliente como la tórrida zona. La misma sentencia trae Aristóteles preguntando por qué los que habitan tierras muy frías son de menos entendimiento que los que nacen en las más calientes; y en la respuesta trata muy mal a los flamencos, alemanes, ingleses y franceses, diciendo que su ingenio es como el de los borrachos, por la cual razón no puede inquirir ni saber la naturaleza de las cosas. Y la causa de esto es la mucha humedad que tienen en el celebro y en las demás partes del cuerpo; y así lo muestran la blancura del rostro y el color dorado del cabello, y que por maravilla se halla un alemán que sea calvo; y con esto, todos son crecidos y de larga estatura, por la mucha humedad, que hace dilatables las carnes. Todo lo cual se hace al revés en los españoles: son un poco morenos, el cabello negro, medianos de cuerpo, y los más los vemos calvos; la cual disposición dice Galeno que nace de estar caliente y seco el celebro. Y si esto es verdad, forzosamente han de tener ruin memoria y grande entendimiento; y los alemanes, grande memoria y poco entendimiento. Y, así, los unos no pueden saber latín, y los otros lo aprenden con facilidad. La razón que trae Aristóteles para probar el poco entendimiento de los que habitan debajo de Septentrión es que la mucha frialdad de la región revoca el calor natural adentro por antiparistasis, y no le deja disipar. Y, así, tiene mucha humedad y calor, por donde juntan gran memoria para las lenguas, y buena imaginativa, con la cual hacen relojes, suben el agua a Toledo, fingen maquinamientos y obras de mucho ingenio, las cuales no pueden fabricar los españoles por ser faltos de imaginativa. Pero metidos en dialéctica, filosofía, teología escolástica, medicina y leyes, más delicadezas dice un ingenio español en sus términos bárbaros, que un extranjero sin comparación, porque sacados éstos de la elegancia y policía con que lo escriben, no dicen cosa que tenga invención ni primor. En comprobación de esta doctrina, dice Galeno *in Scithiis, unus vir factus est philosophus: Athenis autem multi tales*; como si dijera: «en Escitia (que es una provincia que está debajo el Septentrión) por maravilla sale un hombre filósofo, y en Atenas todos nacen prudentes y sabios». Pero aunque a estos septentrionales les repugna la filosofía y las demás ciencias que hemos dicho, viéneles muy bien las matemáticas y astrología, por tener buena imaginativa.

La respuesta del tercer problema depende de una cuestión que hay entre Platón y Aristóteles muy celebrada. El uno dice que hay nombres propios que naturalmente significan las cosas y que es menester mucho ingenio para hallarlos; la cual opinión favorece la divina Escritura diciendo que Adán ponía a cada cosa de las que Dios le puso delante el propio nombre que le convenía. Pero Aristóteles no quiere conceder que haya, en ninguna lengua, nombre ni manera de hablar que signifique naturalmente la cosa, porque todos los nombres son fingidos y hechos al antojo y voluntad de los hombres. Y, así, parece por experiencia que el vino tiene más de sesenta nombres y el pan otros tantos, en cada lengua el suyo, y de ninguno se puede afirmar que es el natural y conveniente, porque de él usarían todos los hombres del mundo. Pero con todo eso, la sentencia de Platón es más verdadera. Porque puesto caso que los primeros inventores fingieron los vocablos a su plácito y voluntad, pero fue un antojo racional, comunicado con el oído, con la naturaleza de la cosa, con la gracia y donaire en el pronunciar, no haciendo los vocablos cortos ni largos, ni fuese menester mostrar fealdad en la boca al tiempo de pronunciar, asentando el acento en su conveniente lugar, y guardando otras condiciones que ha de tener la lengua para ser elegante y no bárbara. De esta opinión de Platón fue un caballero español cuyo entretenimiento era escribir libros de caballerías, porque tenía cierta diferencia de imaginativa que convida al hombre a ficciones y mentiras. De este se cuenta que, introduciendo en sus obras un gigante furioso, anduvo muchos días imaginando un hombre que respondiese enteramente a su bravosidad; y jamás lo pudo encontrar hasta que, jugando un día a los naipes en casa de un amigo suyo, oyó decir al señor de la posada: «Hola, muchacho, tra qui tantos a esta mesa». El caballero, como oyó este nombre traquitantos, luego le hizo buena consonancia en los oídos, y sin más aguardar se levantó diciendo: «Señores, yo no juego más, porque ha muchos días que ando buscando un nombre que cuadrase con un gigante furioso que introduzco en esos borrones que compongo y no lo he podido hallar hasta que vine a esta casa donde siempre recibo toda merced». La curiosidad de este caballero en llamar al gigante Traquitantos tuvieron los primeros inventores de la lengua latina, y así hallaron un lenguaje de tan buena consonancia a los oídos. Por donde no hay que espantar que las cosas que se dicen y escriben en latín suenan tan bien, y en las demás lenguas tan mal, por haber sido bárbaros sus primeros inventores.

 La postrera me fue forzado ponerla por satisfacer a muchos que han dado en ella, siendo muy fácil la solución. Porque los que tienen grande entendimiento no están totalmente privados de memoria; que, a no la tener, era imposible discurrir el entendimiento ni raciocinar, porque esta potencia es la que tiene la materia y los fantasmas sobre que se ha de especular. Pero por ser remisa, de tres grados de perfección que se pueden alcanzar en la lengua latina (que son entenderla, escribirla y hablarla bien), no puede pasar del primero, si no es mal y tropezando.

Capítulo IX [XI de 1594]. Donde se prueba que la elocuencia y policía en hablar no puede estar en los hombres de grande entendimiento

Una de las gracias por donde más se persuade el vulgo a pensar que un hombre es muy sabio y prudente es oírle hablar con grande elocuencia: tener ornamento en el decir, copia de vocablos dulces y sabrosos, traer muchos ejemplos acomodados al propósito que son menester. Y, realmente, nace de una junta que hace la memoria con la imaginativa en grado y medio de calor, el cual no puede resolver la humedad del celebro y sirve de levantar las figuras y hacerlas bullir, por donde se descubren muchos conceptos y cosas que decir.

 En esta junta es imposible hallarse el entendimiento, porque ya hemos dicho y probado atrás que esta potencia abomina grandemente el calor, y la humedad no la puede sufrir. La cual doctrina si alcanzaran los atenienses, no se espantaran tanto de ver un hombre tan sabio como Sócrates y que no supiese hablar; del cual decían los que entendían lo mucho que sabía que sus palabras y sentencias eran como unas cajas de madera tosca y sin cepillar por defuera, pero, abiertas, había dentro en ellas dibujos y pinturas dignas de admiración.

En la misma ignorancia han estado los que, queriendo dar razón y causa de la oscuridad y mal estilo de Aristóteles, dijeron que de industria, y por querer que sus obras tuviesen autoridad, escribió en jerigonza y con tal mal ornamento de palabras y maneras de hablar. Y si consideramos también el proceder tan duro de Platón y la brevedad con que escribe, la oscuridad de sus razones, la mala colocación de las partes de la oración, hallaremos que no es otra la causa.

¡Pues qué si leemos las obras de Hipócrates, los hurtos que hace de nombres y verbos, el mal asiento de sus dichos y sentencias, la mala trabazón de sus razones, lo poco que se le ofrece que decir para llenar los vacíos de su doctrina! ¿Qué más sino que, queriendo dar muy larga cuenta a Damageto, su amigo, de cómo Artajerjes, rey de los persas, lo envió a llamar prometiéndole todo el oro y la plata que él quisiese y que le contaría entre los grandes de su reino (habiendo sobre esto muchas demandas y respuestas), dijo así: *Persarum rex nos accersivit, ignarus quod apud me maior est sapientiae ratio quam auri*. Vale; como si dijera: «el rey de los persas me envió a llamar, no sabiendo que yo estimo más la sabiduría que el oro». La cual materia si tomara entre manos Erasmo, o cualquier otro hombre de buena imaginativa y memoria como él, era poco para dilatarla una mano de papel.

¿Pero quién se atreviera a ejemplificar esta doctrina en el ingenio natural de san Pablo y afirmar que era hombre de grande entendimiento y poca memoria, y que no podía (con sus fuerzas) saber lenguas ni hablar en ellas con ornamento y policía, si él no dijera así: *nihil me minus feccisse a magnis apostolis existimo, nam etsi imperitus sum sermone, sed non scientia*; como si dijera: «yo bien confieso que no sé hablar, pero en ciencia y saber ningún apóstol de los grandes me hace ventaja». La cual diferencia de ingenio era tan apropiada para la publicación del Evangelio, que ninguna otra se podía elegir mejor. Porque ser el publicador elocuente y tener mucho ornamento de palabras no convenía, atento que la fuerza de los oradores de aquel tiempo se descubría en que hacían entender al auditorio las cosas falsas por verdaderas; y lo que el vulgo tenía recibido por bueno y provechoso, usando ellos de los preceptos de su arte, persuadían lo contrario, y defendían que era mejor ser pobre que rico, y estar enfermo que sano, y ser necio que sabio; y otras cosas que manifiestamente eran contra la vulgar opinión. Por la cual razón los llamaban los hebreos *gevañin*, que quiere decir engañadores. Lo mismo le pareció a Catón el Mayor, y tuvo por peligrosa la estada de éstos en Roma, viendo que las fuerzas del imperio romano estaban fundadas en las armas, y éstos comenzaban ya a persuadir que era bien que la juventud romana las dejase y se diese a este género de sabiduría; y así, con brevedad los mandó luego desterrar de Roma y que no estuviesen más en ella.

Pues si Dios buscara un predicador elocuente y con ornamento en el decir, y entrara en Atenas o en Roma afirmando que en Jerusalén habían crucificado los judíos a un hombre que era Dios verdadero, y que había muerto de su propia y agradable voluntad por redimir los pecadores, y que resucitó al tercero día, y que subió a los cielos donde ahora está ¿qué había de pensar el auditorio sino que este tema era alguna estulticia y vanidad de aquellas que los oradores suelen persuadir con la fuerza de su arte? Por tanto, dijo san Pablo: *non enim misit me Chtistus baptizare, sed evangelizare; non in sapientia verbi, ut non evacuetur crux Christi*; como si dijera: «no me envió Cristo a bautizar sino a predicar, y no con oratoria, porque no pensase el auditorio que la cruz de Cristo era alguna vanidad de las que suelen persuadir los oradores». El ingenio de san Pablo era apropiado para este ministerio; porque tenía grande entendimiento para defender y probar, en las sinagogas y en la gentilidad, que Jesucristo era el Mesías prometido en la ley, y que no había que esperar otro ninguno. Y, con esto, era de poca memoria; por donde no pudo saber hablar con ornamento de palabras dulces y sabrosas. Y esto era lo que la publicación del Evangelio había menester.

Por esto no quiero decir que san Pablo no tuviese don de lenguas, sino que en todas hablaba de la manera que en la suya. Ni tampoco tengo entendido que, para defender el nombre de Cristo, bastaban las fuerzas de su grande entendimiento, si no estuviera de por medio la gracia y auxilio particular que Dios para ello le dio. Solo quiero sentir que los dones sobrenaturales obran mejor cayendo sobre buena naturaleza, que si el hombre fuese de suyo torpe y necio. A esto alude aquella doctrina de san Jerónimo, que trae en el proemio que hace sobre Isaías y Jeremías, preguntando qué es la causa que siendo el mismo Espíritu Santo el que hablaba por la boca de Jeremías e Isaías, el uno proponga las cosas que escribe con tanta elegancia, y Jeremías apenas sabe hablar. A la cual duda responde que el Espíritu Santo se acomoda a la manera natural que tiene de proceder cada profeta, sin variarles la gracia su naturaleza ni enseñarles el lenguaje con que han de publicar la profecía. Y, así, es de saber que Isaías era un caballero ilustre, criado en corte y en la ciudad de Jerusalén, por la cual razón tenía ornamento y policía en el hablar; pero jeremías era nacido y criado en una aldea de Jerusalén que se llamaba Anatotites, basto y rudo en el proceder como aldeano; y de este mismo estilo se aprovechó el Espíritu Santo en la profecía que le comunicó. Lo mismo se ha de decir de las epístolas de san Pablo: que el Espíritu Santo presidía en él cuando las escribió, para que no pudiese errar; pero el lenguaje y manera de hablar era el natural de san Pablo, acomodado y propio a la doctrina que escribía, porque la verdad y la teología escolástica aborrecen la muchedumbre de palabras.

Con la teología positiva muy bien se junta pericia de lenguas y el ornamento y policía en hablar. Porque esta facultad pertenece a la memoria y no es más que un montón de dichos y sentencias católicas tomadas de los doctores sagrados y de la divina Escritura, y guardadas en esta potencia; como lo hace un gramático con las flores de los poetas Virgilio, Horacio, Terencio y de los demás autores latinos que lee, el cual, conociendo la ocasión de recitarlos, sale luego con un pedazo de Cicerón o de Quintiliano, con que muestra al auditorio su erudición. Los que alcanzan esta junta de imaginativa con memoria, y trabajan en recoger el grano de todo lo que ya está dicho y escrito en su facultad, y lo traen en conveniente ocasión con grande ornamento de palabras y graciosas maneras de hablar, es tanto lo inventado en todas las ciencias, que parece a los que ignoran esta doctrina que es grande su profundidad. Y realmente son muy someros, porque llegándolos a tentar en los fundamentos de aquello que dicen y afirman, descubren la falta que tienen. Y es la causa que con tanta copia de decir y con tanto ornamento de palabras no se puede juntar el entendimiento, a quien pertenece saber de raíz la verdad. De estos dijo la divina Escritura: *ubi verba sunt plurima, ibi frequenter egestas*; como si dijera: «el hombre que tiene muchas palabras, ordinariamente es falto de entendimiento y prudencia».

Los que alcanzan esta junta de imaginativa y memoria entran con grande ánimo a interpretar la divina Escritura, pareciéndoles que por saber mucho hebreo, mucho griego y latín, tienen el camino andado para sacar el espíritu verdadero de la letra. Y realmente van perdidos: lo uno, porque los vocablos del texto divino y sus maneras de hablar tienen otras muchas significaciones fuera de las que supo Cicerón en latín; lo otro, que a los tales les falta el entendimiento, que es la potencia que averigua si un espíritu es católico o depravado. Ésta es la que puede elegir (con la gracia sobrenatural), de dos o tres sentidos que salen de una letra, el que es más verdadero y católico.

Los engaños dice Platón que nunca acontecen en las cosas disímiles y muy diferentes, sino cuando ocurren muchas que tienen gran similitud. Porque si a una vista perspicaz le pusiésemos delante un poco de sal, azúcar, harina y cal, todo molido y cernido y cada cosa por sí ¿qué haría un hombre que careciese de gusto si con los ojos hubiese de conocer cada polvo de éstos sin errar, diciendo «esto es sal», «esto, azúcar», «esto, harina» y «esto, cal»? Yo no dudo sino que se engañaría, por la gran similitud que entre sí tienen estas cosas. Pero si el un montón fuese de trigo, otro de cebada, otro de paja, otro de tierra y otro de piedra, cierto es que no se engañaría en poner nombre a cada montón aunque tuviese poca vista, por ser cada uno de tan varia figura. Lo mismo vemos que acontece cada día en los sentidos y espíritus que dan los teólogos a la divina Escritura: que mirados dos o tres, a la primera muestra todos tienen apariencia de católicos y que consuenan bien con la letra, y realmente no lo son ni quiso el Espíritu Santo decir aquello.

Para elegir de estos sentidos el mejor y reprobar el malo, es cierto que no se aprovecha el teólogo de la memoria ni de la imaginativa, sino del entendimiento. Y, así, digo que el teólogo positivo ha de consultar al escolástico y pedirle que, de aquellos sentidos, le elija el que le pareciere mejor, si no quiere amanecer en la Inquisición. Por esta causa los herejes aborrecen tanto la teología escolástica y procuran desterrarla del mundo, porque distinguiendo, infiriendo, raciocinando y juzgando se viene a saber la verdad y descubrir la mentira.

Capítulo X [XII de 1594]. Donde se prueba que la teórica de la teología pertenece al entendimiento y el predicar, que es su práctica, a la imaginativa

Problema es muy preguntado (no solamente de la gente docta y sabia, pero aun los hombres vulgares han caído ya en la cuenta y lo ponen cada día en cuestión) qué sea la razón y causa que en siendo un teólogo grande hombre de escuelas, en disputar agudo, en responder fácil, en escribir y leer de admirable doctrina, y subido en un púlpito no sabe predicar; y por lo contrario, en saliendo galano predicador, elocuente, gracioso y que se lleva la gente tras sí, por maravilla sabe mucha teología escolástica. Por donde no admiten por buena consecuencia: «Fulano es gran teólogo escolástico, luego será gran predicador»; ni quieren conceder al revés: «Es gran predicador, luego sabe mucha teología escolástica»; porque, para deshacer la una consecuencia y la otra, se le ofrecerán a cualquiera más instancias que cabellos tenga en la cabeza.

Ninguno hasta ahora ha podido responder a esta pregunta más de lo ordinario, que es atribuirlo todo a Dios y a la distribución de sus gracias. Y paréceme muy bien, ya que no saben la causa más en particular. La respuesta de esta duda en alguna manera la dejamos dada en el capítulo pasado, pero no tan en particular como conviene; y fue que la teología escolástica pertenece al entendimiento. Ahora decimos y queremos probar que el predicar (que es su práctica) es obra de la imaginativa; y así como es dificultoso juntar en un mismo celebro grande entendimiento y mucha imaginativa, de la misma manera no se puede compadecer que uno sea gran teólogo escolástico y famoso predicador. Y que la teología escolástica sea obra del entendimiento ya lo dejamos demostrado atrás, probando la repugnancia que tenía con la lengua latina; por donde no será necesario volver a ello otra vez. Solo quiero dar a entender que la gracia y donaire que tienen los buenos predicadores, con la cual atraen a sí el auditorio y lo tienen contento y suspenso, todo es obra de la imaginativa, y parte de ello de la buena memoria.

 Y para que mejor me pueda explicar y hacerlo tocar con la mano, es menester suponer primero que el hombre es animal racional, sociable y político; y porque su naturaleza se habilitase más con el arte, inventaron los filósofos antiguos la dialéctica, para enseñarle como había de raciocinar, con qué preceptos y reglas, cómo había de definir las naturalezas de las cosas, distinguir, dividir, inferir, raciocinar, juzgar y elegir, sin las cuales obras es imposible ningún artífice poderse pasar. Y para poder ser sociable y político, tenía necesidad de hablar y dar a entender a los demás hombres las cosas que concebía en su ánimo; y porque no las explicase sin orden ni concierto, inventaron otra arte que llaman retórica, la cual con sus preceptos y reglas le hermosea su habla con pulidos vocablos, con elegantes maneras de decir, con afectos y colores graciosos.

 Pero así como la dialéctica no enseña al hombre a discurrir y a raciocinar en sola una ciencia, sino en todas sin distinción, de la misma manera la retórica muestra hablar en la teología, en la medicina, en la jurispericia, en el arte militar y en todas las demás ciencias y conversaciones que tratan los hombres. De suerte que si queremos fingir un perfecto dialéctico o consumado orador, no se podría considerar sin que supiese todas las ciencias, porque todas son de su jurisdicción, y en cualquiera de ellas sin distinción podría ejercitar sus preceptos; no como la medicina, que tiene limitada la materia sobre que ha de tratar; y la filosofía natural, moral, metafísica, astrología y las demás. Y, por tanto, dijo Cicerón: *oratorem, ubicumque constiterit, constitere in suo*; y en otra parte dice: *in oratore perfecto inest omnis philosophorum scientia*. Y por esta causa dijo el memos Cicerón que no había artífice más dificultoso de hallar, que un perfecto orador; y con más razón lo dijera si supiera la repugnancia que había en juntar todas las ciencias en un particular.

Antiguamente se habían alzado con el nombre y oficio de orador los jurisperitos, porque la perfección de la abogacía pedía el conocimiento y pericia de todas las artes del mundo, a causa de que las leyes juzgan a todos y, para saber la defensión que cada arte tiene por sí, era necesario tener particular noticia de todas; y, así, dijo Cicerón: *nemo est in oratorum numero habendum qui non sit omnibus artibus perpolitus*. Pero viendo que era imposible aprender todas las ciencias, lo uno por la brevedad de la vida, y lo otro por ser el ingenio del hombre tan limitado, lo dejaron caer, contentándose en la necesidad con dar crédito a los peritos de aquel arte que defienden, y no más.

Tras esta manera de defender las causas, sucedió luego la doctrina evangélica, la cual se podía persuadir con el arte de oratoria mejor que cuantas ciencias hay en el mundo, por ser la más cierta y verdadera. Pero Cristo nuestro redentor mandó a san Pablo que no la predicase *in sapientia verbi*, porque no pensasen las gentes que era alguna mentira bien ordenada como aquellas que los oradores solían persuadir con la fuerza de su arte. Pero ya recibida la fe, y de tantos años atrás, bien se permite predicar con lugares retóricos y aprovecharse del bien decir y hablar, por no haber ahora el inconveniente que cuando predicaba san Pablo; antes vemos que hace más provecho el predicador que tiene las condiciones de perfecto orador, y le sigue más gente, que el que no usa de ellas. Y es la razón muy clara. Porque si los antiguos oradores hacían entender al pueblo las cosas falsas por verdaderas, aprovechándose de sus preceptos y reglas, mejor se convencerá el auditorio cristiano persuadiéndole con artificio aquello mismo que él tiene ya entendido y creído. Allende que la divina Escritura es en cierta manera todas las cosas, y para su verdadera interpretación son menester todas las ciencias, conforme aquel dicho tan celebrado: *missit ancillas suas vocare ad arcem.*

Esto no es menester encargarlo a los predicadores de nuestro tiempo, ni avisarlos que lo pueden ya hacer, porque su estudio particular (fuera del provecho que pretenden hacer con su doctrina) es buscar un buen tema a quien puedan aplicar a propósito muchas sentencias galanas traídas de la divina Escritura, de los sagrados doctores, de poetas, historiadores, médicos y legistas, sin perdonar ciencia ninguna, hablando copiosamente, con elegancia y dulces palabras; con todo lo cual dilatan y ensanchan el tema una hora, y dos si es menester. Esto propio dice Cicerón que profesaba el perfecto orador en su tiempo: *vis oratoris professioque ipsa bene dicendi hoc suscipere ac polliceri videtur, ut omni de re quacumque sit proposita, ab eo ornate copioseque dicatur.*

Luego, si probáremos que las gracias y condiciones que ha de tener el perfecto orador, todas pertenecen a la imaginativa y memoria, tenemos entendido que el teólogo que las alcanzare será muy gran predicador; pero, metido en la doctrina de santo Tomás y Escoto, sabrá muy poco de ella, por ser ciencia que pertenece al entendimiento; de la cual potencia ha de tener por fuerza gran remisión.

Qué cosas sean aquellas que pertenecen a la imaginativa y con qué señales se han de conocer ya lo hemos dicho atrás, y ahora lo tornaremos a referir para refrescar la memoria. Todo aquello que dijere buena figura, buen propósito y encaje, todas son gracias de la imaginativa, como son los donaires, apodos, motes y comparaciones.

Lo primero que ha de hacer el perfecto orador, teniendo ya el tema en las manos, es buscar argumentos y sentencias acomodadas con que dilatarle y probarle; y no con cualesquiera palabras, sino con aquellas que hagan buena consonancia en los oídos. Y, así, dijo Cicerón: *oratorem eum esse puto qui, et verbis ad audiendum iocundis, et sententiis accommodatis ad probandum, uti possit*. Esto cierto es que pertenece a la imaginativa, pues hay en ello consonancia de palabras graciosas y buen propósito en las sentencias.

La segunda gracia que no le ha de faltar al perfecto orador es tener mucha invención o mucha lección. Porque si está obligado a dilatar y probar cualquier tema que se le ofreciere con muchos dichos y sentencias traídas a propósito, ha menester tener muy subida imaginativa, que sea como perro ventor que le busque y traiga la caza a la mano; y, cuando faltare qué decir, lo finja como si realmente fuera así. Por eso dijimos atrás que el calor era el instrumento con que obraba la imaginativa, porque esta calidad levanta las figuras y las hace bullir, por donde se descubre todo lo que hay que ver en ellas. Y, si no, hay más que considerar: tiene fuerza la imaginativa, no solamente de componer una figura posible con otra, pero aun las que son imposibles, según orden de Naturaleza, las junta y de ellas vienen a hacer montes de oro y bueyes volando.

En lugar de la invención propia, se pueden aprovechar los oradores de la mucha lección, ya que les falte la imaginativa; pero, en fin, lo que enseñan los libros es caudal finito y limitado, y la propia invención es como la buena fuente que siempre da agua fresca y de nuevo. Para retener lo leído es necesario tener mucha memoria, y para recitarlo delante del auditorio con facilidad no se puede hacer sin la misma potencia; y, así, dijo Cicerón: *is orator erit (mea quidem sententia), hoc tan gravi dignus nomine, qui quaecumque res incideit quae sit dictione explicanda, prudenter, copiose, ornate et memoriter dicat*; como si dijera: «este orador será digno de tan grave nombre, que pudiere orar sobre cualquier tema que se le ofreciere, con prudencia (que es acomodarse bien al auditorio, al lugar, al tiempo y ocasión), copiosamente, con ornato de palabras dulces y sabrosas, y recitadas de memoria». La prudencia ya hemos dicho y probado atrás que pertenece a la imaginativa; la copia de vocablos y sentencias, a la memoria; el ornamento y atavío, a la imaginativa; y recitar tantas cosas sin tropezar ni repararse, cierto es que se hace con la buena memoria.

A propósito de lo que dijo Cicerón, que el buen orador ha de hablar de memoria y no por escrito, es de saber que el maestro Antonio de Lebrija había venido ya a tanta falta de memoria, por la vejez, que leía por un papel la lección de retórica a sus discípulos; y como era tan eminente en su facultad y tenía su intención bien probada, no miraba nadie en ello. Pero lo que no se pudo sufrir fue que, muriendo éste repentinamente de apoplejía, encomendó la Universidad de Alcalá el sermón de sus obsequias a un famoso predicador, el cual inventó y dispuso lo que habría de decir como mejor pudo. Pero fue el tiempo tan breve, que no hubo lugar de tomarlo de memoria; y así se fue al púlpito con el papel en la mano, y entró diciendo así: «Lo que este ilustre varón acostumbraba hacer, leyendo a sus discípulos, eso mismo traigo yo determinado de hacer a su imitación, porque fue su muerte tan repentina y el mandarme que yo predicase en sus obsequias tan acelerado, que no ha habido lugar ni tiempo de estudiar lo que convenía decir, ni para recogerlo en la memoria. Lo que yo he podido trabajar esta noche traigo escrito en este papel: suplico a vuestras mercedes lo oigan con paciencia y me perdonen la poca memoria.» Pareció tan mal al auditorio esta manera de predicar por escrito y con el papel en la mano, que todo fue sonreír y murmurar. Y, así, dijo muy bien Cicerón que se había de orar de memoria y no por escrito. Este predicador, realmente, no tenía propia invención: todo lo había de sacar de los libros y para esto es menester mucho estudio y memoria. Pero los que toman de su cabeza la invención, ni han menester estudiar, ni tiempo, ni memoria; porque todo se lo hallan dicho y levantado. Estos predicarán a un auditorio toda la vida sin encontrarse con lo que dijeron veinte años atrás; y los que carecen de invención, en dos cuaresmas desfloran todos los libros de molde y acaban con los cartapacios y papeles que tienen, y a la tercera es menester pasarse a nuevo auditorio, so pena que les dirán: «éste ya predica como antaño».

La tercera propiedad que ha de tener el buen orador es saber disponer lo inventado, asentando cada dicho y sentencia en su lugar, de manera que todo se responda en proporción y lo uno a lo otro se llame. Y, así, dijo Cicerón: *dispositio est ordo et distributio rerum quae demonstrat quid quibus in locis collocandum sit*; como si dijera: «la disposición no es otra cosa más que el orden y concierto que se ha de tener en distribuir los dichos y sentencias que se han de decir al auditorio, mostrando qué cosa en qué lugar se ha de asentar para que, concertado con lo demás, resulte buena figura». La cual gracia, cuando no es natural, suele dar mucho trabajo a los predicadores, porque después de haber hallado en los libros muchas cosas que decir, no fácilmente atinan todos al encaje conveniente de cada cosa. Esta propiedad de ordenar y distribuir cierto es que es obra de la imaginativa, pues dice figura y correspondencia.

La cuarta propiedad que han de tener los buenos oradores (y la más importante de todas) es la acción, con la cual dan ser y ánima a las cosas que se dicen; y con la misma mueven al auditorio y lo enternecen a creer que es verdad lo que les quieren persuadir. Y, así, dijo Cicerón: *actio, quae motu corporis, quae gestu, quae vultu, quae vocis confirmatione ac varietate moderanda est*; como si dijera: «la acción se ha de moderar haciendo los meneos y gestos que el dicho requiere; alzando la voz y bajándola; enojándose, y tornarse luego a apaciguar; unas veces hablar aprisa, otras a espacio; reñir y halagar; menear el cuerpo a una parte y a otra; coger los brazos y desplegarlos; reír y llorar; y dar una palmada en buena ocasión». Esta gracia es tan importante en los predicadores, que con sola ella, sin tener invención ni disposición, de cosas de poco momento y vulgares hacen un sermón que espantan al auditorio, por tener acción, que en otro nombre se llama espíritu o pronunciación.

En esto hay una cosa de notable, en la cual se descubre cuánto puede esta gracia. Y es que los sermones que parecen bien por la mucha acción y espíritu, puestos en el papel no valen nada ni se pueden leer; y es la causa que con la pluma no es posible pintarse los meneos y gestos con los cuales parecieron bien en el púlpito. Otros sermones parecen muy bien en el cartapacio, y, predicados, no se pueden oír por no darles el acción que requieren sus pasos. Por donde dijo Platón que el estilo del hablar es muy diferente del que pide el buen escribir; y, así, vemos muchos hombres que hablan muy bien y notan mal una carta, y otros, al revés, escriben muy bien y razonan muy mal. Todo lo cual se ha de reducir a la acción; y la acción es cierto que es obra de la imaginativa, porque todo cuanto hemos dicho de ella hace figura, correspondencia y buena consonancia.

La quinta gracia es saber apodar y traer buenos ejemplos y comparaciones; de la cual gusta mucho más el auditorio que de otra ninguna, porque con un buen ejemplo entienden fácilmente la doctrina, y sin él todo se les pasa por alto. Y, así, pregunta Aristóteles: *cur homines, in orando, exemplis et fabulis potius gaudent quam commentis?* Como si preguntara: «¿por qué los que oyen a los oradores se huelgan más con los ejemplos y fábulas que traen para probar lo que quieren persuadir, que con los argumentos y razones que hacen?». A lo cual responde que con los ejemplos y fábulas aprenden los hombres mejor, por ser probación que pertenece al sentido; y no tan bien con los argumentos y razones, por ser obra que quiere mucho entendimiento. Y por eso Cristo nuestro redentor en sus sermones usaba de tantas parábolas y comparaciones, porque con ellas daba a entender muchos secretos divinos. Esto de fingir fábulas y comparaciones cierto es que se hace con la imaginativa, porque es figura y dice buena correspondencia y similitud.

La sexta propiedad del buen orador es tener buen lenguaje, propio y no afectado, pulidos vocablos, y muchas graciosas maneras de hablar, y no torpes; de las cuales gracias hemos hablado muchas veces atrás, probando que parte de ello pertenece a la imaginativa y parte a la buena memoria.

Lo séptimo que ha de tener el buen orador es lo que dice Cicerón: *instructus voce; actione et lepore.* La voz abultada y sonora, apacible al auditorio; no áspera, ronca ni delgada. Y aunque es verdad que esto nace del temperamento del pecho y garganta, y no de la imaginativa, pero es cierto que del mismo temperamento que nace la buena imaginativa, que es calor, de este mismo sale la buena voz. Y para el intento que llevamos conviene mucho saber esto, porque los teólogos escolásticos, por ser de frío y seco temperamento, no pueden tener buen órgano de voz, lo cual es gran falta para el púlpito. Y así lo prueba Aristóteles, ejemplificando en los viejos por la frialdad y sequedad: para la voz sonora y abultada, requiere mucho calor que dilate los caminos, y humedad moderada que los enternezca y ablande. Y, así, pregunta Aristóteles: *cur omnes. qui natura sunt calidi magnam vocem emittere solent?* Como si preguntara: «¿qué es la razón que los calientes todos tienen gran bulto de voz?». Y así lo vemos, por lo contrario, en las mujeres y eunucos, los cuales, por la mucha frialdad de su temperamento, dice Galeno que tienen la garganta y la voz muy delicada. De manera que, cuando oyéremos alguna buena voz, sabremos ya decir que nace del mucho calor y humedad del pecho; las cuales dos calidades, si allegan hasta el celebro, echan a perder el entendimiento, y hacen buena memoria y buena imaginativa, que son las dos potencias de quien se aprovechan los buenos predicadores para contentar al auditorio.

La octava propiedad del buen orador dice Cicerón que es tener la lengua suelta, céler y bien ejercitada; la cual gracia no puede caer en los hombres de grande entendimiento, porque para ser presta es menester que tenga mucho calor y moderada sequedad; y esto no puede acontecer en los melancólicos, así naturales como por adustión. Pruébalo Aristóteles preguntando: *quam ob causam qui lingua haesitant melancholico habitu tenentur?* Como si dijera: «¿qué es la causa que los que se detienen en el hablar, todos son de complexión melancólicos?». Al cual problema responde muy mal diciendo que los melancólicos tienen fuerte imaginativa, y la lengua no puede ir hablando tan aprisa como ella le va dictando y así le hace tropezar y caer. Y no es la causa;

sino que los melancólicos abundan siempre de mucha agua y saliva en la boca, por la cual disposición tienen la lengua húmeda y muy relajada; cosa que se echa de ver claramente considerando lo mucho que escupen. Esta misma razón dio Aristóteles preguntando: *quae causa est ut lingua haesitantes aliqui sint?* Como si dijera: «¿de dónde proviene que algunos se detengan en el hablar?». Y responde que éstos tienen la lengua muy fría y húmeda, las cuales dos calidades la entorpecen y ponen paralítica, y así no puede seguir a la imaginativa. Para cuyo remedio dice que es provechoso beber un poco de vino, o antes que vayan a razonar delante del auditorio dar buenas voces; para que se caliente y deseque la lengua. Pero también dice Aristóteles que el no acertar a hablar puede nacer de tener la lengua mucho calor y sequedad; y pone ejemplo en los coléricos, los cuales, enojados, no aciertan a hablar, y estando sin pasión y enojo, son muy elocuentes; al revés de los hombres flemáticos, que estando en paz no aciertan a hablar, y enojados dicen sentencias con mucha elocuencia.

    La razón de esto está muy clara. Porque aunque es verdad que el calor ayuda a la imaginativa, y también a la lengua, pero tanto puede ser que las eche a perder: a la una para no acudirle dichos y sentencias agudas, ni la lengua poder articular por la demasiada sequedad. Y, así, vemos que bebiendo un poco de agua, habla el hombre mejor. Los coléricos, estando en paz, aciertan muy bien a hablar por tener entonces el punto de calor que ha menester la lengua y la buena imaginativa; pero, enojados, sube el calor más de lo que conviene y desbarata la imaginativa. Los flemáticos, estando sin enojo, tienen muy frío y húmedo el celebro, por donde no se les ofrece qué decir, y la lengua está relajada por la mucha humedad; pero enojados y puestos en cólera, sube de punto el calor y levanta la imaginativa, por donde se les ofrece mucho que decir, y no les estorba la lengua por haberse ya calentado. Éstos no tienen mucha vena para metrificar por ser fríos de celebro; los cuales, enojados, hacen mejores versos y con más facilidad contra aquellos que los han irritado; y a este propósito dijo Juvenal: *si natura negat, facit indignatio versum.*

Por esta falta de lengua, no pueden los hombres de grande entendimiento ser buenos oradores ni predicadores; y en especial que la acción pide algunas veces hablar alto y otras bajo, y los que son trabados de lengua no pueden orar sino a voces y gritos; y es una de las cosas que más cansa el auditorio. Y, así, pregunta Aristóteles: *cur homines lingua haesitantes loqui nequeant voce sumissa?* Como si dijera: «¿por qué los hombres que se detienen en el hablar dan siempre grandes voces y no pueden hablar quedo?». Al cual problema responde muy bien diciendo que la lengua que está trabada en los paladares por la mucha humedad mejor se despega con ímpetu que poniendo pocas fuerzas. Es como el que quiere levantar una lanza muy verde tomada por la punta, que mejor la alza de un golpe y con ímpetu, que llevándola poco a poco.

Bastantemente me parece haber probado que las buenas propiedades naturales que ha de tener el perfecto orador nacen, las más, de la buena imaginativa, y algunas de la memoria. Y si es verdad que los buenos predicadores de nuestros tiempos contentan al auditorio por tener las mismas gracias, muy bien se sigue que el que fuere gran predicador sabrá poca teología escolástica, y el grande escolástico no sabrá predicar, por la contrariedad que el entendimiento tiene con la imaginativa y memoria.

Bien veía Aristóteles por experiencia que aunque el orador aprendía filosofía natural y moral, medicina, metafísica, jurispericia, matemáticas, astrología y todas las demás artes y ciencias, que de todas no sabía más que las flores y sentencias averiguadas, sin entender de raíz la razón y causa de ninguna. Pero él pensaba que no saber la teórica ni el *propter quid* de las cosas nacía de no haberse dado a ello. Y, así, pregunta: *cur hominem philosophum differe ab oratore putamus?* Como si dijera: «¿en qué pensamos que difiere el filósofo del orador, pues ambos estudian filosofía?». Al cual problema responde que el filósofo pone todo su estudio en saber la razón y causa de cualquier efecto, y el orador en conocer el efecto y no más. Y realmente no es otra la causa sino que la filosofía natural pertenece al entendimiento, de la cual potencia carecen los oradores, y así no podían saber de la filosofía más que la superficie de las cosas.

Esta misma diferencia hay entre el teólogo escolástico y el positivo: que el uno sabe la razón de lo que toca a su facultad; y el otro las proposiciones averiguadas y no más. Y siendo esto así, es cosa muy peligrosa que tenga el predicador oficio y autoridad de enseñar al pueblo cristiano la verdad, y el auditorio obligación de creerlo, y que le falte la potencia con que se saben de raíz las verdades. Podremos decirles, sin mentir, aquello de Cristo nuestro redentor: *sinite illos: caeci sunt et duces caecorum; caecus autem, si caeco ducatum praestet, ambo in foveam cadunt*. Es cosa intolerable ver con cuánta osadía se ponen a predicar los que no saben palabra de teología escolástica ni tienen habilidad natural para poderla aprehender. De éstos se queja san Pablo grandemente diciendo: *finis autem praecepti est charitas de corde puro et conscientia bona et fide non ficti, a quibus quidem aberrantes, conversi sunt in vaniloquium volentes esse legis doctores, non intelligentes nec quae loquuntur nec de quibus affirmant*; como si dijera: «el fin de la ley de Dios es la caridad, de puro y limpio corazón, de buena conciencia y de fe no fingida; de las cuales tres cosas apartándose, todos se convierten en una vana manera de hablar, queriendo ser doctores de la ley sin entender qué es lo que hablan ni afirman».

La vanilocuencia y parlería de los teólogos alemanes, ingleses, flamencos, franceses y de los demás que habitan el Septentrión echó a perder el auditorio cristiano con tanta pericia de lenguas, con tanto ornamento y gracia en el predicar por no tener entendimiento para alcanzar la verdad. Y que éstos sean faltos de entendimiento ya lo dejamos probado atrás de opinión de Aristóteles, allende de otras muchas razones y experiencias que trajimos para ello. Pero si el auditorio inglés y alemán estuviera advertido en lo que san Pablo escribió a los romanos (estando también ellos apretados de otros falsos predicadores) por ventura no se engañaran tan presto: *rogo autem vos, fratres, ut observetis eos qui dissensiones et offendicula praeter doctrinam quam vos didicistis faciunt, et declinate ab illis; hujusmodi enim Christo domino nostro non serviunt, sed suo ventri; et per dulces sermones et benedictiones seducunt corda innocentium*; como si dijera: «hermanos míos, por amor de Dios os ruego que tengáis cuenta particular con esos que os enseñan otra doctrina fuera de la que habéis aprendido; y apartaos de ellos, porque no sirven a nuestro señor Jesucristo, sino a sus vicios y sensualidad; y son tan bien hablados y elocuentes, que con la dulzura de sus palabras y razones engañan a los que poco saben».

Allende de esto, tenemos probado atrás que los que tienen mucha imaginativa son coléricos, astutos, malignos y cavilosos, los cuales están siempre inclinados a mal y sábenlo hacer con mucha maña y prudencia. De los oradores de su tiempo pregunta Aristóteles: *cur oratorem... callidum appellare solemus; tibicinem, hystrionem, hoc appellare nomine non solemus?* Como si dijera: «¿por qué razón llamamos al orador astuto, y no al músico ni al representante?». Y más creciera la dificultad si Aristóteles supiera que la música y representación son obras de la imaginativa. Al cual problema responde que los músicos y representantes no tienen otro fin más de dar contento a los que los oyen; pero el orador trata de adquirir algo para sí, por donde ha menester usar de astucias y mañas para que el auditorio no entienda su fin y propósito.

Tales propiedades como éstas tenían aquellos falsos predicadores de quien dice el Apóstol escribiendo a los de Corintio. *Timeo autem ne sicut serpens Evam seduxit astutia sua, ita corrumpantur sensus vestri... Nam eiusmodi pseudoapostoli sunt operarii subdoli, transfigurantes se in apostolos Christi; et non mirum: ipse enim Satanas transfigurat se in angelum lucis, non est ergo magnum si ministri eius transfigurentur velut ministri iustitiae, quorum finis erit opera ipsorum*; como si dijera: «mucho me temo, hermanos míos, que así como la serpiente engañó a Eva con su astucia y maña, no os trastornen vuestro juicio y sentido... porque estos falsos apóstoles son como caldo de zorra, predicadores que hablan debajo de engaño; representan muy bien una santidad, parecen apóstoles de Jesucristo y son discípulos del diablo; el cual sabe tan bien representar un ángel de luz, que es menester don sobrenatural para descubrirle quién es; y pues lo sabe tan bien hacer el maestro, no es mucho que lo hagan los que aprendieron su doctrina; el fin de éstos no será otro más que sus obras». Todas estas propiedades bien se entiende que son obras de la imaginativa, y que dijo muy bien Aristóteles que los oradores son astutos y mañosos porque siempre tratan de adquirir algo para sí.

Los que tienen fuerte imaginativa ya hemos dicho atrás que son de temperamento muy caliente; y de esta calidad nacen tres principales vicios del hombre: soberbia, gula y lujuria. Y por esto dijo el Apóstol: *eiusmodi enim Christo domino nostro non serviunt, sed suo ventri.* Y, así, trabajan de interpretar la Escritura divina de manera que venga bien con su inclinación natural, dando a entender a los que poco saben que los sacerdotes se pueden casar, y que no es menester que haya cuaresma ni ayunos, ni conviene manifestar al confesor los delitos que contra Dios cometemos. Y usando de esta maña, con Escritura mal traída hacen parecer virtudes a sus malas obras y vicios, y que las gentes los tengan por santos.

Y que del calor nazcan estas tres malas inclinaciones y de la frialdad las virtudes contrarias, pruébalo Aristóteles diciendo: *et quoniam vim eamden morun obtinet instituendorum; mores enim calidum condit etfrigidum, omnium maxime quae in corpore nostro habentur; idcirco nos morum qualitate afficit et informat*; como si dijera: «del calor y de la frialdad nacen todas las costumbres del hombre, Porque estas dos calidades alteran más nuestra naturaleza que otra ninguna». De donde nace que los hombres de grande imaginativa, ordinariamente son malos y viciosos, por se dejar ir tras su inclinación natural, y tener ingenio y habilidad para hacer mal. Y, así, pregunta Aristóteles: *cur homo, qui adeo eruditione praeditus est, animantium omnium iniustissimum sit?* Como si preguntara: «¿qué es la razón, que, siendo el hombre de tan grande erudición, es el más injusto de todos los animales?». Al cual problema responde que el hombre tiene mucho ingenio y grande imaginativa, por donde alcanza muchas invenciones de hacer mal; y como apetece, de su misma naturaleza, deleites, y ser a todos aventajado y de mayor felicidad, forzosamente ha de ofender, porque estas cosas no se pueden conseguir sin hacer injuria a muchos.

Pero ni el problema supo poner Aristóteles, ni respondió a él como convenía. Mejor preguntara por qué los malos ordinariamente son de gran ingenio, y, entre éstos, aquellos que tienen mayor habilidad hacen mayores bellaquerías, siendo razón que el buen ingenio y habilidad inclinase al hombre antes a virtud y bondad, que a vicios y pecados. La respuesta de lo cual es que los que tienen mucho calor son hombres de grande imaginativa, y la misma calidad que los hace ingeniosos, esa misma les convida a ser malos y viciosos. Pero cuando predomina el entendimiento, ordinariamente se inclina el hombre a virtud, porque esta potencia restriba en frialdad y sequedad, de las cuales dos calidades nacen muchas virtudes como son continencia, humildad y temperancia; y del calor, las contrarias.

    La cual filosofía si alcanzara Aristóteles, supiera responder aquel problema que dice: *cur genus id hominum quod dionisiacos technitas, id est, artifices bacchanales, aut histriones appellamus, improbis esse moribus magna ex parte consueverunt?* Como si preguntara: «¿qué es la razón que los que los ganan su vida a representar comedias, los bodegoneros, carniceros y aquellos que se hallan en todos los convites y banquetes para ordenar la comida, ordinariamente son malos y viciosos?». Al cual problema responde diciendo que, por estar ocupados en estos oficios bacanales, no tuvieron lugar de estudiar; y, así, pasaron la vida con incontinencia, ayudando también a esto la pobreza, que suele acarrear muchos males. Pero realmente no es ésta la razón, sino que el representar y dar orden a las fiestas de Baco nace de una diferencia de imaginativa que convida al hombre aquella manera de vivir; y como esta diferencia de imaginativa consiste en calor, todos tienen muy buenos estómagos y con grande apetito de comer y beber. Estos, aunque se dieran a letras, ninguna cosa aprovecharan en ellas; y puesto caso que fueran ricos, también se aficionaran, aquellos oficios aunque fueran más viles, porque el ingenio y habilidad trae a cada uno al arte que le responde en proporción. Y, así, pregunta Aristóteles: *cur in iis studiis quae aliqui sibi delegerint, quamquam interdum pravis, libentius tamen quam in honestioribus versantur? Verbi gratia praestigiatorem aut mimum aut tibicinem se potius esse quam astronomum aut oratorem velit qui haec sibi delegerit?* Como si dijera: «¿qué es la causa que hay hombres que se pierden por ser representantes y trompeteros, y no gustan de ser oradores ni astrólogos?». Al cual problema responde muy bien, diciendo que el hombre luego siente para qué arte tiene disposición natural, porque dentro de sí tiene quien se lo enseñe; y puede tanto Naturaleza con sus irritaciones, que, aunque el arte y oficio sea indecente a la dignidad del que lo aprende, se da a ello y no a otros ejercicios honrosos.

Pero ya que hemos reprochado esta manera de ingenio para el oficio de la predicación, y estamos obligados a dar y repartir a cada diferencia de habilidad las letras que le responden en particular, conviene señalar qué suerte de ingenio ha de tener aquel a quien se le ha de confiar el oficio de la predicación, que es lo que más importa a la república cristiana. Y así, es de saber que, aunque atrás dejamos probado que es repugnancia natural juntarse grande entendimiento con mucha imaginativa y memoria, pero no hay regla tan universal en todas las artes que no tenga su excepción y falencia. En el capítulo penúltimo de esta obra probaremos muy por extenso que, estando Naturaleza con fuerzas y no habiendo causa que la impida, hace una diferencia de ingenio tan perfecto, que junta en un mismo supuesto grande entendimiento con mucha imaginativa y memoria, como si no fueran contrarias ni tuvieran oposición natural. Ésta era propia habilidad y conveniente para el oficio de la predicación si hubiera muchos supuestos que la alcanzaran. Pero, como diremos en el lugar alegado, son tan pocos, que no he hallado más que uno, de cien mil ingenios que he considerado. Y, así, será menester buscar otra diferencia de ingenio más familiar, aunque no de tanta perfección como la pasada.

Y, así, es de saber que entre los médicos y filósofos hay gran discusión sobre averiguar el temperamento y calidades del vinagre, de la cólera adusta y de las cenizas; viendo que estas cosas unas veces hacen efecto de calor y otras de frialdad. Y, así, se partieron en diferentes opiniones. Pero la verdad es que todas aquellas cosas que padecen ustión y el fuego las ha consumido y gastado, son de vario temperamento: la mayor parte del sujeto es frío y seco, pero hay otras partes entremetidas tan sutiles y delicadas y de tanto hervor y calor, que, puesto caso que son en pequeña cantidad, pero son más eficaces en obrar que todo lo restante del sujeto. Y, así, vemos que el vinagre y la melancolía por adustión abren y fermentan la tierra, por razón del calor, y no la cierran, aunque la mayor parte de estos humores es fría. De aquí se infiere que los melancólicos por adustión juntan grande entendimiento con mucha imaginativa; pero todos son faltos de memoria por la mucha sequedad y dureza que hizo en el celebro la adustión. Estos son buenos para predicadores, a lo menos los mejores que se pueden hallar fuera de aquellos perfectos que decimos. Porque aunque les falta la memoria, es tanta la invención propia que tienen, que la misma imaginativa les sirve de memoria y reminiscencia, y les da figuras y sentencias que decir sin haber menester a nadie. Lo cual no pueden hacer los que traen aprendido el sermón palabra por palabra, que faltando de allí, quedan luego perdidos, sin tener quien los provea de materia para pasar adelante. Y que la melancolía por adustión tenga esta variedad de temperamento, frialdad y sequedad para el entendimiento, y calor para la imaginativa, dícelo Aristóteles de esta manera: *homines melancholici varii inaequalesque sunt, quia vis atrae bilis varia et inaequalis est, quippeque vehementer tum frigida tum calida reddi eadem possit*; como si dijera: «los hombres melancólicos por adustión son varios y desiguales en la complexión, porque la cólera adusta es muy desigual: unas veces se pone calidísima, y otras fría sobremanera».

Las señales con que se conocen los hombres que son de este temperamento son muy manifiestas. Tienen el color del rostro verdinegro o cenizoso; los ojos muy encendidos (por los cuales se dijo: «Es hombre que tiene sangre en el ojo»); el cabello negro y calvos; las carnes pocas, ásperas y llenas de vello; las venas muy anchas. Son de muy buena conversación y afables, pero lujuriosos, soberbios, altivos, renegadores, astutos, doblados, injuriosos, y amigos de hacer mal y vengativos. Esto se entiende cuando la melancolía se enciende; pero si se enfría, luego nacen en ellos las virtudes contrarias: castidad, humildad, temor y reverencia de Dios, caridad, misericordia y gran reconocimiento de sus pecados con suspiros y lágrimas. Por la cual razón viven en una perpetua lucha y contienda, sin tener quietud ni sosiego: unas veces vence en ellos el vicio y otras la virtud. Pero, con todas estas faltas, son los más ingeniosos y hábiles para el ministerio de la predicación para cuantas cosas de prudencia hay en el mundo, porque tienen entendimiento para alcanzar la verdad y grande imaginativa para saberla persuadir.

Y si no, veamos lo que hizo Dios cuando quiso fabricar un hombre en el vientre de su madre, a fin que fuese hábil para descubrir al mundo la venida de su Hijo y tuviese talento para probar y persuadir que Cristo era el Mesías prometido en la ley. Y hallaremos que, haciéndole de grande entendimiento y mucha imaginativa, forzosamente (guardando el orden natural) le sacó colérico adusto. Y que esto sea verdad, déjase entender fácilmente considerando el fuego y furor con que perseguía la Iglesia, y la pena que recibieron las sinagogas cuando lo vieron convertido, como que hubiesen perdido un hombre de grande importancia y le hubiese ganado la parte contraria. Entiéndese también por las respuestas de cólera racional con que hablaba y respondía a los procónsules y jueces que le prendían, defendiendo su persona y el nombre de Cristo con tanta maña y destreza, que a todos los concluía. Era también falto de lengua y no muy expedito en el hablar, la cual propiedad dijo Aristóteles que tenían los melancólicos por adustión. Los vicios que él confiesa tener (antes de su conversión) muestran también esta temperatura. Era blasfemo, contumelioso y perseguidor; todo lo cual nace del mucho calor. Pero la señal más evidente que muestra haber sido colérico adusto se toma de aquella batalla continua que él mismo confiesa tener dentro de sí entre la porción superior e inferior, diciendo: *video aliam legem in membris meis repugnantem legi mentis meae et ducentem me in captivitatem peccati.* Y esta misma contienda hemos probado, de opinión de Aristóteles, que tienen los melancólicos por adustión. Verdad es que algunos explican, y muy bien, que esta batalla nacía de la desorden que hizo el pecado original entre el espíritu y la carne. Aunque tanta y tan grande, yo creo también que era de la desigualdad de la atrabilis que tenía en su compostura natural, porque el real profeta David participaba igualmente del pecado original, y no se quejaba tanto como san Pablo, antes dice que hallaba la porción inferior concertada con la razón cuando se quería holgar con Dios: *cor meum et caro mea exaltaverunt in Deum vivum.* Y como diremos en el capítulo penúltimo, David tenía la mejor temperatura de las que naturaleza puede hacer; y de ésta probaremos, de opinión de todos los filósofos, que ordinariamente inclina al hombre a ser virtuoso sin mucha contradicción de la carne.

Luego los ingenios que se han de elegir para predicadores son, primeramente, los que juntan grande entendimiento con mucha imaginativa y memoria, cuyas señales traeremos en el capítulo penúltimo. Faltando esto, suceden en su lugar los melancólicos por adustión. Éstos juntan grande entendimiento con mucha imaginativa; pero son faltos de memoria, y así no pueden tener copia de palabras ni predicar con mucho torrente delante el auditorio. En el tercer lugar suceden los hombres de grande entendimiento, pero faltos de imaginativa y memoria; éstos predicarán con mucha desgracia, pero enseñarán la verdad. Los últimos (a quienes yo no encomendaría el oficio de la predicación) son aquellos que juntan mucha memoria con mucha imaginativa y son faltos de entendimiento. Éstos se llevan todo el auditorio tras sí y lo tienen suspenso y contento; pero cuando más descuidados estamos amanecen en la Inquisición. Porque *per dulces sermones et benedictiones seducunt corda innocentium.*

Capítulo XI [XIII de 1594]. Donde se prueba que la teórica de las leyes pertenece a la memoria; y el abogar y juzgar, que es su práctica, al entendimiento; y el gobernar una república, a la imaginativa

En lengua española no debe carecer de misterio que, siendo este nombre, letrado, término común para todos los hombres de letras, así teólogos como legistas, médicos, dialécticos, filósofos, oradores, matemáticos y astrólogos; con todo eso, en diciendo «fulano es letrado», todos entendemos de común consentimiento que su profesión es pericia de leyes, como si éste fuese su apellido propio y particular, y no de los otros.

La respuesta de esta duda, aunque es fácil, pero para darla tal cual conviene es menester saber primero qué cosa sea ley y qué obligación tengan los que se ponen a estudiar esta facultad para usar después de ella siendo jueces o abogados.

La ley, bien mirado, no es otra cosa más que una voluntad racional del legislador, por la cual explica de qué manera quiere que se determinen los casos que ordinariamente acontecen en su república, para conservar los súbditos en paz y enseñarles cómo han de vivir y de qué se han de guardar. Dije voluntad racional porque no basta que el Rey o el Emperador, que son la causa eficiente de la ley, explique su voluntad de cualquiera manera para que sea ley, porque si no es justa y con razón, no se puede llamar ley ni lo es, como no sería hombre el que careciese de ánima racional. Y, así, está acordado que los reyes hagan sus leyes con acuerdo de hombres muy sabios y entendidos, para que lleven rectitud, equidad y bondad, y los súbditos las reciban de buena gana y estén más obligados a las guardar y cumplir. La causa material de la ley es que se haga de aquellos casos que ordinariamente acontecen en la república según orden de Naturaleza, y no sobre cosas imposibles o que raramente suceden. La causa final es ordenar la vida del hombre y enseñarle qué es lo que ha de hacer y de qué se ha de guardar, para que, puesto en razón, se conserve en paz la república. Por esta causa se mandan escribir las leyes con palabras claras, no equívocas, oscuras, de varios sentidos; sin cifras ni abreviaturas; y tan patentes y manifiestas, que cualquiera que las leyere las pueda fácilmente entender y retenerlas en la memoria. Y porque ninguno pretenda ignorancia, las mandan pregonar públicamente, por que el que las quebrantare pueda ser castigado.

Atento, pues, al cuidado y diligencia que ponen los buenos legisladores en que sus leyes sean justas y claras, tienen mandado a los jueces y abogados que *nemo in actionibus vel iudiciis suo sensu utatur, sed legum auctoritate ducatur*;

como si dijera: «mandamos que ningún juez ni abogado use de su entendimiento ni se entremeta en averiguar si la ley es justa o injusta, ni le dé otro sentido más del que declara la compostura de la letra». De donde se sigue que los jurisperitos han de construir el texto de la ley y tomar el sentido que resulta de la construcción, y no otro.

La cual doctrina supuesta, es cosa muy clara saber ya por qué razón el legista se llama letrado, y no los demás hombres de letras. Y es por ser a letra dado, que quiere decir hombre que no tiene libertad de opinar conforme a su entendimiento, sino que por fuerza ha de seguir la composición de la letra. Y por tenerlo así entendido, los muy peritos de esta profesión no osan negar ni afirmar cosa ninguna tocante a la determinación de cualquier caso, si no tienen delante la ley que en propios términos lo decida. Y si alguna vez hablan de su cabeza, interponiendo su decreto y razón sin arrimarse al Derecho, lo hacen con temor y vergüenza; y, así, tienen por refrán muy usado: *erubescimus dum sine lege loquimur*, como si dijeran: «entonces tenemos vergüenza de juzgar y aconsejar, cuando no tenemos ley delante que lo determine».

Los teólogos no se pueden llamar letrados (en esta significación) porque en la divina Escritura *littere occidit, spiritus autem vivificat*. Es muy misteriosa, llena de figuras y cifras, oscura y no patente para todos. Tienen sus vocablos y maneras de hablar muy diferente significación de la que saben los vulgares trilingües. Por donde el que construyere la letra y tomare el sentido que resulta de la construcción gramatical caerá en muchos errores.

También los médicos no tienen letra a que sujetarse. Porque si Hipócrates y Galeno y los demás autores graves de esta facultad dicen y afirman una cosa, y la experiencia y razón muestran lo contrario, no tienen obligación de seguirlos. Y es que en la medicina tiene más fuerza la experiencia que la razón, y la razón más que la autoridad. Pero en las leyes acontece al revés, que su autoridad y lo que ellas decretan es de más fuerza y vigor que todas las razones que se pueden hacer en contrario.

Lo cual siendo así, tenemos ya el camino abierto para señalar el ingenio que piden las leyes. Porque si el jurisperito ha de tener atado al entendimiento y la imaginación a seguir lo que dice la ley sin quitar ni poner, es cierto que esta facultad pertenece a la memoria, y que en lo que se ha de trabajar es saber el número de leyes y reglas que tiene el Derecho, y acordarse de cada una por sí, y referir de cabeza su sentencia y determinación, para que, en ofreciéndose el caso, sepan que hay ley que lo determina y de qué forma y manera. Por donde me parece que es mejor diferencia de ingenio para el legista tener mucha memoria y poco entendimiento, que mucho entendimiento y poca memoria. Porque si no ha de usar de su ingenio y habilidad, y ha de tener cuenta con tan gran número de leyes como hay, y tan desasidas unas de otras, con tantas falencias, limitaciones y ampliaciones, más vale saber de memoria qué es lo que está determinado en el Derecho para cada cosa que se ofreciere, que discurrir con el entendimiento de qué manera se podría determinar; porque lo uno es necesario, y lo otro impertinente, pues no ha de valer otro parecer más que la determinación de la ley. Y, así, es cierto que la teórica de la jurispericia pertenece a la memoria, y no al entendimiento ni imaginativa. Por la cual razón, y por ser las leyes tan positivas, y tener los legistas tan atado el entendimiento a la voluntad del legislador, y no poder ellos interponer su decreto sin saber con certidumbre la determinación de la ley, cuando algún pleitante los consulta tienen licencia del vulgo para decir: «yo miraré sobre este caso mis libros»; lo cual si dijese en médico cuando le piden remedio para alguna enfermedad, o el teólogo en los casos de conciencia, los ternían por hombres que saben poco en su facultad. Y es la razón que estas dos ciencias tienen principios universales, y definiciones, debajo de los cuales se contienen los casos particulares; pero en la jurispericia, cada ley contiene solo un caso, sin tener que ver con la que se sigue aunque estén ambas debajo un mismo título. Por donde es necesario saber todas las leyes y estudiar cada una en particular y guardarlas distintamente en la memoria.

Pero en contra de esto, nota Platón una cosa digna de gran consideración, y es que en su tiempo tenía por sospechoso al letrado que sabía muchas leyes de memoria, viendo por experiencia que los tales no eran buenos jueces y abogados, como prometía su ostentación. Del cual efecto no debió atinar la causa, pues en un lugar tan conveniente no la dijo. Solo vio por experiencia que los legistas muy memoriosos, llegados a defender una causa o sentenciarla, no aplicaban el Derecho tan bien como convenía. La razón y causa de este efecto no es dificultoso darla en mi doctrina, supuesto que la memoria es contraria del entendimiento, y que la verdadera interpretación de las leyes, el ampliarlas, restringirlas y componerlas con sus opuestos y contrarios, se hace distinguiendo, infiriendo, raciocinando, juzgando y eligiendo; las cuales obras hemos dicho muchas veces atrás que son del entendimiento, y el letrado que tuviere mucha memoria es imposible poderlas hacer. La memoria ya dejamos notado atrás que no tiene otro oficio en la cabeza más de guardar con fidelidad las figuras y fantasmas de las cosas. Pero el entendimiento y la imaginativa son los que obran con ellas. Y si el letrado tiene toda el arte en la memoria, y le falta el entendimiento y la imaginativa, no tiene más habilidad para juzgar y abogar, que el mismo Código o el Digesto; los cuales, abrazando en sí todas las leyes y reglas del Derecho, con todo eso no pueden hacer un escrito.

Fuera de esto, aunque es verdad que la ley había de ser tal cual dijo su definición, pero por maravilla se hallan las cosas con todas las perfecciones que el entendimiento las finge. Ser la ley justa y racional, y que provea enteramente para todo lo que pueda acontecer y que se escriba con términos claros y que no tengan dubios ni opuestos, y que no reciba varios sentidos, no todas veces se puede alcanzar, porque, en fin, se estableció con humano consejo, y éste no tiene fuerza para dar orden a todo lo que está por venir. Lo cual se ve cada día por experiencia: que, después de haber hecho una ley con mucho acuerdo y consejo, la tornan (en breve tiempo) a deshacer, porque, publicada y usando de ella, se descubrieron mil inconvenientes, los cuales en la consulta ninguno los alcanzó.

Por tanto, avisa el Derecho a los reyes y emperadores que no tengan vergüenza de enmendar y corregir sus leyes, porque en fin son hombres, y no es de maravillar que yerren. Mayormente que ninguna ley puede comprender con palabras ni sentencias todas las circunstancias del caso que determina, porque la prudencia de los malos es más delicada para inventar hechos, que la de los buenos para proveer cómo se han de juzga; y, así, está dicho: *neque leges nec senatus consulta ita scribi possunt ut omnes casus, qui quandoque inciderint, comprehendantur; sed sufficit ea quae plerumque accidunt contineri*; como si dijera: «no es posible escribir las leyes de tal manera que comprendan todos los casos que pueden acontecer; basta determinar aquellos que ordinariamente suelen suceder». Y si otros acaecieran que no tengan ley que en propios términos los decida, no es el Derecho tan falto de reglas y principios, que si el juez o el abogado tiene buen entendimiento para saber inferir, no halle la verdadera determinación y defensión, y de dónde sacarla. De suerte que si hay más negocios, que leyes, es menester que en el juez o en el abogado haya mucho entendimiento para hacerlas de nuevo, y no de cualquiera manera, sino que, por su buena consonancia, las reciba sin contradicción el Derecho. Esto no lo pueden hacer los letrados de mucha memoria, porque si no son los casos que el arte les pone en la boca cortados y mascados, no tienen habilidad para más. Suelen apodar al letrado que sabe muchas leyes de memoria al ropavejero que tiene muchos sayos cortados a tiento en su tienda; el cual, para dar uno a la medida del que se lo pide, se los prueba todos, y si ninguno le asienta, despide al marchante. Pero el letrado de buen entendimiento es como el buen sastre, que tiene las tijeras en la mano y la pieza de paño en casa; el cual, tomando la medida, corta un sayo al talle del que sed lo pide. Las tijeras del buen abogado es el entendimiento agudo, con el cual toma la medida al caso y le viste la ley que lo determina, y si no la halla entera y que en propios términos lo decida, de remiendos y pedazos del Derecho le hace una vestidura con que defenderlo.

Los legistas que alcanzan tal ingenio y habilidad no se deben llamar letrados. Porque no construyen la letra ni están atenidos a las palabras formales de la ley, antes parecen legisladores o jurisconsultos a los cuales las mismas leyes están pidiendo y preguntando qué es lo que han de determinar. Porque si ellos tienen poder y autoridad de interpretarlas, coaretarlas, ampliarlas y sacar de ellas excepciones y falencias, y las pueden corregir y enmendar, bien dicho está que parecen legisladores. De tal saber como éste se dijo: *scire leges non hoc est verba earum tenere, sed vim ac potestatem habere*; como si dijera: «no piense nadie que saber las leyes es tener de memoria las palabras formales con que están escritas, sino entender hasta dónde se extienden sus fuerzas y qué es lo que pueden determinar». Porque su razón está sujeta a muchas variedades por causa de las circunstancias, así del tiempo, como de la persona, lugar, modo, materia, causa y cosa; todo lo cual hace alterar la determinación de la ley. Y si el juez, o abogado, no tiene entendimiento para sacar de la ley, o para quitar o poner lo que ella no puede decir con palabras, hará muchos errores siguiendo la letra. Por tanto, se dijo: *Verba legis non sunt capienda iudaice*; como si dijera: «las palabras de la ley no se han de interpretar al modo judaico», que es construir la letra y tomar el sentido literal.

Por lo dicho concluimos que el abogacía es obra del entendimiento, y que si el letrado tuviere mucha memoria no vale nada para juzgar ni abogar por la repugnancia de estas dos potencias. Y ésta es la causa por donde los letrados muy memoriosos, que nota Platón, no defendían bien los pleitos ni aplicaban el Derecho como convenía.

Pero una dificultad se ofrece en esta doctrina, y al parecer no es liviana. Porque si el entendimiento es el que asienta el caso en la propia ley que lo determina, distinguiéndolo, limitando, ampliando, infiriendo y respondiendo a los argumentos de la parte contraria ¿cómo es posible hacer esto el entendimiento si la memoria no le pone delante todo el Derecho? Porque, como arriba dijimos, está mandado que *nexo in actionibus vel iudiciis suo sensu utatur, sed legum auctoritate ducatur*. Conforme a esto, es menester saber primero todas las leyes y reglas del Derecho antes que pueda echar mano de la que hace al propósito del caso; porque, aunque hemos dicho que el abogado de buen entendimiento es muy señor de las leyes, pero todas sus razones y argumentos han de ir arrimados a los principios de esta facultad, sin los cuales son de ningún efecto y valor; y para poder hacer esto es menester tener mucha memoria que guarde y retenga tan gran número de leyes como están escritas en los libros.

Este argumento prueba que es necesario que, para que el abogado tenga perfección, se junten en él grande entendimiento y mucha memoria, lo cual yo confieso; pero lo que quiero decir es que, ya que no se puede hallar grande entendimiento con mucha memoria, por la repugnancia que hay, que es mejor que el abogado tenga mucho entendimiento y poca memoria, que mucha memoria y poco entendimiento. Porque para la falta de la memoria hay muchos remedios, como son los libros, las tablas, abecedario y otras invenciones que han hallado los hombres; pero si falta el entendimiento, con ninguna cosa se puede remediar.

Fuera de esto, dice Aristóteles que los hombres de grande entendimiento, aunque son faltos de memoria, tienen mucha reminiscencia, con la cual, de lo que una vez han visto, oído o leído, tienen cierta noticia confusa, sobre la cual discurriendo, la vuelven a la memoria. Y puesto caso que no hubiera tantos remedios para representar todo el Derecho al entendimiento, están las leyes fundadas en tanta razón, que los antiguos, dice Platón, que llamaban a la ley prudencia y razón, por donde el juez o el abogado de grande entendimiento, juzgando o aconsejando, aunque no tuviese la ley delante, erraría pocas veces, por tener consigo el instrumento con que los emperadores hicieron las leyes. Y, así, acontece muchas veces dar un juez (de buen ingenio) una sentencia sin saber la decisión de la ley, y hallarla después escrita en los libros. Y lo mismo vemos que acontece a los abogados cuando alguna vez dan su parecer a tiento.

Las leyes y reglas del Derecho, bien mirado, son la fuente y origen de donde los abogados sacan los argumentos y razones para probar lo que quieren. Y esta obra es cierto que se hace con el entendimiento; de la cual potencia si carece el abogado, o la tiene remisa, jamás sabrá formar un argumento, aunque sepa todo el Derecho de memoria. Esto vemos claramente que acontece en los que estudian oratoria faltándoles el habilidad para ella: que aunque aprendan de memoria los Tópicos de Cicerón (que son las fuentes de donde manan los argumentos que hay para probar cada problema por la parte afirmativa y negativa), jamás saben formar una razón; y vienen otros de grande ingenio y habilidad, sin ver libro ni estudiar los Tópicos, a hacer mil argumentos acomodados al propósito que son menester. Esto mismo pasa en los legistas de mucha memoria: que recitarán todo el Derecho con gran fidelidad y no sabrán sacar, de tanto número de leyes como hay, un argumento para fundar su intención. Por el contrario, hay otros que, con haber estudiado mal en Salamanca, y sin tener libros ni haber pasado, hacen maravillas en el abogacía.

De donde se entiende cuánto importe a la república que haya esta elección y examen de ingenios para las ciencias; pues unos, sin arte, saben y entienden lo que han de hacer, y otros, cargados de preceptos y reglas, por no tener el habilidad que requiere la práctica, hacen mil disparates. Luego, si el juzgar y abogar se hace distinguiendo, infiriendo, raciocinando y eligiendo, razón será que el que se pusiere a estudiar leyes tenga buen entendimiento; pues tales obras pertenecen a esta potencia y no a la memoria ni imaginativa. De qué manera se puede entender si el muchacho alcanza esta diferencia de ingenio o no, será bien saberlo. Pero antes conviene averiguar qué calidades tiene el entendimiento y cuántas diferencias abraza en sí, para que con distinción sepamos a cuál de ellas pertenecen las leyes.

Cuanto a lo primero, es de saber que aunque el entendimiento es la potencia más noble del hombre y de mayor dignidad, pero ninguna hay que con tanta facilidad se engañe acerca de la verdad como él. Esto comenzó Aristóteles a probar diciendo que el sentido siempre es verdadero, pero el entendimiento, por la mayor parte, raciocina mal. Lo cual se ve por experiencia; porque si no fuese así ¿había de haber entre los graves filósofos, médicos, teólogos y legistas, tantas disensiones, tan varias sentencias, tantos juicios y pareceres sobre cada cosa, no siendo más de una la verdad?

De dónde les nazca a los sentidos tener tanta certidumbre de sus objetos, y el entendimiento ser tan fácil de engañar con el suyo, bien se deja entender considerando que los objetos de los cinco sentidos y las especies con que se conocen tienen ser real, firme y estable por naturaleza, antes que los conozcan; pero la verdad que el entendimiento ha de contemplar, si él mismo no la hace y no la compone, ningún ser formal tiene de suyo: toda está desbaratada y suelta en sus materiales como casa convertida en piedras, tierra, madera y teja, de los cuales se podrían hacer tantos errores en el edificio cuantos hombres llegasen a edificar con mala imaginativa. Lo mismo pasa en el edificio que el entendimiento hace componiendo la verdad: que si no es el que tiene buen ingenio, todos los demás harán mil disparates con unos mismos principios. De aquí proviene haber entre los hombres tantas opiniones acerca de una misma cosa, porque cada uno hace tal composición y figura como tiene el entendimiento. De estos errores y opiniones están reservados los cinco sentidos, porque ni los ojos hacen el color, ni el gusto los sabores, ni el tacto las calidades tangibles: todo está hecho y compuesto por Naturaleza antes que cada uno conozca su objeto.

Por no estar advertidos los hombres en esta triste condición del entendimiento, se atreven a dar confiadamente su parecer, sin saber con certidumbre cuál es la manera de su ingenio y si compone bien o mal la verdad. Y si no, preguntemos a algunos hombres de letras que, después de haber escrito y confirmado su opinión con muchos argumentos y razones han mudado en otro tiempo la sentencia y parecer, cuándo o cómo podrán entender que atinaron a hacer la compostura verdadera. La primera vez ellos mismos confiesan haberla errado, pues se retractan de lo que antes dijeron. La segunda, yo digo que han de tener menos confianza de su entendimiento, porque la potencia que una vez compuso mal la verdad, y su dueño estuvo tan confiado en los argumentos y razones, ya hay sospecha que lo podrá hacer otra, habiendo la misma razón; mayormente, que se ha visto por experiencia tener al principio la verdadera opinión y después contentarle otra peor y menos probable.

Ellos tienen por bastante indicio de que su entendimiento compone bien la verdad en verle aficionado a aquella figura, y que hay argumentos y razones que le mueven y concluyen a componer de tal manera. Y realmente están engañados, porque la misma proporción tiene el entendimiento con sus falsas opiniones, que las otras potencias inferiores cada una con las diferencias de su objeto. Porque si preguntásemos a los médicos qué manjar es el mejor y más sabroso de cuantos usan los hombres, yo creo que dirían que ninguno hay (para los hombres destemplados y de mal estómago) que absolutamente sea bueno ni malo, sino tal cual fuere el estómago donde cayere; porque hay estómagos, dice Galeno, que se hallan mejor con carne de vaca, que con gallinas y truchas, y otros que aborrecen los huevos y leche, y otros se pierden por ellos. Y en la manera de aderezar la comida, unos quieren la carne asada y otros cocida, y en lo asado unos se huelgan comer la carne corriendo sangre y otros tostada y hecha carbón. Y lo que más es de notar, que el manjar que hoy se come con gran gusto y sabor, mañana lo aborrecen y apetecen otro peor. Todo esto se entiende estando el estómago bueno y sano. Pero si cae en una enfermedad que llaman los médicos pica o malacia, allí acontecen apetitos de cosas que aborrece la naturaleza humana; pues le hace mejor gusto yeso, tierra y carbones, que gallinas y truchas.

Si pasamos a la facultad generativa, hallaremos en ella otros tantos apetitos y variedades. Porque hay hombres que apetecen una mujer fea y aborrecen la hermosa; a otros da más contento la necia, que la sabia; la gorda les pone hastío y aman la flaca; las sedas y atavíos los ofende, y se pierden por una mujer llena de andrajos. Esto se entiende estando los miembros genitales en su sanidad; pero si caen en la enfermedad del estómago que llamamos malacia, apetecen bestialidades nefandas.

Lo mismo pasa en la facultad sensitiva. Porque de las calidades tangibles, duro, blando, áspero, liso, caliente, frío, húmido y seco, ninguna contenta a todos los tactos; porque en la cama dura hay hombres que duermen mejor que en la blanda, y otros en la blanda mejor que en la dura.

Toda esta variedad de gustos y apetitos extraños se hallan en las composturas que el entendimiento hace. Porque si juntamos cien hombres de letras y les proponemos alguna cuestión, cada uno hace juicio particular y razona de diferente manera: un mismo argumento, a uno parece razón sofística, a otro probable, y a otro le concluye como si fuese demostración. Y no solo tiene verdad en diversos entendimientos, pero aun vemos por experiencia que una misma razón concluye a un mismo entendimiento en un tiempo, y en otro no. Y, así, vemos cada día mudar los hombres el parecer: unos, cobrando con el tiempo más delicado entendimiento, conocen la falta de la razón que antes los movía; y otros, perdiendo el buen temperamento del celebro, aborrecen la verdad y aprueban la mentira. Pero si el celebro cae en la enfermedad que llamamos malacia, allí veremos juicios y composturas extrañas: los falsos argumentos y flacos hacen más fuerza, que los fuertes y muy verdaderos; al buen argumento le hallan respuesta, y el malo los hace rendir; de las premisas que sale la conclusión verdadera, sacan la falsa;

con argumentos extraños y disparatas razones prueban sus malas imaginaciones.

En lo cual advirtiendo los hombres graves y doctos, procuran dar su parecer callando las razones en que se fundaron. Porque están los hombres persuadidos que tanto vale la autoridad humana, cuanto tiene de fuerza la razón en que se funda; y como los argumentos son tan indiferentes para concluir, por la variedad de los entendimientos, cada uno juzga de la razón conforme al ingenio que alcanza. Y, así, se tiene por mayor gravedad decir «éste es mi parecer por ciertas razones que a ello me mueven», que explicar los argumentos en que restribaron. Pero ya que los fuerzan a que den razón de su sentencia, ningún argumento dejan por liviano que sea; porque el que no piensan concluye y hace más efecto que el muy bueno. En lo cual se muestra la gran miseria de nuestro entendimiento, que compone y divide, argumenta y razona, y, después que ha concluido, no tiene prueba ni luz para conocer si su opinión es verdadera.

Esta incertidumbre tienen los teólogos en las materias que no son de fe. Porque, después de haber razonado muy bien, no hay prueba infalible ni suceso evidente que descubra cuáles razones son las mejores; y, así, cada teólogo opina como mejor lo puede fundar. Y con responder con apariencia a los argumentos de la parte contraria, escapa con honra, y no hay más que aguardar. Pero, ¡cuitado del médico y del capitán general! Que, después de haber razonado muy bien y deshecho los fundamentos de la parte contraria, se ha de aguardar el suceso; el cual, si es bueno, queda por sabio, y si malo, todos entienden que se fundó en malas razones.

En las cosas de fe que la Iglesia propone ningún error puede haber; porque, entendiendo Dios cuán inciertas son las razones humanas y con cuánta facilidad se engañan los hombres, no consintió que cosas tan altas y de tanta importancia quedasen a sola su determinación; sino que, en juntándose dos o tres en su nombre (con la solemnidad de la Iglesia), luego se pone en medio por presidente del acto, donde lo que dicen bien aprueba, los errores aparta y lo que no se puede alcanzar con fuerzas humanas revela. Y, así, la prueba que tienen las razones que se hacen en las materias de fe es mirar si prueban o infieren lo mismo que dice y declara la Iglesia católica; porque, si se colige algo en contrario, ellas son malas sin falta ninguna. Pero en las demás cuestiones, donde el entendimiento tiene libertad de opinar, no hay manera inventada para saber cuáles razones concluyen ni cuándo el entendimiento compone bien la verdad. Solo se restriba en la buena consonancia que hacen; y éste es un argumento que puede engañar, porque muchas cosas falsas suelen tener más apariencia de verdad y mejor probación, que las muy verdaderas.

Los médicos y los que gobiernan el arte militar tienen por prueba de sus razones el suceso y la experiencia. Porque si diez capitanes prueban con muchas razones que conviene dar la batalla, y otros tantos defienden que no, lo que sucediere confirmará la una opinión y reprobará la contraria. Y si dos médicos litigan sobre si el enfermo morirá o vivirá, sanando o muriendo se descubrirá cuál traía mejores razones. Pero, con todo eso, aún no es bastante prueba el suceso; porque teniendo un efecto muchas causas, bien puede suceder bien por la una y las razones ir fundadas en otra causa contraria.

También dice Aristóteles que para saber qué razones concluyen es bien seguir la común opinión, porque decir y afirmar una misma cosa muchos sabios varones, y concluirse todos con unas mismas razones, argumento es (aunque tópico) que son concluyentes y que componen bien la verdad. Pero, bien mirado, también es prueba engañosa; porque en las fuerzas del entendimiento más vale la intensión, que el número: que no es como en las fuerzas corporales, que, juntándose muchos para levantar un peso, pueden mucho, y siendo pocos, pueden poco. Pero, para alcanzar una verdad muy escondida, más vale un delicado entendimiento, que cien mil no tales; y es la causa que los entendimientos no se ayudan, ni de muchos se hace uno, como en la virtud corporal. Y, por tanto, dijo el Sabio: *multi pacifici sint tibi, et consiliarius unus de mille*; como si dijera: «ten muchos amigos que te defiendan si fuere menester venir a las manos; pero, para tomar consejo, elige uno entre mil». La cual sentencia apuntó también Heráclito diciendo: *unus mihi instar est mille*.

En los pleitos y causas cada letrado opina como mejor lo puede fundar en Derecho; pero, después de haber razonado muy bien, no tiene arte para conocer con certidumbre si su entendimiento ha hecho la composición que la verdadera justicia ha menester. Porque si un abogado prueba con el Derecho que éste que demanda tiene justicia, y otro defiende, con el mismo derecho, que no ¿qué remedio hay para saber cuál de estos dos abogados forma mejores razones? La sentencia del juez no hace demostración de la verdadera justicia, ni se puede llamar suceso, porque su sentencia es también opinión, y no hace más que arrimarse al uno de los dos abogados; y crecer el número de los letrados en un mismo parecer no es argumento para pensar que lo que aquéllos votan es la verdad, porque ya hemos dicho y probado que muchos entendimientos ruines, aunque se junten para descubrir alguna verdad muy escondida, jamás llegarán a la virtud y fuerzas de uno solo si es muy subido de punto.

Y que no haga prueba ni demostración la sentencia del juez, véese claramente porque en otro tribunal superior la revocan y juzgan de otra manera. Y lo que peor es, que puede acontecer tener el juez inferior mejor entendimiento que el superior, y ser su parecer más conforme a razón. Y que la sentencia del juez superior no sea también prueba de la justicia es cosa más manifiesta, porque de los mismos autos, sin quitar ni poner, y de los mismos jueces, vemos cada día que salen sentencias contrarias; y el que una vez se engañó, estando tan confiado en sus razones, ya hay sospecha que lo hará otra, y así menos confianza se ha de tener de su sentencia, porque *qui semel est malus...*, etc.

Los abogados, viendo la gran variedad de entendimiento que tienen los jueces, y que cada uno está aficionado a la razón que cuadra con su ingenio, y que en un tiempo se concluyen con un argumento y otro día con el contrario, se atreven a defender cada pleito por la parte afirmativa y negativa; mayormente viendo por experiencia que de ambas maneras alcanzan la sentencia en su favor. Y, así, se verifica muy bien lo que dijo la Sabiduría: *cogitationes mortalium timidae, et incertae providentiae nostrae.*

El remedio, pues, que hay para esto, ya que las razones de la jurispericia carecen de prueba y experiencia, es elegir hombres de grande entendimiento para ser jueces y abogados, porque las razones y argumentos de los tales dice Aristóteles que son tan ciertos y firmes como la misma experiencia. Y haciendo esta elección, parece que la república quedaría segura de que sus oficiales administran justicia. Y si los consienten entrar todos de tropel y sin hacer prueba de su ingenio (como ahora se usa) acontecerán siempre las fealdades que hemos notado.

Con qué señales se podrá conocer si el que quiere estudiar leyes tiene la diferencia de entendimiento que esta facultad ha menester, ya lo hemos dichos atrás en alguna manera. Pero para refrescar la memoria y probarlo más por extenso, es de saber que el muchacho que puesto a leer conociere presto las letras y dijere con facilidad cada una cómo se llama, salteadas en el A B C, que es indicio de tener mucha memoria, porque tal obra como ésta es cierto que no la hace el entendimiento ni la imaginativa, antes es oficio de la memoria guardar las figuras de las cosas y referir el nombre de cada una cuando es menester. Y si tiene mucha memoria, ya hemos probado atrás que se sigue la falta del entendimiento.

También el escribir con facilidad y hacer buenos rasgos y letras dijimos que descubría la imaginativa. Y, así, el muchacho que en pocos días asentare la mano, y hiciere los renglones derechos, y la letra pareja y con buena forma y figura, ya es mal indicio para el entendimiento, porque esta obra se hace con la imaginativa, y estas dos potencias tienen la contrariedad que hemos dicho y notado.

Y si, puesto en la gramática, la aprendiere con poco trabajo, y en breve tiempo hiciere buenos latines, y escribiere cartas con elegancia, y se le pegaren las cláusulas rodadas de Cicerón, jamás será buen juez ni abogado, porque es indicio que tiene mucha memoria, y, si no es por gran maravilla, ha de ser falto de entendimiento. Pero si éste porfiare a estudiar leyes y permaneciere en las Escuelas muchos días, será famoso lector y le seguirán muchos oyentes, porque la lengua latina es muy graciosa en la cátedra, y para leer con grande apariencia son menester muchas alegaciones y amontonar en cada ley todo lo que está escrito sobre ella; para lo cual es más necesaria la memoria que el entendimiento. Y aunque es verdad que en la cátedra se ha de distinguir, inferir, raciocinar, juzgar y elegir para sacar el sentido verdadero de la ley, pero, en fin, pone el caso como mejor le parece, y trae los dubios y opuestos a su gusto, y da la sentencia como quiere y sin que nadie le contradiga; para lo cual basta un mediano entendimiento. Pero cuando un abogado ayuda al actor y otro defiende al reo y otro letrado ha de ser el juez, es pleito vivo, y no se parla tan bien como esgrimiendo sin contrario.

Y si el muchacho no aprobare bien en la gramática, ya hay sospecha que puede tener buen entendimiento. Y digo que hay sospecha porque no se infiere necesariamente tener buen entendimiento el que no pudo aprender latín, habiendo probado atrás que los muchachos de fuerte imaginativa jamás salen con la lengua latina.

Pero quien esto lo puede descubrir es la dialéctica, porque esta ciencia tiene la misma proporción con el entendimiento que la piedra del toque con el oro. Y, así, es cierto que si en un mes o dos no comienza el que oye artes a discurrir ni dificultar, ni se le ofrecen argumentos y respuestas en la materia que se trata, que no tiene entendimiento ninguno. Pero si en esta ciencia aprobare bien, es argumento infalible de tener el entendimiento que requieren las leyes; y, así, se puede partir luego a estudiarlas sin más aguardar. Aunque yo ternía por mejor oír todo el curso de artes primero; porque no es más la dialéctica, para el entendimiento, que las trabas que echamos en los pies y manos de una mula cerril: que andando algunos días con ellas, toma un paso asentado y gracioso. Ese mismo andar toma el entendimiento en sus disputas, trabándolo primero con las reglas y preceptos de la dialéctica.

Pero si este muchacho que vamos examinando no salió bien con el latín ni aprobó en la dialéctica como convenía, es menester averiguar si tiene buena imaginativa antes que le echemos fuera de las leyes. Porque en esto hay un secreto muy grande, y es bien que la república lo sepa. Y es que hay letrados que puestos en la cátedra hacen maravillas en la interpretación del Derecho, y otros en el abogacía; y poniéndoles una vara en la mano, no tienen más habilidad para gobernar, que si las leyes no se hubieran hecho aquel propósito.

Y por lo contrario, hay otros que con tres leyes mal sabidas que aprendieron en Salamanca, puestos en una gobernación, no hay más que desear en el mundo. Del cual efecto están admirados algunos curiosos, por no atinar la causa de dónde pueda nacer; y es la razón que el gobernar pertenece a la imaginativa, y no al entendimiento ni memoria.

 Y que sea así, es cosa muy clara de probar considerando que la república ha de estar compuesta con orden y concierto, cada cosa en su lugar, de manera que todo junto haga figura y correspondencia; y esto hemos probado muchas veces atrás que es obra de la imaginativa. Y no sería más poner a un gran letrado por gobernador, que hacer a un sordo juez de la música.

 Pero esto se ha de entender comúnmente, y no que sea regla universal. Porque ya hemos probado que hay manera para que Naturaleza pueda juntar grande entendimiento con mucha imaginativa; y así no repugnará ser grande abogado y famoso gobernador. Y adelante descubriremos que, estando Naturaleza con todas las fuerzas que puede alcanzar y con materia bien sazonada, hará un hombre de grande memoria, de grande entendimiento y de mucha imaginativa; el cual, estudiando leyes, será famoso lector, grande abogado y no menos gobernador. Pero hace Naturaleza tan pocos de estos, que puede pasar la regla por universal.

Capítulo XII [XIV de 1594]. Donde se prueba que la teórica de la medicina, Parte de ella pertenece a la memoria y Parte al entendimiento, y la práctica, a la imaginativa

En el tiempo que la medicina de los árabes floreció, hubo en ella un médico grandemente afamado, así en leer como en escribir, argumentar, distinguir, responder y concluir: del cual se tenía entendido (atento a su gran habilidad) que había de resucitar los muertos y sanar cualquiera enfermedad. Y acontecíale tan al revés, que no tomaba enfermo en las manos que no lo echase a perder; de lo cual, corrido y afrentado, se vino a meter fraile, quejándose de su mala fortuna y no entendiendo la razón y causa de donde podía nacer. Y porque los ejemplos más frescos hacen mayor probación y convencen más el sentido, es opinión de muchos médicos graves que Juan Argenterio, médico moderno de nuestro tiempo, hizo gran ventaja a Galeno en reducir a mejor método el arte de curar; y con todo eso se cuenta de él que era tan desgraciado en la práctica, que ningún enfermo de su comarca se osaba curar con él, temiendo sus malos sucesos.

De lo cual parece que tiene el vulgo licencia de admirarse, viendo por experiencia (no solamente en estos que hemos referido, pero aún en otros muchos que traemos entre los ojos) que, en siendo el médico muy gran letrado, por la misma razón es inhábil para curar. Del cual efecto procuró Aristóteles dar la razón y causa, y no la pudo atinar. Él pensaba que no acertar los médicos racionales de su tiempo a curar nacía de tener conocimiento del hombre en común, e ignorar la naturaleza del particular; al revés de los empíricos, cuyo estudio y diligencia era saber las propiedades individuales de los hombres y no darse nada por el universal. Pero no tuvo razón, porque los unos y los otros se ejercitan en curar los singulares y trabajan cuanto pueden en averiguar esta naturaleza particular. Y, así, la dificultad no está sino en saber por qué razón los médicos muy letrados, aunque se ejerciten toda la vida en curar, jamás salen con la práctica; y otros, idiotas, con tres o cuatro reglas de medicina que aprendieron en las escuelas, en muy menos tiempo saben mejor curar. La respuesta verdadera de esta duda no tiene poca dificultad, pues Aristóteles no la alcanzó, aunque en alguna manera dijo parte de ella. Pero restribando a los principios de nuestra doctrina, la daremos enteramente.

Y, así, es de saber que en dos cosas consiste la perfección del médico, tan necesarias para conseguir el fin de su arte, cuanto son dos piernas para andar sin cosquear. La primera es en saber por método los preceptos y reglas de curar al hombre en común, sin descender en particular; la segunda es haberse ejercitado mucho tiempo en curar y conocer por vista de ojos gran número de enfermos. Porque los hombres, ni son tan diferentes entre sí, que no convengan en muchas cosas, ni tan unos que no haya entre ellos particularidades de tal condición, que ni se pueden decir, ni escribir, ni enseñar, ni recogerlas de tal manera que se puedan reducir a arte, sino que conocerlas, a solos aquellos les es dado que muchas veces las vieron y trataron.

Lo cual se deja entender fácilmente considerando que, siendo el rostro del hombre compuesto de tan poco número de partes como son dos ojos, una nariz, dos mejillas, una boca y frente, hace Naturaleza tantas composturas y combinaciones, que, si cien mil hombres se juntan, cada uno tiene su rostro tan singular y propio, que por maravilla hallarán dos que totalmente se parezcan. Lo mismo pasa en cuatro elementos y cuatro calidades primeras, calor, frialdad, humedad y sequedad, del armonía de las cuales se compone la salud y vida del hombre. Y de tan poco número de partes como éstas hace Naturaleza tantas proporciones, que si cien mil hombre se engendran, cada uno sale con su sanidad tan singular, y propia para sí, que si Dios milagrosamente de improviso les trocase la proporción de estas calidades primeras, todos quedarían enfermos, si no fuesen la misma consonancia y proporción. De lo cual se infieren necesariamente dos conclusiones. La primera es que cada hombre que enfermare se ha de curar conforme a su particular proporción, de tal manera que si el médico no le vuelve a la consonancia de los humores y calidades que él antes tenía, no queda sano. La segunda es que, para hacer esto como conviene, es necesario que el médico haya visto y tratado al enfermo muchas veces en sanidad, tomándole el pulso y viendo qué orina es la suya, y qué color de rostro, y qué templanza; para que, cuando enfermare, pueda juzgar cuánto dista de su sanidad, y, curándole, sepa hasta dónde lo ha de restituir.

Para lo primero (que es saber y entender la teórica y compostura del arte) dice Galeno que es necesario tener grande entendimiento y mucha memoria. Porque parte de la medicina consiste en razón, y parte en experiencia e historia; para lo primero es menester el entendimiento, y para lo otro la memoria. Y como sea tan dificultoso juntar estas dos potencias en grado intenso, por fuerza ha de quedar el médico falto en la teórica; y, así, vemos muchos médicos grandes latinos y griegos, grandes anatomistas y herbolarios (que son obras de la memoria), y, metidos en argumentos y disputas y en averiguar la razón y causa de cualquiera efecto (lo cual pertenece al entendimiento), no saben nada.

Al revés acontece en otros, que en la dialéctica y filosofía del arte muestran grande ingenio y habilidad, y metidos en latín y griego, en yerbas y anatomía, jamás salen con ello por ser faltos de memoria. Por esta razón dijo Galeno: *mirum non est, in tanta hominum multitudine qui in medica et philosophica exercitatione studioque versantur, inveniri tan paucos qui. recte in illis profecerint*; como si dijera: «no me maravillo que en tanta muchedumbre de hombres como se da a la medicina, tan pocos salgan con ella». Y dando la razón, dice que apenas se halla el ingenio que esta ciencia ha menester, ni maestro que la enseñe con perfección, ni quien la estudie con diligencia y cuidado. Pero con todas estas razones y causas anda Galeno a tiento, por no saber puntualmente en qué consiste no salir ningún hombre con la medicina. Pero en decir que apenas se halla en los hombres el ingenio que esta ciencia ha menester, dijo la verdad, aunque no tan específicamente como ahora lo diremos: que por ser tan dificultoso de juntar grande entendimiento con mucha memoria, ninguno sale perfectamente con la teórica de la medicina; y por haber repugnancia entre el entendimiento y la imaginativa (a quien ahora probaremos que pertenece la práctica y el saber curar con certidumbre) por maravilla se halla médico que sea gran teórico y práctico ni, al revés, gran práctico y que sepa mucha teórica.

Y que la imaginativa sea la potencia de que el médico se aprovecha en el conocimiento y cura de los particulares, y no del entendimiento, es cosa muy fácil de probar supuesta la doctrina de Aristóteles. El cual dice que el entendimiento no puede conocer los singulares, ni diferenciar uno de otro, ni conocer el tiempo y lugar, ni otras particularidades que hacen diferir los hombres entre sí y curarse cada uno de diferente manera. Y es la razón (según dicen los filósofos vulgares) ser el entendimiento potencia espiritual y no poderse alterar de los singulares por estar llenos de materia; y por eso dijo Aristóteles, que el sentido es de los singulares, y el entendimiento de los universales. Luego, si las curas se han de hacer en los singulares y no en los universales (que son ingenerables e incorruptibles), impertinente potencia es el entendimiento para curar.

La dificultad es ahora: ¿por qué los hombres de grande entendimiento no pueden tener buenos sentidos exteriores para los singulares, siendo potencias tan disparatas? Y está la razón muy clara; y es que los sentidos exteriores no pueden obrar bien si no asiste con ellos la buena imaginativa. Y esto hemos de probar de opinión de Aristóteles; el cual, queriendo declarar qué cosa es la imaginativa, dice que es un movimiento causado del sentido exterior: de la manera que el color (que se multiplica de la cosa colorada) altera el ojo, así es que este mismo color, que está en el humor cristalino, pasa más adentro a la imaginativa: y hace en ella la misma figura que estaba en el ojo. Y preguntando con cuál de estas dos especies se hace el conocimiento del singular, todos los filósofos dicen (y muy bien) que la segunda figura es la que altera la imaginativa, y de ambas a dos se causa la noticia conforme aquel dicho tan común: *ab objecto de potentia paritur notitia*; pero de la primera, que está en el humor cristalino, y de la potencia visiva, ningún conocimiento se hace si no advierte la imaginativa. Lo cual prueban claramente los médicos, diciendo que si a un enfermo le cortan la carne o le queman, y con todo esto no le causa dolor, que es señal de estar la imaginativa distraída en alguna profunda contemplación. Y así lo vemos también por experiencia en los sanos, que si están distraídos en alguna imaginación ni ven las cosas que tienen delante, ni oyen aunque los llamen, ni gustan del manjar sabroso o desabrido, aunque lo comen.

Por donde es cierto que la imaginativa es la que hace el juicio y conocimiento de las cosas particulares, y no el entendimiento ni los sentidos exteriores; de donde se sigue muy bien que el médico que supiere mucha teórica, o por tener grande entendimiento o grande memoria, que será por fuerza ruin práctico por la falta que ha de tener de imaginativa; y por lo contrario, el que saliere gran práctico forzosamente ha de ser ruin teórico, porque la mucha imaginativa no se puede juntar con mucho entendimiento y memoria. Y ésta es la causa por donde ninguno puede salir muy consumado en la medicina ni dejar de errar en las curas; porque, para no cosquear en la obra, ha menester saber el arte, y tener buena imaginativa para poderla ejecutar; y estas dos cosas hemos probado que son incompatibles.

Ninguna vez llega el médico a conocer y curar cualquiera enfermedad, que tácitamente, dentro de sí, no haga un silogismo en Darii aunque sea empírico; y la primera de las premisas pertenece su probación al entendimiento, y la segunda a la imaginativa. Y, así, los grandes teóricos yerran ordinariamente en la menor y grandes prácticos en la mayor. Como si dijésemos de esta manera: «Toda calentura que depende de humores fríos y húmedos se ha de curar con medicinas calientes y secas» (tomando las indicaciones de la causa); «esta calentura que padece este hombre depende de humores fríos y húmedos»; «luego hase de curar con medicinas calientes y secas». La verdad de la mayor bien la probará el entendimiento (por ser universal), diciendo que la frialdad y humedad piden para su templanza calor y sequedad, porque cada calidad se remite con su contrario. Pero venidos a probar la menor, ya no vale nada el entendimiento, por ser particular y de ajena jurisdicción, cuyo conocimiento pertenece a la imaginativa, tomando de los cinco sentidos exteriores las señales propias y particulares de la enfermedad. Y si la indicación se ha de tomar de la calentura o de su causa, no lo puede saber el entendimiento. Solo enseña que se ha de tomar la indicación de aquello que promete más peligro. Pero cuál de las indicaciones es la mayor, sola la imaginativa lo alcanza, cotejando los daños que hace la calentura con los del síntoma y la causa, y la poca fuerza o mucha de la virtud.

Para alcanzar este conocimiento tiene la imaginativa ciertas propiedades inefables con las cuales atina a cosas que ni se pueden decir ni entender, ni hay arte para ellas. Y, así, vemos entrar un médico a visitar el enfermo; y por la vista, oído, olfato y tacto, alcanza lo que parece cosa imposible. De tal manera, que si al mismo médico le preguntásemos cómo pudo atinar a conocimiento tan delicado no sabría dar la razón, porque es gracia que nace de una fecundidad de la imaginativa que por otro nombre se llama solercia, la cual con señales comunes, inciertas, conjeturales y de poca firmeza en cerrar y abrir el ojo alcanzan mil diferencias de cosas en las cuales consiste la fuerza del curar y pronosticar con certidumbre.

De este género de solercia carecen los hombres de grandes entendimiento, por ser parte de imaginativa; y, así, teniendo las señales delante de los ojos, que los están avisando de lo que hay en la enfermedad, no les hace en sus sentidos ninguna alteración por ser faltos de imaginativa. Preguntóme un médico muy en secreto qué podía ser la causa que habiendo él estudiado con gran curiosidad todas las reglas y consideraciones del arte de pronosticar, y estando en ellas muy bien, jamás acertaba en ningún pronóstico que echaba. Al cual me acuerdo haber respondido que con una potencia se aprendía el arte de medicina, y con otra se ponía en ejecución. Este tenía un buen entendimiento y era falto de imaginativa. Pero hay en esta doctrina una dificultad muy grande. Y es: ¿cómo pueden los médicos de grande imaginativa aprender el arte de medicina siendo faltos de entendimiento? Y si es verdad que curan mejor que los que la saben muy bien, ¿de qué sirve irla a aprender en las Escuelas?

A esto se responde que es cosa muy importante saber primero el arte de medicina, porque en dos o tres años aprende el hombre todo lo que alcanzaron los antiguos en dos mil. Y si el hombre lo hubiera de adquirir por experiencia, había menester vivir tres mil años, y experimentando las medicinas matara primero (antes que supiera sus calidades) infinitos hombres; todo lo cual se excusará leyendo los libros de los médicos racionales y experimentados, los cuales avisan por escrito de lo que ellos hallaron en el discurso de su vida, para que de unas cosas usen los médicos nuevos con seguridad, y de otras se guarden por ser venenosas.

Fuera de esto, es de saber que las cosas comunes y vulgares de todas las artes son muy claras y fáciles de aprender, y las más importantes en la obra; y por lo contrario, las muy curiosas y delicadas son las más oscuras, y menos necesarias para curar. Y los hombres de grande imaginativa no están totalmente privados de entendimiento ni memoria; y, así, con la remisión que tienen de estas dos potencias, pueden aprender lo más necesario de la medicina por ser lo más claro, y, con la buena imaginativa que tienen, conocer mejor la enfermedad y su causa que los muy racionales. Allende que la imaginativa es la que alcanza la ocasión del remedio que se ha de aplicar, en la cual gracia consiste la mayor parte de la práctica; y, así, dijo Galeno que el propio nombre del médico es *inventor occasionis*; y saber conocer el tiempo, el lugar y la ocasión cierto es ser obra de la imaginativa, pues dice figura y correspondencia.

La dificultad es ahora saber, de tantas diferencias como hay de imaginativa, a cuál de ellas pertenece la práctica de la medicina, porque cierto es que no todas convienen en una misma razón particular. La cual contemplación me ha dado más trabajo y fatiga de espíritu que todas las demás; y con todo eso aún no le he podido dar el nombre que ha de tener, salvo que nace de un grado menos de calor que tiene aquella diferencia de imaginativa con que se hacen versos y coplas.

Y aun en esto no me afirmo del todo. Porque la razón en que me fundo es que los que yo he considerado buenos prácticos, todos pican un poco en el arte de metrificar, y no suben mucho su contemplación, ni espantan sus versos. Lo cual puede acontecer también por pasar el calor del punto que pide la poesía; y si es por esta razón, ha de ser tanto el calor, que tueste un poco la sustancia del celebro y no resuelva mucho el calor natural. Aunque si pasa adelante, no hace mala diferencia de ingenio para la medicina (porque junta el entendimiento con la imaginativa por el adustión), pero no es tan buena la imaginativa para curar, como la que yo ando buscando; la cual convida al hombre a ser hechicero, supersticioso, mago, embaidor, quiromántico, judiciario y adivinador, porque las enfermedades de los hombres son tan ocultas y hacen sus movimientos con tantos secreto, que es menester andar siempre adivinando lo que es.

Esta diferencia de imaginativa es mala de hallar en España, porque los moradores de esta región hemos probado atrás que carecen de memoria y de imaginativa, y tienen buen entendimiento. También en la imaginativa de los que habitan debajo el Septentrión no vale nada para la medicina, porque es muy tarda y remisa. Solo es buena para hacer relojes, pinturas, alfileres y otras bujerías impertinentes al servicio del hombre. Solo Egipto es la región que engendra en sus moradores esta diferencia de imaginativa. Y, así, los historiadores nunca acaban de contar cuán hechiceros son los gitanos y cuán prestos en atinar a las cosas y hallar los remedios para sus necesidades. Para encarecer Josefo la gran sabiduría de Salomón dice de esta manera: *tanta fuit sapientia et prudentia quam Salomon divinitus acceperat, ut omnes priscos superaret, atque etiam aegiptios, qui omnium sapientissimi habentur.* Los egipcios dice también Platón que exceden a todos los hombres del mundo en saber ganar de comer, la cual habilidad, pertenece a la imaginativa. Y que sea esto verdad, parece claramente porque todas las ciencias que pertenecen a la imaginativa, todas se inventaron en Egipto, como son matemáticas, astrología, aritmética, perspectiva, judiciaria y otras así.

Pero el argumento que a mí más me convence en este propósito es que, estando Francisco de Valois, rey de Francia, molestado de una prolija enfermedad, y viendo que los médicos de su casa y Corte no le daban remedio, decía todas las veces que le crecía la calentura que no era posible que los médicos cristianos supiesen curar, ni de ellos esperaba jamás remedio. Y, así, una vez, con despecho de verse todavía con calentura, mandó despachar un correo a España, pidiendo al Emperador, nuestro señor, le enviase un médico judío, el mejor que hubiese en su corte, del cual tenía entendido que le daría remedio a su enfermedad si en el arte lo había. La cual demanda fue harto reída en España, y todos concluyeron que era antojo de hombre que estaba con calentura; pero con todo eso mandó el Emperador nuestro señor que le buscasen un médico tal, si le había, aunque fuesen por él fuera del reino, Y no lo hallando, envió un médico cristiano nuevo, pareciéndole que con esto cumpliría con el antojo del rey. Pero puesto el médico en Francia y delante el rey, pasó un coloquio entre ambos muy gracioso, en el cual se descubrió que el médico era cristiano, y, por tanto, no se quiso curar con él. El rey (con la opinión que tenía del médico que era judío) le preguntó, por vía de entretenimiento, si estaba ya cansado de esperar el Mesías prometido en la ley.

Médico: Señor, yo no espero al Mesías prometido en la ley judaica.

Rey: Muy cuerdo sois en eso, porque las señales que estaban notadas en la Escritura divina para conocer su venida son ya cumplidas muchos días ha.

Médico: Ese número de días tenemos los cristianos bien contados, porque hace hoy mil y quinientos cuarenta y dos años que vino, y estuvo en el mundo treinta y tres, y en fin de ellos murió crucificado, y al tercero día resucitó, y después subió a los cielos donde ahora está.

Rey: Luego, ¿vos sois cristiano?

Médico: Señor, sí, por la gracia de Dios.

Rey: Pues volveos en hora buena a vuestra tierra, porque médicos cristianos sobrados tengo en mi casa y corte. ¡Por judío lo había yo, los cuales en mi opinión son los que tienen habilidad natural para curar!

Y, así, lo despidió, sin quererle dar el pulso ni que viese la orina ni le hablase palabra tocante a su enfermedad. Y luego envió a Constantinopla por un judío, y con sola leche de borricas le curó.

Esta imaginación del rey Francisco, a lo que yo pienso, es muy verdadera; y tengo entendido que es así, porque en las grandes destemplanzas calientes del celebro he probado atrás que alcanza la imaginativa lo que, estando el hombre en sanidad, no puede hacer. Y porque no parezca haberlo dicho por vía de gracia y sin tener fundamento natural para ello, es de saber que la variedad de los hombres, así en la compostura del cuerpo como en el ingenio y condiciones del ánima, nace de habitar regiones de diferente temperatura, y de beber aguas contrarias, y de no usar todos de unos mismos alimentos; y, así dijo Platón: *alii ob varios ventos et aestus, et moribus et specie diversi inter se sunt; alii ob aquas; quidem propter alimentum ex terra prodiens; quod non solum in corporibus melius ac deterius, sed in animis quoque id genus omnia patere non minus potest*; como si dijera: «unos hombres difieren de otros, o por ventilarse con aires contrarios, o por beber diferentes aguas, o por no usar todos de unos mismos alimentos; y esta diferencia, no solamente se halla en el rostro y compostura del cuerpo, pero también en el ingenio del ánima».

Luego si yo probare ahora que el pueblo de Israel estuvo de asiento muchos años en Egipto y que, saliendo de él, comió y bebió las aguas y manjares que son apropiados para hacer esta diferencia de imaginativa, habremos hecho demostración de la opinión del rey de Francia, y sabremos de camino qué ingenios de hombres se han de escoger en España para la medicina.

Cuanto a lo primero, es de saber que, pidiendo Abrahán señales para entender que él o sus descendientes habían de poseer la tierra que se le había prometido, dice el Texto que, estando durmiendo, le respondió Dios diciendo: *scito praenoscens quod peregrinum futurum sit semen tuum in terra non sua; et subiicient eos servittti et affligent quadringentis annis; veruntamen gentem cui servituri sunt ego iudicabo; et post haec eggredientur cum magna substantia*; como si le dijera: «sábete, Abrahán, que tus descendientes han de peregrinar por tierras ajenas, y los han de afligir con servidumbres cuatrocientos años; pero ten por cierto que yo castigaré la gente que los oprimiere y los libraré de aquella servidumbre y les daré muchas riquezas».

La cual profecía se cumplió, aunque Dios, por ciertos respectos, añadió treinta años más; y, así, dice el texto divino: *habitatio autem filiorum Israel, qua manserunt in Aegipto, fuit quadrigentorum triginta annorum, quibus expletis eadem die eggresus est omnis exercitus Domini de terra Aegipti*; como si dijera: «el tiempo que estuvo el pueblo de Israel en Egipto fueron cuatrocientos treinta años, los cuales cumplidos, luego en aquel día salió de cautiverio todo el ejército del Señor». Pero aunque esta letra dice manifiestamente que estuvo el pueblo de Israel en Egipto cuatrocientos treinta años, declara una glosa que se entiende haber sido estos años todo el tiempo que Israel anduvo peregrinando hasta tener tierra propia, pero que en Egipto no estuvo sino doscientos y diez. La cual declaración no viene bien con lo que dijo san Esteban protomártir en aquel razonamiento que tuvo con los judíos; conviene a saber: que el pueblo de Israel es tuvo cuatrocientos y treinta años en la servidumbre de Egipto. Y aunque la habitación de doscientos y diez años bastaba para que al pueblo de Israel se le pegasen las calidades de Egipto, pero lo que estuvo fuera de él no fue tiempo perdido para lo que toca al ingenio. Porque los que viven en servidumbre, en tristeza, en aflicción y tierras ajenas, engendran mucha cólera requemada por no tener libertad de hablar ni vengarse de sus injurias; y este humor, estando tostado, es el instrumento de la astucia, solercia y malicia. Y, así, se ve por experiencia que no hay peores costumbres ni condiciones, que las del señor esclavo, cuya imaginación está siempre ocupada en cómo hará daño a su señor y se librará de la servidumbre.

Allende de esto, la tierra por donde anduvo el pueblo de Israel no era muy extraña ni apartada de las calidades de Egipto; porque, atento a su miseria y esterilidad, prometió Dios a Abrahán que le daría otra muy abundosa y fértil. Y esto es cosa muy averiguada, así en buena filosofía natural como en experiencia, que las regiones estériles y flacas, no paniegas ni abundosas en fructificar, crían hombres de ingenio muy agudo; y por lo contrario, las tierras gruesas y fértiles engendran hombres membrudos, animosos y de muchas fuerzas corporales, pero muy torpes de ingenio. De Grecia nunca acaban de contar los historiadores cuán apropiada región es para criar hombres de grande habilidad; y, en particular, dice Galeno que en Atenas por maravilla salía un hombre necio; y nota que era la tierra más mísera y estéril de toda Grecia.

Y, así, se colige que por las calidades de Egipto y de las otras provincias donde anduvo el pueblo de Israel, se hizo de ingenio muy agudo. Pero es menester saber por qué razón la temperatura de Egipto cría esta diferencia de imaginativa. Y es cosa muy clara sabiendo que en esta región quema mucho el Sol, y por esta causa los que la habitan tienen el celebro tostado y la cólera requemada, que es el instrumento de la astucia y solercia. Por donde pregunta Aristóteles: *cur blaesis pedibus sunt ethiopes et aegiptii?* Como si dijera: «¿qué es la causa que los negros de Etiopía y los naturales de Egipto son patituertos, hocicudos y las narices remachadas?». Al cual problema responde que el mucho calor de la región tuesta la sustancia de estos miembros y los hace retorcer, como se encoge la correa junto al fuego; y por la misma razón se les encogen los cabellos, y así también son crespos y motosos. Y que los que habitan tierras calientes sean más sabios que los que nacen en tierras frías ya lo dejamos probado de opinión de Aristóteles, el cual pregunta: *cur locis calidis homines sapientiores sunt quam frigidis?*; como si dijera: «¿de dónde nace ser más sabios los hombres en las tierras calientes, que en las frías?». Pero ni sabe responder al problema, ni hace distinción de la sabiduría. Porque ya dejamos probado atrás que hay dos géneros de prudencia en los hombres. Una, de la cual dijo Platón: *scientia quae est remota a iusticia, calliditas potius quam sapientia est appellanda*; como si dijera: «la ciencia que está apartada de la justicia, antes se ha de llamar astucia que sabiduría». Otro hay con rectitud y simplicidad, sin dobleces ni engaños; y ésta propiamente se dice sabiduría por andar siempre asida de la justicia y rectitud. Los que habitan en tierras muy calientes son sabios en el primer género de sabiduría, y tales son los de Egipto.

Veamos ahora, salido el pueblo de Israel de Egipto y puesto en el desierto, qué manjares comió, y qué aguas bebió, y qué templanza tenía el aire por donde anduvo, para que entendamos si por esta razón mudaron el ingenio que sacaron del cautiverio o el mismo se les confirmó. Cuarenta años dice el Texto que mantuvo Dios a este pueblo con maná: manjar tan delicado y sabroso cual jamás comieron los hombres en el mundo, en tanto, que, viendo Moisés su delicadeza y bondad, mandó a su hermano Arón que hinchiese un vaso de ello y lo pusiese en el arca *foederis*, para que los descendientes de este pueblo, estando en tierra de promisión, viesen el pan con que mantuvo a sus padres andando por el desierto, y cuán mal pago le dieron a trueque de tanto regalo. Y para que conozcamos los que no vimos este alimento qué tal debía de ser, es bien que pintemos el maná que hace Naturaleza; y, añadiendo sobre él más delicadeza, podremos imaginar enteramente su bondad.

La causa material de que se engendra el maná es un vapor muy delicado que el Sol levanta de la tierra con la fuerza de su calor; el cual, puesto en lo alto de la región se cuece y perfecciona, y, sobreviniendo el frío de la noche, se cuaja, y con el peso torna a caer sobre los árboles y piedras, donde lo cogen y guardan en ollas para comer. Llámanle *mel roscidum et aereum*, por la semejanza que tiene con el rocío y por haberse hecho de aire. Su color es blanco y de sabor dulce como la miel; la figura, a manera de culantro. Las cuales señales pone también la divina Escritura del maná que comió el pueblo de Israel; por donde sospecho que ambos tenían la misma naturaleza. Y si el que Dios criaba tenía más delicada sustancia, tanto mejor confirmaremos nuestra opinión; pero yo siempre tengo entendido que Dios se acomoda a los medios naturales cuando con ellos puede hacer lo que quiere, y lo que falta a Naturaleza lo suple con su omnipotencia. Dígolo, porque darles a comer maná en el desierto (fuera de lo que con ello quería significar) parece que estaba también fundado en la disposición de la tierra, la cual hoy día engendra el mejor maná que hay en el mundo. Y, así, dice Galeno que en el monte Líbano (que no está lejos de allí) se cría en gran cantidad y muy escogido; en tanto que los labradores suelen cantar en sus pasatiempos que Júpiter llueve miel en aquella tierra. Y aunque es verdad que Dios criaba aquel maná milagrosamente, en tanta cantidad a tal hora y en días determinados, pero pudo ser que tuviese la misma naturaleza del nuestro; como la tuvo el agua que sacó Moisés de las piedras, y el fuego que hizo bajar del cielo Elías con su palabra, que fueron naturales, aunque milagrosamente sacadas.

El maná que pinta la divina Escritura dice que era como rocío: *quasi semen coriandri, album, gustusque simile cum melle*; como si dijera: «el maná que Dios llovió en el desierto tenía la figura como simiente de culantro, era blanco, y el sabor como miel». Las cuales condiciones tiene también el maná que produce Naturaleza.

El temperamento de este alimento dicen los médicos que es caliente y de partes sutiles y muy delicadas. La cual compostura debía tener también el maná que comieron los hebreos; y, así, quejándose de su delicadeza, dijeron de esta manera: *anima nostra iam nauseat super cibo isto levissimo*; como si dijera: «ya no puede sufrir nuestro estómago este alimento tan liviano». Y la filosofía de esto era que ellos tenían fuertes estómagos, hechos de ajos, cebollas y puerros; y viniendo a comer un alimento de tan poca resistencia, todo se les convertía en cólera. Y por esto manda Galeno que los hombres que tuvieren mucho calor natural que no coman miel ni otros alimentos livianos, porque se les corromperán y en lugar de cocerse se tostarán como hollín. Esto mismo les aconteció a los hebreos con el maná, que todo se les convertía en cólera retostada; y, así, andaban todos secos y enjutos, por no tener este alimento corpulencia para los engordar: *anima nostra arida est: nihil aliud respiciunt oculi nostri nisi manna*; como si dijera: «nuestra ánima está ya seca y consumida, y no ven nuestros ojos otra cosa sino maná».

El agua que bebían tras este manjar era tal cual ellos la pedían; y si no la hallaban, mostraba Dios a Moisés un madero de tan divina virtud, que, echándolo en las aguas gruesas y salobres, las volvía delicadas y de buen sabor; y no habiendo ninguna, tomaba Moisés la vara con que abrió el mar Bermejo en doce carreras, y dando con ella en las piedras, salían fuentes de agua tan delicadas y sabrosas como su gusto las podía apetecer; en tanto que dijo san Pablo: *petra consequente eos*; como si dijera: «la agua de la piedra se andaba tras su antojo», saliendo dulce, delicada y sabrosa.

Y ellos tenían hecho el estómago a beber aguas gruesas y salobres. Porque en Egipto cuenta Galeno que las cocían para poderlas beber, por ser malas y corrompidas. Y bebiendo aguas tan delicadas, no podían dejar de convertírseles en cólera, por tener poca resistencia. Las mismas calidades dice Galeno que ha de tener el agua, para cocerse bien en el estómago y no corromperse, que el alimento sólido que comemos. Si el estomago es recio, hanle de dar alimentos recios que le respondan en proporción; si es flaco y delicado, los alimentos han de ser tales. Eso mismo se ha de mirar en el agua; y así lo vemos por experiencia, que si un hombre está hecho a beber aguas gruesas, nunca mata la sed con las delicadas ni las siente en el estómago, antes le dan más sequía, porque el calor demasiado del estómago las quema y resuelve luego en entrando, por no tener resistencia.

Del aire que gozaban en el desierto, podremos decir que era también sutil y delicado, porque andando por sierras y lugares sin población, cada momento les ocurría fresco, limpio y sin ninguna corrupción, por no haber asiento en ningún lugar. Y teníanle siempre templado, porque de día se ponía delante el Sol una nube que no le dejaba calentar demasiadamente, y a la noche una columna de fuego que lo templaba. Y gozar de un aire de esta manera, dice Aristóteles que hace avivar mucho el ingenio.

Consideremos, pues, ahora, qué simiente tan delicada y tostada harían los varones de este pueblo comiendo un alimento como el maná y bebiendo las aguas que hemos dicho y respirando un aire tan apurado y limpio, y qué sangre menstrua tan sutil y delicada harían las hebreas. Y acordémonos de lo que dijo Aristóteles, que, siendo la sangre menstrua sutil y delicada, el muchacho que de ella se engendrare será después hombre de muy agudo ingenio. Cuánto importe comer los padres manjares delicados para engendrar hijos de mucha habilidad, probarlo hemos muy por extenso en el capítulo postrero de esta obra. Y porque todos los hebreos comieron un mismo manjar tan espiritual y delicado y bebieron una misma agua, todos sus hijos y descendientes salieron agudos y de grande ingenio para las cosas de este siglo.

Puesto ya el pueblo de Israel en tierra de promisión con tan agudo ingenio como hemos dicho, viniéronle después tantos trabajos, hambres, cercos de enemigos, sujeciones, servidumbres y malos tratamientos, que aunque no hubieran sacado de Egipto y del desierto aquel temperamento caliente y seco y retostado que hemos dicho, lo hicieran en esta mala vida. Porque la continua tristeza y vejación hace juntar los espíritus vitales y sangre arterial en el celebro, en el hígado y corazón; y estando allí unos sobre otros, se vienen a tostar y requemar. Y, así, muchas veces levantan calenturas; y lo ordinario es hacer melancolía por adustión (de la cual casi todos participan hasta el día de hoy), atento a lo que dice Hipócrates: *metus et maestitia diu durans, melancholiam significat.*

Esta cólera retostada dijimos atrás que era el instrumento de la solercia, astucia, versucia y malicia; y ésta es acomodada a las conjeturas de la medicina, y con ella se atina a la enfermedad, a la causa, y al remedio que tiene. Por donde apuntó maravillosamente el rey Francisco, y no fue delirio ni menos invención del demonio lo que dijo, sino que con la mucha calentura y de tantos días, y con la tristeza de verse enfermo y sin remedio, se le tostó el celebro y levantó de punto la imaginativa; de la cual hemos probado atrás que si tiene el temperamento que ha de menester, repentinamente dice el hombre lo que jamás aprendió.

Pero contra todo lo que hemos dicho se ofrece una dificultad muy grande. Y es que, si los hijos o nietos de los que estuvieron en Egipto y gozaron del maná y de las aguas y aires delicados del desierto, se eligieran para médicos, parece que la opinión del rey Francisco tenía alguna probabilidad por las razones que hemos dicho. Pero que sus descendientes hayan conservado hasta el día de hoy aquellas disposiciones del maná, del agua, de los aires, de las aflicciones y trabajos que sus antepasados padecieron en el cautiverio de Babilonia, es cosa que no se puede entender. Porque si en cuatrocientos y treinta años que estuvo el pueblo de Israel en Egipto, y cuarenta en el desierto, pudo su simiente adquirir aquellas disposiciones de habilidad, mejor se pudieron perder, y con mayor facilidad, en dos mil años que a la salida del desierto; mayormente venidos a España, región tan contraria de Egipto y donde han comido manjares diferentes y bebido aguas de no tan buen temperamento y sustancia como allí. Esto tiene la naturaleza del hombre y de cualquier animal y planta: que luego toma las costumbres de la tierra donde vive y pierde las que traía de otra; y, en cualquiera cosa que la pongan, en pocos días la hace sin contradicción.

De un linaje de hombres cuenta Hipócrates que, para diferenciarse de la gente plebeya, escogieron por insignia de su nobleza tener la cabeza ahusada; y para hacer con arte esta figura, en naciendo el niño tenían las comadres cuidado de apretarle la cabeza con vendas y fajas hasta imprimirle tal señal. Y pudo tanto este artificio, que se convirtió en naturaleza, porque andando el tiempo todos los niños nobles que nacían sacaban ya la cabeza ahusada. Por donde vino a cesar el arte y diligencia de las comadres. Pero, como dejaron a Naturaleza libre y suelta, sin oprimirla ya con arte, poco a poco se fue volviendo a la figura que ella solía hacer de antes.

De esta misma manera pudo acontecer al pueblo de Israel: que, puesto caso que la región de Egipto, el maná, las aguas delicadas y la tristeza hicieron aquellas disposiciones de ingenio en su simiente, pero cesando estas razones y causas, y sobreviniendo otras contrarias, cierto es que se habían de ir perdiendo poco a poco las calidades del maná y adquiriendo otras diferentes, conforme a la región donde habitasen y los manjares que comiesen y las aguas que bebiesen y los aires que respirasen.

Esta duda, en filosofía natural, tiene poca dificultad. Porque hay accidentes que se introducen en un momento y duran toda la vida en el sujeto sin poderse corromper. Otros hay que gastan tanto tiempo en deshacerse, cuanto fue menester para engendrarse; y algunas veces más y otras menos, conforme a la actividad del agente y la disposición del que padece. Por ejemplo de lo primero, es de saber que de un grande espanto que hicieron a un hombre, quedó tan desfigurado y perdido el color, que parecía difunto; y no solamente le duró a él toda su vida, pero los hijos que engendraba sacaban el mismo color, sin hallar remedio para quitarlo. Conforme a esta cuenta, bien pudo ser que en cuatrocientos y treinta años que estuvo el pueblo de Israel en Egipto, y cuarenta en el desierto y sesenta en el cautiverio de Babilonia, que fuesen menester más de tres mil años para que la simiente de Abrahán acabase de perder las disposiciones de ingenio que hizo el maná; pues para corromper el mal color que en un momento hizo el espanto fueron menester más de cien años.

Pero, para que de raíz se entienda la verdad de esta doctrina, es menester responder a dos dudas que hacen a este propósito y nunca se acaban de soltar. La primera es: ¿de dónde nace que cuanto los manjares son más delicados y sabrosos (como son las gallinas y perdices), tanto más presto los viene el estómago a aborrecer y tener hastío de ellos? Y por el contrario, vemos comer un hombre carne de vaca todo el año sin darle molestia ninguna; y comiendo tres o cuatro días arreo gallinas, al quinto no las puede oler sin revolvérsele el estómago. La segunda duda es: ¿qué es la razón que siendo el pan de trigo y la carne del carnero, no de tan buena sustancia ni sabrosa como la gallina o perdiz, jamás el estómago los viene a aborrecer, aunque usamos de ellos toda la vida? Antes faltando el pan, no podemos comer los demás alimentos ni nos saben bien. El que supiere responder a estas dos dudas entenderá fácilmente la causa por donde los descendientes del pueblo de Israel aún no han perdido las disposiciones y accidentes que el maná introdujo en la simiente, ni se les acabará tan presto el agudeza de ingenio y solercia que les vino por esta razón.

Dos principios hay en filosofía natural, ciertos y muy verdaderos, de los cuales depende la respuesta y solución de estas dudas. El primero es que todas cuantas potencias gobiernan al hombre están desnudas y privadas de las condiciones y calidades que tienen su objeto, para que puedan conocer y juzgar de todas sus diferencias. Esto tienen los ojos, que, habiendo de recibir en sí todas las figuras y colores, fue menester privarlos totalmente de ellas; porque si fueran amarillos (como en los que padecen ictericia) todas las cosas que mirasen les parecieran tener el mismo color. También la lengua, que es el instrumento del gusto, ha de estar privada de todos los sabores; y si está dulce o amarga, ya sabemos por experiencia que todo cuanto comemos y bebemos tiene el mismo sabor. Lo mismo pasa en el oído, olfato y tacto. El segundo principio es que todas cuantas cosas están criadas apetecen naturalmente su conservación, y procuran durar para siempre jamás y que no se acabe el ser que Dios y Naturaleza les dio, aunque después hayan de tener otra mejor naturaleza. Por este principio, todas las cosas naturales que tienen conocimiento y sentido aborrecen aquello que altera y corrompe su composición natural y huyen de ello.

El estómago está desnudo y privado de la sustancia y calidades de todos los manjares del mundo, como lo está el ojo de los colores y figuras; y cuando alguno de ellos comemos, puesto caso que el estómago lo vence, pero el mismo alimento rehace contra el estómago (por ser al principio contrario) y le altera y corrompe su temperamento y sustancia; porque ningún agente hay tan fuerte que, haciendo, no repadezca. Los alimentos muy delicados y sabrosos alteran grandemente al estómago: lo uno porque los cuece y abraza con mucho apetito y sabor; lo otro, por ser tan sutiles y sin excrementos, embébense en la sustancia del estómago, de donde no pueden salir. Sintiendo, pues, el estómago que este alimento le altera su naturaleza y le quita la proporción que tiene con los demás alimentos, lo viene a aborrecer, y si lo ha de venir a comer, es menester hacerle muchas salsas y apetitos para engañarlo.

Todo esto tuvo el maná desde el principio: que aunque era manjar tan delicado y sabroso, al final fastidió al pueblo de Israel; y, así, dijeron: *anima nostra iam nauseat super cibo isto levissimo*; queja indigna de pueblo tan favorecido de Dios, que les había proveído del remedio, que fue hacer que el maná tuviese los sabores y apetitos que a ellos se les antojase, para que lo pudiesen pasar: *panem de caelo praestitisti eis, omne delectamentum in se habentem*. Por donde lo vinieron a comer muchos de ellos con muy buen gusto, porque tenían los huesos, nervios y carne tan empapados en maná y de sus calidades, que por la semejanza no apetecían ya otra cosas. Lo mismo acontece en el pan de trigo que ahora comemos, y en la carne del carnero. Los manjares gruesos y no de buena sustancia (como es la vaca) son muy excrementosos, y no los recibe el estómago con tanta codicia como los delicados y sabrosos, y así tarda más en alterarse de ellos.

De donde se sigue que para corromper el alteración que el maná hacía en un día, era menester comer un mes entero otros manjares contrarios; y según esta cuenta, para deshacer las calidades que el maná introdujo en la simiente en cuarenta años, son menester cuatro mil y más. Y si no, finjamos que como Dios sacó de Egipto las doce tribus de Israel, sacara doce negros y doce negras de Etiopía, y los trajera a nuestra región. ¿En cuántos años fuera bueno que estos negros y sus descendientes vinieran a perder el color, no mezclándose con los blancos? A mí me parece que eran menester muchos años, porque con haber más de doscientos que vinieron de Egipto a España los primeros gitanos, no han podido perder sus descendientes la delicadeza de ingenio y solercia que sacaron sus padres de Egipto, ni el color tostado. Tanta es la fuerza de la simiente humana cuando recibe en sí alguna calidad bien arraigada. Y de la manera que los negros comunican en España el color a sus descendientes (por la simiente, sin estar en Etiopía) así el pueblo de Israel, viniendo también a ella, puede comunicar a sus descendientes el agudeza de ingenio sin estar en Egipto ni comer del maná; porque ser necio o sabio también es accidente del hombre, como ser blanco y negro.

Ello verdad es que no son ahora tan agudos y solertes como mil años atrás; porque desde que dejaron de comer del maná lo han venido perdiendo sus descendientes poco a poco hasta ahora, por usar de contrarios manjares, y estar en región diferente de Egipto, y no beber aguas tan delicadas como en el desierto; y por haberse mezclado con los que descienden de la gentilidad, los cuales carecen de esta diligencia de ingenio. Pero lo que no se les puede negar es que aún no lo han acabado de perder.

    Capítulo XIII [XV de 1594]. Donde se declara a qué diferencia de habilidad pertenece el arte militar, y con qué señales se ha de conocer el hombre que alcanzare esta manera de ingenio

¿Qué es la causa (pregunta Aristóteles) que, no siendo la valentía la mayor virtud de todas, antes la justicia y prudencia son las mayores, con todo esto la república y casi todos los hombres, de común consentimiento, estiman en más a un valiente y le hacen más honra dentro en su pecho, que a los justos y prudentes, aunque estén constituidos en grandes dignidades y oficios? A este problema responde Aristóteles diciendo que no hay rey en el mundo que no haga guerra a otro o la reciba; y como los valientes le dan gloria, imperio, lo vengan de sus enemigos y le conservan su estado, hacen más honra, no a la virtud suprema, que es la justicia, sino a aquella de quien reciben más provecho y utilidad. Porque, si no tratasen así a los valientes ¿cómo era posible hallar los reyes capitanes y soldados que de buena gana arriscasen su vida por defenderles su hacienda y estado?

    De los asianos, se cuenta que era una gente que se preciaba de muy animosa; y preguntándoles la causa por qué no querían tener rey ni leyes, respondieron que las leyes los hacían cobardes, y que también les parecía necedad ponerse en los peligros de la guerra por ensanchar a otro su estado; que más querían pelear por sí y llevarse ellos el provecho de la victoria. Pero ésta es respuesta de hombres bárbaros y no de gente racional, la cual tiene entendido que sin rey ni república ni leyes es imposible conservarse los hombres en paz.

Lo que dijo Aristóteles está muy bien apuntado, aunque hay otra respuesta mejor. Y es que cuando Roma honraba sus capitanes con aquellos triunfos y pasatiempos, no premiaba solamente la valentía del que triunfaba, sino también la justicia con que sustentó el ejército en paz y concordia, y la prudencia con que hizo los hechos, y la temperancia de que usó quitándose el vino, las mujeres y el mucho comer, lo cual hace perturbar el juicio y errar los consejos. Antes la prudencia se ha de buscar más en el capitán general, y premiarla, que el ánimo y valentía; porque, como dijo Vegecio, pocos capitanes muy valientes aciertan a hacer buenos hechos; y es la causa que la prudencia es más necesaria en la guerra, que la osadía en acometer. Pero qué prudencia sea ésta nunca Vegecio la pudo atinar, ni supo señalar qué diferencia de ingenio había de tener el que ha de gobernar la milicia. Y no me espanto por no haberse hallado esta manera de filosofar de la cual dependía. Verdad es que averiguar esto no responde al intento que llevamos, que es elegir los ingenios que piden las letras. Pero es la guerra tan peligrosa y de tan alto consejo, y tan necesario al Rey saber quién ha de confiar su potencia y estado, que no haremos menos servicio a la república en señalar esta diferencia de ingenio y sus señales que en las demás que hemos pintado.

Y, así, es de saber que la malicia y la milicia casi convienen en el mismo nombre y tienen también la misma definición. Porque trocando la a por i de malicia, se hace milicia, y de milicia malicia, con facilidad. Cuáles sean las propiedades y naturaleza de la malicia, tráelas Cicerón diciendo: *malitia est versutia et fallax nocendi ratio*; como si dijera: «la malicia no es otra cosa más que una razón doblada, astuta y mañosa de hacer mal». Y, así, en la guerra no se trata de otra cosa más de cómo ofenderán al enemigo y se ampararán de sus asechanzas. Por donde la mejor propiedad que puede tener un capitán general es ser malicioso con el enemigo, y no echar ningún movimiento suyo a buen fin, sino al peor que pudiere, y proveerse para ello. *Non credas inimico tuo in aeternum... In labiis suis indulcat, et in corde suo insidiatur ut subvertat te in foveam; in oculis suis lacrymatur, et si invenerit tempus non satiabitur sanguine*; como si dijera: «jamás creas a tu enemigo; porque te dirá palabras dulces y sabrosas, y en su corazón está poniendo asechanzas para matarte; llora con los ojos, y si halla ocasión conveniente para aprovecharse de ti, no se hartará de tu sangre».

De esto tenemos manifiesto ejemplo en la divina Escritura. Porque, estando el pueblo de Israel cercado en Betulia y fatigado de sed y de hambre, salió aquella famosa mujer Judith con ánimo de matar a Holofernes; y caminando para el ejército de los asirios, fue presa de las centinelas y guardas. Y preguntándole dónde iba, respondió con ánimo doblado: «Yo soy hija de los hebreos que vosotros tenéis cercados, y vengo huyendo por tener entendido que han de venir a vuestras manos y que los habéis de maltratar por no se haber querido dar a vuestra misericordia; por tanto determiné de irme a Holofernes y descubrirle los secretos de esta gente obstinada, y mostrarle por dónde les pueda entrar sin que le cueste un soldado». Puesta ya Judith delante de Holofernes, se postró por el suelo, y, juntas las manos, le comenzó a adorar y decir las palabras más engañosas que a hombre se han dicho en el mundo en tanto que creyó Holofernes, y todos los de su Consejo, que les decía la verdad. Y no olvidaba ella de lo que traía en el corazón, buscó una conveniente ocasión y cortóle la cabeza.

La contraria condición tiene el amigo y, por tanto ha de ser siempre creído. Y, así, le estuviera mejor a Holofernes dar crédito a Achior; pues era su amigo, y con celo de que no saliera deshonrado de aquel cerco le dijo: «Señor, sabé primero si este pueblo ha pecado contra su Dios, porque si es así, él mismo os lo entregará sin que lo conquistéis; pero si está en su gracia, tené entendido que él los defenderá y no podremos vencerles». Del cual aviso se enojó Holofernes, como hombre confiado, dado a mujeres y que bebía vino, las cuales tres cosas desbaratan el consejo que es necesario en el arte militar. Y así, dijo Platón que le había contentado aquella ley que tenían los cartagineses, por la cual mandaban que el capitán general, estando en el ejército, no bebiese vino; porque este licor, como dice Aristóteles, hace a los hombres de ingenio turbulento y les da ánimo demasiado, como se mostró Holofernes en aquellas palabras tan furiosas que dijo a Achior.

El ingenio, pues, que es menester para los embustes y engaños, así para hacerlos como para entenderlos y hallar el remedio que tienen, apuntólo Cicerón trayendo la descendencia de este nombre, versutia, el cual dice que viene de este verbo, *versor, -aris*; porque los que son mañosos, astutos, doblados y cavilosos, en un momento atinan al engaño, y menean la mente con facilidad. Y así lo ejemplificó el mismo Cicerón diciendo: *Chrisippus, homo sine dubio versutus et callidus: versutus appello quorum celeriter mens versatur.*

Esta propiedad de atinar presto al medio es solercia y pertenece a la imaginativa. Porque las potencias que consisten en calor hacen de presto la obra; y por eso los hombres de grande entendimiento no valen nada para la guerra, porque esta potencia es muy tarda en su obra, y amiga de rectitud, de llaneza, de simplicidad y misericordia, todo lo cual suele hacer mucho daño en la guerra. Y fuera de esto, no saben astucias ni ardides, ni entienden cómo se pueden hacer; y, así les hacen muchos engaños porque de todos se fían. Estos son buenos para tratar con amigos, entre los cuales no es menester la prudencia de la imaginativa, sino la rectitud y simplicidad del entendimiento; el cual no admite dobleces ni hacer mal a nadie. Pero para con el enemigo no valen nada, porque éste trata siempre de ofender con engaños, y es menester tener el mismo ingenio para poderse amparar. Y así avisó Cristo nuestro redentor a sus discípulos diciendo: *ecce mitto vos sicut oves in medio luporum: estote ergo prudentes sicut serpentes, et simplices sicut columbae*; como si les dijera: «mirá que os envío como ovejas en medio de los lobos: sed prudentes como las serpientes y simples como palomas». De la prudencia se ha de usar con el enemigo, y de la llaneza y simplicidad con el amigo.

Luego si el capitán no ha de creer a su enemigo y ha de pensar siempre que le quiere engañar, es necesario que tenga una diferencia de imaginativa adivinadora, solerte y que sepa conocer los engaños que vienen debajo de alguna cubierta; porque la misma potencia que los halla, ésa sola puede inventar los remedios que tienen.

Otra diferencia de imaginativa parece que es la que finge los ingenios y maquinamientos con que se ganan las fuerzas inexpugnables, la que ordena el campo y pone cada escuadrón en su lugar, y la que conoce la ocasión de acometer y retirarse, la que hace los tratos, conciertos y capitulaciones con el enemigo. Para todo lo cual es tan impertinente el entendimiento como los oídos para ver. Y, así, yo no dudo sino que el arte militar pertenece a la imaginativa, porque todo lo que el buen capitán ha de hacer, dice consonancia, figura y correspondencia.

La dificultad está ahora en señalar con qué diferencia de imaginativa en particular se ha de ejercitar la guerra. Y en esto no me sabría determinar con certidumbre, por ser conocimiento tan delicado; pero yo sospecho que pide un grado más de calor, que la práctica de la medicina, y que allega la cólera a quemarse del todo. Vese esto claramente porque los capitanes muy mañosos y astutos no son muy animosos ni amigos de romper ni dar la batalla, antes con embustes y engaños hacen a su salvo los hechos. La cual propiedad contentó más a Vegecio que otra ninguna: *boni enim duces, non aperto praelio in quo est commune periculum, sed ex occulto semper attentant ut, integris suis, quantum possunt hostes interimant, certe aut terreant*; como si dijera: «los buenos capitanes no son aquellos que pelean a cureña rasa y ordenan una batalla campal y rompen a su enemigo, sino los que con ardides y mañas le destruyen sin que les cueste un soldado».

El provecho de esta manera de ingenio tenía bien entendido el Senado romano. Porque, puesto caso que algunos famosos capitanes que tuvo vencían muchas batallas, pero, venidos a Roma a recibir el triunfo y gloria de sus hazañas, eran tantos los llantos que hacían los padres por sus hijos, y los hijos por los padres, y las mujeres por los maridos, y los hermanos por sus hermanos, que no se gozaba de los juegos y pasatiempos con la lástima de los que en la batalla quedaban muertos. Por donde determinó el Senado de no buscar capitanes tan valientes ni que fuesen amigos de romper, sino hombres algo temerosos y muy mañosos, como Quinto Fabio. Del cual, se escribe que por maravilla arriscaba el ejército romano en ninguna batalla campal, mayormente estando desviado de Roma, donde en el mal suceso no podía ser de presto socorrido: todo era dar largas al enemigo y buscar ardides y mañas, con los cuales hacía grandes hechos y conseguía muchas victorias sin pérdida de un soldado. Éste era recibido en Roma con grande alegría de todos, porque si cien mil soldados sacaba, esos mismos volvía, salvo aquellos que de enfermedad se morían. La grita que las gentes le daban era la que dijo Ennio: *unus homo nobis cunctando restituit rem*; como si dijera: «uno, dando largas al enemigo, nos hace señores del mundo y nos vuelve nuestros soldados».

Al cual, después, han procurado imitar algunos capitanes; y por no tener su ingenio y maña dejaron muchas veces pasar la ocasión del pelear, de donde nacieron mayores daños e inconvenientes que si de presto rompieran.

También podemos traer por ejemplo aquel famoso capitán de los cartagineses de quien escribe Plutarco estas palabras: «Aníbal, cuando hubo conseguido aquesta tan grande victoria, mandó que liberalmente, sin rescate, se dejasen muchos presos del nombre itálico, porque la fama de su humanidad y perdón se divulgase por los pueblos, aunque su ingenio era muy ajeno de estas virtudes. Él, de su natural, fue fiero e inhumano; e de tal manera fue disciplinado desde su primera puericia, que él no había aprendido leyes ni civiles costumbres, mas guerras, muertes y enemigables traiciones. Así que vino a ser muy cruel capitán, e muy malicioso en engañar a los hombres, y siempre puesto en cuidado de cómo podría engañar a su enemigo. E cuando ya no pudiese por manifiesta pelea vencer, buscaba engaños, según de ligero pareció en la presente batalla, y de lo que antes acometió contra Sempronio cerca del río Trebia.»

Las señales con que se ha de conocer el hombre que tuviere esta manera de ingenio son muy extrañas y dignas de contemplar. Y, así, dice Platón que el hombre que fuere muy sabio en este género de habilidad que vamos tratando no puede ser valiente ni bien acondicionado. Porque la prudencia dice Aristóteles que consiste en frialdad, y el ánimo y valentía en calor; y así como estas dos calidades son repugnantes y contrarias, es imposible ser un hombre muy animoso y prudente. Por donde, es necesario que se queme la cólera, y se haga atrabilis, para ser el hombre prudente. Pero donde hay este género de melancolía (por ser fría) luego nace temor y cobardía. De manera que la astucia y maña pide calor, por ser obra de la imaginativa; pero no en tanto grado como la valentía. Y, así, se contradicen en la intensión. Pero en esto hay una cosa digna de notar: que de las cuatro virtudes morales (justicia, prudencia, fortaleza y temperancia), las dos primeras han menester ingenio y buen temperamento para poderlas ejercitar. Porque si un juez no tiene entendimiento para alcanzar el punto de la justicia, poco aprovecha la voluntad de dar la hacienda a cuya es: con buena intención puede errar y quitarla a su dueño. Lo mismo se entiende de la prudencia; porque si la voluntad bastase para hacer las cosas bien ordenadas, ninguna obra buena ni mala errarían los hombres. Ningún ladrón hay que no trate de hurtar de manera que no sea visto; ni hay capitán que no desea tener prudencia para vencer a su enemigo. Pero el ladrón que no tiene ingenio para hurtar, con maña luego es descubierto, y el capitán que carece de imaginativa presto es vencido.

La fortaleza y temperancia son dos virtudes que el hombre tiene en la mano, aunque le falte la disposición natural. Porque si quiere estimar en poco su vida y ser valiente, bien lo puede hacer; pero si es valiente por disposición natural, muy bien dicen Aristóteles y Platón que es imposible ser prudente aunque quiera. De manera que, según esto, no es repugnancia juntarse la prudencia con el ánimo y valentía; porque el prudente y sabio tiene entendido que por el ánima ha de poner la honra, y por la honra la vida, y por la vida la hacienda; y así lo secuta. De aquí nace que los nobles, por ser tan honrados, son tan valientes, y no hay quien más trabajos padezca en la guerra (con estar criados en muchos regalos) a trueque que no les digan cobardes. Por esto se dijo: «Dios os libre de hidalgo de día y fraile de noche»; que el uno por ser visto y el otro porque no le conozcan, pelean con ánimo doblado.

En esta misma razón está fundada la religión de Malta: que sabiendo cuánto importa la nobleza para ser un hombre valiente, manda por constitución que los de su hábito todos sean hijosdalgos de padre y de madre, pareciéndole que por esta causa pelearían cada uno por dos abalorios. Pero si a un hidalgo le dijesen que asentase un campo y que le diese el orden con que se había de romper al enemigo, si no tenía ingenio para ello haría y diría mil disparates, porque la prudencia no está en mano de los hombres; pero si le mandasen que guardase un portillo, bien se podían descuidar con él aunque naturalmente fuese cobarde.

La sentencia de Platón se ha de entender cuando el hombre prudente sigue su inclinación natural y no la rige con la razón. Y, así, es verdad que el hombre muy sabio no puede ser valiente por disposición natural; porque la cólera adusta que le hace prudente, ésa dice Hipócrates que le hace temeroso y cobarde.

La segunda propiedad que no puede tener el hombre que alcanzare esta diferencia de ingenio es ser blando y de buena condición. Porque alcanza muchas tretas con la imaginativa, y sabe que por cualquier error y descuido se viene a perder un ejército, hace el caso de ello que es menester. Pero la gente de poco saber llama desasosiego al cuidado; al castigo, crueldad; a la remisión, misericordia, y al sufrir y disimular las cosas mal hechas, buena condición; y esto realmente nace de ser los hombres necios, que no alcanzan el valor de las cosas ni por donde se han de guiar; pero los prudentes y sabios no tienen paciencia ni pueden sufrir las cosas que van mal guiadas, aunque no sean suyas: por donde viven muy poco y con muchos dolores de espíritu. Y, así, decía Salomón: *dedi quoque cor meum ut scirem prudentiam atque doctrinam, erroresque et stultitiam, et agnovi quod in his quoque esset labor et afflictio spiritus, eo quod tu multa sapientia multa sit indignatio, et qui addit ad scintiam addit ad dolorem*; como si dijera: «yo fui necio y sabio, y hallé que en todo hay trabajo; pero el que a su entendimiento le da mucha sabiduría luego adquiere mala condición y dolores». En las cuales palabras parece dar a entender Salomón que vivía más a su contento siendo necio, que cuando le dieron sabiduría.

Y así es ello realmente, que los necios viven más destacados, porque ninguna cosa les da pena ni enojo, ni piensan que en saber nadie les hace ventaja; a los cuales llama el vulgo ángeles del cielo, viendo que ninguna cosa les ofende, ni se enojan, ni riñen las cosas mal hechas, y pasan por todo. Y si considerasen la sabiduría y condición de los ángeles, verían que es palabra mal sonante y aun caso de Inquisición; porque desde que tenemos uso de razón hasta que morimos no hacen otra cosa sino reñirnos las cosas mal hechas y avisarnos de lo que nos conviene hacer. Y si como nos hablan en su lenguaje espiritual (moviendo la imaginativa) nos dijesen con palabras materiales su parecer, los terníamos por importunos y mal acondicionados; y si no, miremos qué tal pareció aquel ángel, que refiere san Mateo, a Herodes y a la mujer de su hermano Filipo, pues por no oírle su reprensión le cortaron la cabeza.

Más acertado sería, a estos hombres que el vulgo neciamente llama ángeles del cielo, decir que son asnos de la tierra. Porque, entre los brutos animales, dice Galeno que no hay otro más tonto ni de menos ingenio que el asno, aunque en memoria los vence a todos: ninguna carga rehúsa, por donde lo llevan va sin ninguna contradicción, no tira coces ni muerde, no es fugitivo ni malicioso, si le dan de palos no se enoja, todo es hecho al contento y gusto del que lo ha menester. Estas mismas propiedades tienen los hombres a quien el vulgo llama ángeles del cielo; la cual blandura les nace de ser necios y faltos de imaginativa y tener remisa la facultad irascible. Y ésta es muy grande falta en el hombre y arguye estar mal compuesto. Ningún ángel ni hombre ha habido en el mundo de mejor condición que Cristo nuestro redentor; y entrando un día en el templo dio muy buenos azotes a los que halló vendiendo mercaderías. Y es la causa que la irascible es el verdugo y espada de la razón. Y el hombre que no riñe las cosas mal hechas, o lo hace de necio o por ser falto de irascible.

De manera que el hombre sabio por maravilla es blando ni de la condición que querrían los malos. Y, así, los que escriben la historia de Julio César están espantados de ver cómo los soldados podían sufrir un hombre tan áspero y desabrido; y nacíale de tener el ingenio que pide la guerra.

La tercera propiedad que tienen los que alcanzan esta diferencia de ingenio es ser descuidados de ornamento de su persona. Son casi todos desaliñados, sucios, las calzas caídas, llenas de arrugas, la capa mal puesta, amigos del sayo viejo y de nunca mudar el vestido.

Esta propiedad cuenta Lucio Floro que tenía aquel famoso capitán Viriato, de nación portugués, del cual dice y afirma (encareciendo su grande humildad) que menospreciaba tanto los aderezos de su persona, que no había soldado particular en todo su ejército que anduviese peor vestido. Y realmente no era virtud, ni lo hacía con arte, sino que es efecto natural de los que tienen esta diferencia de imaginativa que vamos buscando.

El desaliño de Julio César engañó grandemente a Cicerón. Porque preguntándole, después de la batalla, la razón que le había movido a seguir las partes de Pompeyo, cuenta Macrobio que respondió: *praecinctura me fefellit*; como si dijera: «engañóme ver que Julio César era un hombre desaliñado y que nunca traía pretina», a quien los soldados, por baldón, le llamaban ropa suelta. Y esto le había de mover para entender que tenía el ingenio que pedía el consejo de la guerra; como lo atinó Sila (cuenta Tranquilo), que viendo el desaliño que tenía Julio César siendo niño, avisó a los romanos diciendo: *cavete puerum male praecinctum*; como si les dijera: «guardaos, romanos, de aquel muchacho mal ceñido».

De Aníbal nunca acaban de contar los historiadores el descuido que tenía en el vestir y calzar, y cuán poco se daba por andar pulido y aseado. El ofenderse (notablemente) con los pelillos de la capa, y tener mucho cuidado de que anden tiradas las calzas y que el sayo asiente bien sin que haga arrugas, pertenece a una diferencia de imaginativa de muy bajos quilates, y que contradice al entendimiento y a esta diferencia de imaginativa que pide la guerra.

La cuarta señal es tener la cabeza calva. Y está la razón muy clara. Porque esta diferencia de imaginativa reside en la parte delantera de la cabeza, como todas las demás, y el demasiado calor quema el cuero de la cabeza y cierra los caminos por donde han de pasar los cabellos; allende que la materia de que se engendraron, dicen los médicos, que son los excrementos que hace el celebro al tiempo de su nutrición, y con el gran fuego que allí hay todos se gastan y consumen, y así falta materia de que poderse engendrar.

La cual filosofía si alcanzara julio César, no se corriera tanto de tener la cabeza calva; el cual, por cubrirla, hacía volver con maña a la frente parte de los cabellos que habían de caer al colodrillo. Y de ninguna cosa dice Tranquilo que gustara tanto, como si el Senado mandara que trajera siempre la corona de laurel en la cabeza, no más de por cubrir la calva. Otro género de calva nace de ser el celebro duro y terrestre y de gruesa composición, pero es señal de ser el hombre falto de entendimiento, de imaginativa y memoria.

La quinta señal en que se conocen los que alcanzan esta diferencia de imaginativa es que los tales tienen pocas palabras y muchas sentencias. Y es la razón que, siendo el celebro duro y seco, por fuerza han de ser faltos de memoria, a quien pertenece la copia de los vocablos. El hallar mucho que decir nace de una junta que hace la memoria con la imaginativa en el primer grado de calor. Los que alcanzan esta junta de ambas potencias son ordinariamente muy mentirosos, y jamás les falta qué decir y contar aunque los estén escuchando toda la vida.

La sexta propiedad que tienen los que alcanzan esta diferencia de imaginativa es ser honestos y ofenderse notablemente con las palabras sucias y torpes. Y, así, dice Cicerón que los hombres muy racionales imitan la honestidad de Naturaleza, la cual puso en oculto las partes feas y vergonzosas que hizo para proveer las necesidades del hombre y no para hermosearle, y en éstas ni consiente poner los ojos ni que los oídos sufran sus nombres. Esto bien se puede atribuir a la imaginativa, y decir que se ofende con la mala figura de aquellas partes. Pero en el capítulo postrero damos razón de este efecto y lo reducimos al entendimiento; y juzgamos por faltos de entendimiento a los que no les ofende la deshonestidad. Y porque con la diferencia de imaginativa que pide el arte militar casi se junta el entendimiento, por eso los buenos capitanes son honestísimos. Y, así, en la historia de Julio César se hallará un acto de honestidad, el mayor que ha hecho hombre en el mundo. Y es que, estándole matando a puñaladas en el Senado, viendo que no podía huir la muerte, se dejó caer en el suelo, y con la vestidura imperial se compuso de tal manera, que después de muerto le hallaron tendido con grande honestidad, cubiertas las piernas y las demás partes que podrían ofender la vista.

La séptima propiedad, y más importante de todas, es que el capitán general sea bien afortunado y dichoso; en la cual señal entenderemos claramente que tiene el ingenio y habilidad que el arte militar ha menester. Porque, en realidad de verdad, ninguna cosa hay que ordinariamente haga a los hombres desastrados, y no sucederles siempre las cosas como desean es ser faltos de prudencia y no poner los medios convenientes que los hechos requieren. Por tener Julio César tanta prudencia en lo que ordenaba era el más bien afortunado de cuantos capitanes ha habido en el mundo, en tanto que en los grandes peligros animaba a sus soldados diciendo: «no temáis, que con vosotros va la buena fortuna de César».

Los filósofos estoicos tuvieron entendido que, así como había una causa primera, eterna, omnipotente y de infinita sabiduría, conocida por el orden y concierto de sus obras admirables, así hay otra imprudente y desatinada cuyas obras son sin orden ni razón y faltas de sabiduría, porque con una irracional afición da y quita a los hombres las riquezas, dignidades y honra. Llamáronla con este nombre: Fortuna, viendo que era amiga de los hombres que hacían sus cosas forte, que quiere decir acaso, sin pensar, sin prudencia ni guiarse por cuenta y razón. Pintábanla, para dar a entender sus costumbres y mañas, en forma de mujer, con un cetro real en la mano, vendados los ojos, puesta de pies sobre una bola redonda, acompañada de hombres necios, todos sin arte ni manera de vivir. Por la forma de mujer, notaban su gran liviandad y poco saber; por el cetro real, la confesaban por señora de las riquezas y honra; el tener vendados los ojos daba a entender el mal tiento que tiene en repartir estos dones; estar de pies sobre la bola redonda significa la poca firmeza que tiene en los favores que hace: con la misma facilidad que los da los torna a quitar, sin tener en nada estabilidad.

Pero lo peor que en ella hallaron es que favorece a los malos y persigue a los buenos, ama a los necios y aborrece los sabios, los nobles abaja y a los viles ensalza, lo feo le agrada y lo hermoso le espanta. En la cual propiedad confiados muchos hombres que conocen su buena fortuna se atreven a hacer hechos locos y temerarios, y les suceden muy bien y otros hombres muy cuerdos y sabios, aun las cosas que van guiadas con mucha prudencia, no se atreven a ponerlas por obra, sabiendo ya por experiencia que estas tales tienen peores sucesos.

Cuán amiga sea la fortuna de gente ruin, pruébalo Aristóteles preguntando: *cur divitiae, magna ex parte, ab hominibus pravis potius quam bonis habeantur?*; como si dijera: «¿qué es la razón que, por la mayor parte, las riquezas están en poder de los malos y la pobreza en los buenos?». Al cual problema responde: *an quia fortuna caeca est; discernere sibi atque seligere quod melius non potest*; como si respondiera: «que la fortuna es ciega y no tiene discreción para elegir lo mejor». Pero ésta es respuesta indigna de tan gran filósofo. Porque ni hay Fortuna que dé las riquezas a los hombres; y, puesto caso que la hubiera, no da la razón por qué favorece siempre a los malos y desecha los buenos. La verdadera solución de esta pregunta es que los malos son muy ingeniosos, y tienen fuerte imaginativa para engañar comprando y vendiendo, y saben granjear la hacienda y por dónde se ha de adquirir; y los buenos carecen de imaginativa, muchos de los cuales han querido imitar a los malos y, tratando con el dinero, en pocos días perdieron el caudal.

Esto notó Cristo nuestro redentor viendo el habilidad de aquel mayordomo a quien su señor tomó cuenta, que, quedándose con buena parte de su hacienda, le dio finiquitos de la administración. La cual prudencia (aunque fue para mal) alabó Dios y dijo: *quia filii hujus saeculi prudentiores filiis lucis in generatione sua sunt*; como si dijera: «más prudentes son los hijos de este siglo en sus invenciones Y mañas, que los que son del bando de Dios». Porque éstos ordinariamente son de buen entendimiento, con la cual potencia se aficionan a su ley, y carecen de imaginativa, a la cual potencia pertenece el saber vivir en el mundo. Y, así, muchos son buenos moralmente porque no tienen habilidad para ser malos. Esta manera de responder es más llana y palpable. Por no atinar los filósofos naturales a ella, fingieron una causa tan estulta y desatinada como es la Fortuna, a quien atribuyesen los malos y buenos sucesos, y no a la imprudencia o mucho saber de los hombres.

Cuatro diferencias de gentes se hallan en cada república (si alguno las quisiere buscar): unos hombres hay que son sabios y no lo parecen, otros lo parecen y no lo son, otros ni lo son ni lo parecen. Hay unos hombres callados, tardos en hablar, pesados en responder, no pulidos ni con ornamento de palabras, y dentro de sí tienen ocultada una potencia natural tocante a la imaginativa, con la cual conocen el tiempo, la ocasión de lo que han de hacer, el camino por donde lo han de guiar, sin comunicarlo con nadie ni darlo a entender. A éstos llama el vulgo dichosos y bien afortunados, pareciéndole que con poco saber y prudencia se les viene todo a la mano. En contrario, hay otros hombres de grande elocuencia en hablar y decir, grandes trazadores, hombres que tratan de gobernar todo el mundo, y que fingen que con poco dinero se podría ganar de comer, que al parecer de la gente vulgar no hay más que saber; y, venidos a la obra, todo se les deshace en las manos. Estos se quejan de la Fortuna y la llaman ciega, loca y bruta, porque las cosas que hacen y ordenan con mucha prudencia hace que no tengan buen fin. Y si hubiera Fortuna que pudiera responder por sí, les dijera: «Vosotros sois los necios, locos y desatinados, que, siendo imprudentes, os tenéis por sabios y, poniendo malos medios, queréis buenos sucesos». Este linaje de hombres tiene una diferencia de imaginativa que pone ornamento y afeite en las palabras y razones, y les hace parecer lo que no son.

Por donde concluyo que el capitán general que tuviere el ingenio que pide el arte militar y mirare primero muy bien lo que quiere hacer será muy afortunado y dichoso; y si no, por demás es pensar que saldrá con ninguna victoria. Si no es que Dios pelea por él, como lo hacía con los ejércitos de Israel; y, con todo eso, se elegían los más sabios y prudentes capitanes que había, porque ni conviene dejarlo todo a Dios ni fiarse el hombre de su ingenio y habilidad: mejor es juntarlo todo, porque no hay otra fortuna sino Dios y la buena diligencia del hombre.

El que inventó el juego del ajedrez hizo un modelo del arte militar, representado en él todos los pasos y contemplaciones de la guerra, sin faltar ninguno. Y de la manera que en este juego no hay fortuna, ni se puede llamar dichoso el jugador que vence a su contrario, ni el vencido desdichado, así el capitán que venciere se ha de llamar sabio y el vencido ignorante, y no dichoso ni mal afortunado.

Lo primero que ordenó en este juego fue que, en dando mate al rey, quedase el contrario victorioso, para dar a entender que todas las fuerzas de un ejército están puestas en la buena cabeza del que lo rige y gobierna. Y para hacer de ello demostración, dio tantas piezas a uno como a otro, por que cualquiera que perdiese tuviese entendido que le faltó el saber y no la fortuna. De lo cual se hace mayor evidencia considerando que un gran jugador a otro de menos cabeza le da la mitad de las piezas, y con todo eso le gana el juego. Y así lo notó Vegecio diciendo: *pauciores numero et inferioribus viribus, superventus et insidias facientes sub bonis ducibus, reportarunt saepe victoriam*; como si dijera: «muchas veces acontece que pocos soldados y flacos vencen a los muchos y fuertes, si son gobernados por un capitán que sabe hacer muchos embustes y engaños».

Puso también que los peones no pudiesen volver atrás para avisar al capitán general que cuente bien las tretas antes que envíe los soldados al hecho; porque, si salen erradas, antes conviene que mueran en el puesto que volver las espaldas. Porque no ha de saber el soldado que hay tiempo de huir ni acometer en la guerra si no es por orden del que los gobierna; y, así, en tanto que le durase la vida, ha de guardar su portillo so pena de infame. Junto con esto puso otra ley: que el peón que corriere siete casas sin que le prendan, reciba nuevo ser de dama y pueda andar por donde quisiere y asentarse junto al rey, como pieza libertada y noble. En lo cual se da a entender que importa mucho en la guerra, para hacer los soldados valientes, pregonar intereses, campos francos y honras a los que hicieren hechos señalados. Especialmente si la honra y provecho ha de pasar a sus descendientes, entonces lo hacen con mayor ánimo y valentía. Y, así, dice Aristóteles que en más estima el hombre el ser universal de su linaje, que su vida en particular.

Esto entendió bien Saúl cuando echó un bando en su ejército que decía: *virum qui percusserit eum, ditabit rex divitiis magnis, et filiam suam dabit ei, et domum patris eius fatiet absque tributo in Israel*; como si dijera: «cualquier soldado que matare a Golías le dará el rey muchas riquezas y le casará con su hija, y la casa de su padre quedará libre de pechos y servicios». Conforme a este bando, había un fuero en España que disponía que cualquier soldado que por sus buenos hechos mereciese devengar quinientos sueldos de paga (que era la más subida ventaja que se daba en la guerra) quedase, él y todos sus descendientes, para siempre jamás libres de pechos y servicios.

Los moros (como son grandes jugadores de ajedrez) tienen ordenados siete escalones en la paga, a imitación de las siete casas que ha de andar el peón para que sea dama. Y, así, los van subiendo de una paga a dos, y de dos a tres, hasta llegar a siete conforme a los hechos que hiciere el soldado; y si es tan valeroso que mereciere tirar tan subida ventaja como siete, se la dan, y por esta causa los llaman septenarios o matasiete; los cuales tienen grandes libertades y exenciones, como en España los hidalgos.

La razón de esto es muy clara en filosofía natural. Porque ninguna facultad hay, de cuantas gobiernan al hombre, que quisiera obrar de buena gana si no hay interés delante que la mueva. Lo cual prueba Aristóteles de la potencia generativa; y en las demás corre la misma razón. El objeto de la facultad irascible ya hemos dicho atrás que es la honra y provecho; y si esto falta, luego cesa el ánimo y valentía.

De todo esto se entenderá la gran significación que tiene el hacerse dama el peón que (sin prenderle) corre siete casas. Porque todas cuantas buenas noblezas ha habido en el mundo y habrá han nacido, y nacerán, de peones y hombres particulares, los cuales con el valor de su persona hicieron tales hazañas, que merecieron para sí y para sus descendientes título de hijosdalgo, caballeros, nobles, condes, marqueses, duques y reyes. Verdad es que hay algunos tan ignorantes y faltos de consideración, que no admiten que su nobleza tuvo principio, sino que es eterna, y convertida en sangre, no por merced del rey particular, sino por creación sobrenatural y divina.

A propósito de este punto (aunque se va algo apartando de la materia) no puedo dejar de referir aquí un coloquio muy avisado que pasó entre el príncipe don Carlos, nuestro señor, y el doctor Suárez de Toledo, siendo su alcalde de corte en Alcalá de Henares.

Príncipe: Doctor, ¿qué os parece de este pueblo?

Doctor: Señor, muy bien, porque tiene el mejor cielo y suelo que lugar tiene en España.

P.: Por tal lo han escogido los médicos para mi salud. ¿Habéis visto la Universidad?

D.: No, señor.

P.: Velda, que es cosa muy principal y donde me dicen se leen muy bien las ciencias.

D.: Por cierto que para ser un Colegio y Estudio particular, que tiene mucha fama; y, así, debe ser en la obra como vuestra alteza dice.

P.: ¿Dónde estudiasteis vos?

D.: Señor, en Salamanca.

P.: ¿Y sois doctor por Salamanca?

D.: No, señor.

P.: Eso me parece muy mal, estudiar en una Universidad y graduarse en otra.

D.: Sepa vuestra alteza que el gasto de Salamanca en los grados es excesivo, y por eso los pobres huimos de él y nos vamos a lo barato, entendiendo que el habilidad y las letras no las recibimos del grado, sino del estudio y trabajo. Aunque no eran mis padres tan pobres, que, si quisieran, no me graduaran por Salamanca; pero ya sabe vuestra alteza que los doctores de esta Universidad tienen las mismas franquezas que los hijosdalgo de España, y a los que lo somos por naturaleza nos hace daño esta exención, a lo menos a nuestros descendientes.

P.: ¿Qué rey de mis antepasados hizo a vuestro linaje hidalgo?

D.: Ninguno, porque sepa vuestra alteza que hay dos géneros de hijosdalgo en España: unos son de sangre y otros de privilegio. Los que son de sangre, como yo, no recibieron su nobleza de manos del rey, y los de privilegio, sí.

P.: Eso es para mí muy dificultoso de entender, y holgaría que me lo pusiésedes en términos claros; porque si mi sangre real (contando desde mí, y luego a mi padre, y tras él a mi abuelo, y así los demás por su orden) se viene a acabar en Pelayo, a quien por muerte del rey Don Rodrigo lo eligieron por rey, no lo siendo. Si así contásemos vuestro linaje, ¿no verníamos a parar en uno que no fuese hidalgo?

D.: Ese discurso no se puede negar, porque todas las cosas tuvieron principio.

P.: Pues pregunto yo ahora: ¿de dónde hubo la hidalguía aquel primero que dio principio a vuestra nobleza? Él no pudo libertarse a sí ni eximirse de los pechos y servicios que hasta allí habían pagado al rey sus antepasados, porque esto era hurto y alzarse por fuerza con el patrimonio real, y no es razón que los hidalgos de sangre tengan tan ruin principio como éste. Luego claro está que el rey le libertó y le hizo merced de aquella hidalguía. O dadme vos de dónde la hubo.

D.: Muy bien concluye vuestra alteza; y así es verdad que no hay hidalguía verdadera que no sea hechura del rey. Pero llamamos hidalgos de sangre aquellos que no hay memoria de su principio, ni se sabe por escritura en qué tiempo comenzó ni qué rey hizo la merced; la cual oscuridad tiene la república recibida por más honrosa, que saber distintamente lo contrario. (Etc.).

La república hace también hidalgos; porque, en saliendo un hombre valeroso, de grande virtud y rico, no le osa empadronar, pareciéndole que es desacato y que merece por su persona vivir en libertad y no igualarle con la gente plebeya. Esta estimación, pasando a los hijos y nietos, se va haciendo nobleza; y van adquiriendo derecho contra el rey. Éstos no son hidalgos de quinientos sueldos; pero como no se puede probar, pasan por tales.

El español que inventó este nombre, hijodalgo, dio bien a entender la doctrina que hemos traído. Porque, según su opinión, tienen los hombres dos géneros de nacimiento: el uno es natural, en el cual todos son iguales, y el otro, espiritual. Cuando el hombre hace algún hecho heroico o alguna extraña virtud y hazaña, entonces nace de nuevo, y cobra otros mejores padres, y pierde el ser que antes tenía: ayer se llamaba hijo de Pedro y nieto de Sancho; ahora se llama hijo de sus obras (de donde tuvo origen el refrán castellano que dice cada uno es hijo de sus obras). Y porque las buenas y virtuosas llama la divina Escritura algo, y a los vicios y pecados nada, compuso este nombre, hijosdalgo; que querrá decir ahora: «Descendiente del que hizo alguna extraña virtud por donde mereció ser premiado del rey o de la república, él y todos sus descendientes para siempre jamás». La ley de la Partida dice que hijodalgo quiere decir hijo de bienes. Y si entiende de bienes temporales, no tiene razón; porque hay infinitos hijosdalgo pobres, e infinitos ricos que no son hijosdalgo. Pero si quiere decir hijo de bienes que llamamos virtudes, tiene la misma significación que dijimos. Del segundo nacimiento que han de tener los hombres fuera del natural, hay manifiesto ejemplo en la divina Escritura, donde Cristo nuestro redentor reprende a Nicodemus, porque, siendo doctor de la ley, no sabía que era necesario tornar el hombre a nacer de nuevo para tener otro mejor ser y otros padres más honrados que los naturales. Y, así, todo el tiempo que el hombre no hace algún hecho heroico se llama, en esta significación, hijo de nada, aunque por sus antepasados tenga nombre de hijodalgo.

A propósito de esta doctrina quiero contar aquí un coloquio que pasó entre un capitán muy honrado y un caballero que se preciaba mucho de su linaje; en el cual se verá en qué consiste la honra, y cómo ya todos saben de este nacimiento segundo. Estando, pues, este capitán en un corrillo de caballeros, tratando de la anchura y libertad que tienen los soldados en Italia, en cierta pregunta que uno de ellos le hizo le llamó vos, atento que era natural de aquella tierra y hijo de unos padres de baja fortuna y nacido en una aldea de pocos vecinos. El capitán, sentido de la palabra, respondió diciendo: «Señor, sepa vuestra señoría que los soldados que han gozado de la libertad de Italia no se pueden hallar bien en España por las muchas leyes que hay contra los que echan mano a la espada». Los otros caballeros, viendo que le llamaba señoría, no pudieron sufrir la risa; de lo cual corrido el caballero, les dijo de esta manera: «Sepan vuestras mercedes que la señoría de Italia es en España merced, y como el señor capitán viene hecho al uso y costumbre de aquella tierra, llama señoría a quien ha de decir merced». A esto respondió el capitán diciendo: «No me tenga vuestra señoría por hombre tan necio que no me sabré acomodar al lenguaje de Italia estando en Italia, y al de España estando en España. Pero quien a mí me ha de llamar vos en España, por lo menos ha de ser señoría de España, y se me hará muy de mal». El caballero, medio atajado, le replicó diciendo: «Pues cómo, señor capitán, ¿no sois natural de tal parte? ¿Y hijo de Fulano? Y, con esto, ¿no sabéis quién soy yo e mis antepasados?». «Señor, dijo el capitán, bien sé que vuestra señoría es muy buen caballero y que sus padres lo fueron también; pero yo y mi brazo derecho, a quien ahora reconozco por padre, somos mejores que vos y todo vuestro linaje.»

Este capitán aludió al segundo nacimiento que tienen los hombres, en cuanto dijo yo y mi brazo derecho, a quien ahora reconozco por padre. Y tales obras podía haber hecho con su buena cabeza y espada, que igualase el valor de su persona con la nobleza de caballero.

Por la mayor parte (dice Platón) son contrarias la ley y Naturaleza; porque sale un hombre de sus manos con un ánimo prudentísimo, ilustre, generoso, libre, y con ingenio para mandar a todo el mundo, y por nacer en casa de Amicla (que era un villano muy bajo) quedó por la ley privado del honor y libertad en que Naturaleza le puso; por lo contrario, vemos otros cuyo ingenio y costumbres fueron ordenadas para ser esclavos y siervos, y por nacer en casas ilustres quedan por ley hechos señores. Pero una cosa no se ha notado mil siglos atrás, y es digna de considerar: que por maravilla salen hombres muy hazañosos, o de grande ingenio para las ciencias y armas, que no nazcan en aldeas o lugares pajizos, y no en ciudades muy grandes. Y es el vulgo tan ignorante, que toma por argumento en contrario nacer en lugares pequeños; de lo cual tenemos manifiesto ejemplo en la divina Escritura: que espantado el pueblo de Israel de las grandezas de Cristo nuestro redentor, dijo: *a Nazareth potest quidquam boni exire?* Como si dijera: «¿es posible que de Nazareth pudo salir cosa buena?».

Pero volviendo al ingenio de este capitán que hemos dicho, él debía juntar mucho entendimiento con la diferencia de imaginativa que pide el arte militar; y, así, apuntó en este coloquio mucha doctrina, de la cual podremos colegir en qué consiste el valor de los hombres para ser estimados en la república.

Seis cosas me parece que ha de tener el hombre para que enteramente se pueda llamar honrado; y cualquiera de ellas que le falte, quedará su ser menoscabado. Pero no están todas constituidas en un mismo grado ni tienen el mismo valor ni quilates.

La primera y más principal es el valor de la propia persona, en prudencia, en justicia, en ánimo y valentía. Éste hace las riquezas y mayorazgos, de éste nacen los apellidos ilustres; de este principio tienen origen todas las noblezas del mundo. Y si no, vamos a las casas grandes de España, y hallaremos que casi todas tienen origen de hombres particulares, los cuales, con el valor de sus personas, ganaron lo que ahora tienen sus descendientes.

La segunda cosa que honra al hombre, después del valor de la persona, es la hacienda; sin la cual ninguno vemos ser estimado en la república.

La tercera es la nobleza y antigüedad de sus antepasados. Ser bien nacido y de claro linaje es una joya muy estimada, pero tiene una falta muy grande: que sola por sí es de muy poco provecho, así para el noble como para los demás que tienen necesidad. Porque ni es buena para comer, ni beber, ni vestir, ni calzar, ni para dar, ni fiar; antes hace vivir al hombre muriendo, privándose de los remedios que hay para cumplir sus necesidades. Pero, junta con la riqueza, no hay punta de honra que se le iguale. Algunos suelen comparar la nobleza al cero de la cuenta guarisma, el cual solo por sí no vale nada; pero, junto con otro número, le hace subir.

Lo cuarto que hace al hombre ser estimado es tener alguna dignidad o oficio honroso. Y por el contrario, ninguna cosa abaja tanto al hombre como ganar de comer en oficio mecánico.

La quinta cosa que honra al hombre es tener buen apellido y gracioso nombre que haga buena consonancia en los oídos de todos, y no llamarse Majagranzas o Majadero como yo los conozco. Léese en la *General Historia de España* que, viniendo dos embajadores de Francia a pedir al rey Don Alonso el nono una de sus hijas para casarla con el rey Filipo su señor, que la una de ellas era muy hermosa y se llamaba Urraca, y la otra no era tan graciosa pero tenía por nombre Blanca. Puestas ambas delante los embajadores, todos tuvieron entendido que echaran mano de la Doña Urraca por ser la mayor y más hermosa y estar más bien aderezada; pero, preguntando los embajadores por el nombre de cada una, les ofendió el apellido de Urraca, y escogieron a la Doña Blanca diciendo «que este nombre sería mejor recibido en Francia que el otro».

Lo sexto que honra al hombre es buen atavío de su persona, andar bien vestido y acompañado de muchos criados.

La buena descendencia de los hijosdalgo de España es de aquellos que, por el valor de su persona y las muchas hazañas que emprendieron, devengaban en la guerra quinientos sueldos de paga; el cual origen no han podido averiguar los escritores modernos, porque si no son las cosas que hallan escritas y dichas por otros, ninguno tiene propia invención. La diferencia que pone Aristóteles entre la memoria y reminiscencia es que, si la memoria ha perdido algo de lo que antes sabía, no tiene poder para tornarse a acordar si no lo aprende de nuevo; pero la reminiscencia tiene una gracia particular, que si algo se le ha olvidado, con muy poco que le quede, discurriendo sobre ello, torna a hallar lo que tenía perdido. Cuál sea el fuero que habla en favor de los buenos soldados está ya perdido, así en los libros como en la memoria de los hombres. Pero han quedado estas palabras: «Hijodalgo de devengar quinientos sueldos según fuero de España y de solar conocido»; sobre las cuales discurriendo y raciocinando, fácilmente se hallarán las compañeras.

Dando Antonio de Lebrija la significación de este verbo, *vendico, -as*, dice que significa «devengar para sí»; como si dijera: «tirar para sí aquello que se le debe por paga o derecho»; como ahora decimos en nueva manera de hablar: «tirar gajes del rey, o ventajas». Y es tan usado en Castilla la Vieja el decir «Fulano bien ha devengado su trabajo» cuando está bien pagado, que no hay entre la gente muy pulida otra manera de hablar más a la mano. De esta significación tuvo origen el llamar «vengar» cuando alguno se paga de la injuria que otro le ha hecho; porque la injuria, metafóricamente, se llama deuda. Según esto, querrá decir ahora «Fulano es hijodalgo de devengar quinientos sueldos» que es descendiente de un soldado tan valeroso que, por sus hazañas, mereció tirar una paga tan subida como son quinientos sueldos; el cual por fuero de España era libertado, él y todas sus descendientes, de no pagar pechos ni servicios al rey. El solar conocido no tiene más misterio de que cuando entraba un soldado en el número de los que devengaban quinientos sueldos asentaban en los libros del rey el nombre del soldado, el lugar de donde era vecino y natural, quién eran sus padres y parientes, para la certidumbre de aquel a quien se le hacía tanta merced; como parece hoy día en el libro del Becerro que está en Simancas, donde se hallarán escritos los principios de casi toda la nobleza de España. La misma diligencia hizo Saúl cuando David mató a Golías: que luego mandó a su capitán Abner que supiese de *qua stirpe descendit hic adolescens*; como si le dijera: «sábeme, Abner, de qué padres y parientes desciende este mancebo, o de qué casa en Israel». Antiguamente llamaban solar a la casa, así del villano como del hidalgo.

Pero ya que hemos hecho esta digresión, es menester volver al intento que llevamos, y saber de dónde proviene que en el juego del ajedrez (pues decimos que es el retrato de la milicia) se corre más el hombre de perder que a otro ninguno, sin que vaya interés ni se juegue de precio; y de dónde pueda nacer que los que están mirando vean más tretas que los que juegan, aunque sepan menos. Y lo que hace mayor dificultad es que hay jugadores que en ayunas alcanzan más tretas que habiendo comido, y otros después de comer juegan mejor.

La primera duda tiene poca dificultad. Porque ya hemos dicho que en la guerra, ni en el juego del ajedrez, no hay fortuna, ni se permite decir «quién tal pensara»: todo es ignorancia y descuido del que pierde y prudencia y cuidado del que gana. Y ser el hombre vencido en cosas de ingenio y habilidad, sin poder dar otra excusa ni achaque más que su ignorancia, no puede dejar de correrse; porque es racional y amigo de honra, y no puede sufrir que en las obras de esta potencia otro le haga ventaja.

Y, así, pregunta Aristóteles qué es la causa que los antiguos no consintieron que hubiese premios señalados para los que venciesen a otros en las ciencias, y los pusieron para el mayor saltador, corredor, tirador de barra y luchador. A esto responde que en las luchas y contiendas corporales súfrese poner jueces para juzgar el exceso que el uno hace al otro; porque podrán dar con justicia el premio al que venciere, porque es muy fácil conocer por la vista cuál salta más tierra y corre con mayor velocidad. Pero, en la ciencia, es muy dificultoso el tantear con el entendimiento cuál excede a cuál, por ser cosa tan espiritual y delicada; y si el juez quiere dar el premio con malicia, no todos lo podrán entender, por ser un juicio tan oculto al sentido de los que lo miran. Fuera de esta respuesta, da Aristóteles otra mejor, diciendo que los hombres no se dan mucho que otros les hagan ventaja en tirar, luchar, correr y saltar, por ser gracias en que nos sobrepujan los brutos animales; pero lo que no pueden sufrir con paciencia es que otro sea juzgado por más prudente y sabio; y, así, toman odio con los jueces y se procuran de ellos vengar, pensando que de malicia los quisieron afrentar. Y, para evitar estos daños, no consintieron que en las obras tocantes a la parte racional hubiese jueces ni premios. De donde se infiere que hacen mal las Universidades que señalan jueces y premios de primero, segundo y tercero, en licencias, a los que mejor examen hicieren. Porque allende que acontecen cada día los inconvenientes que ha dicho Aristóteles, es contra la doctrina evangélica poner a los hombres en competencia de quién ha de ser el primero. Y que esto sea verdad parece claramente; porque, viniendo un día de camino los discípulos de Cristo nuestro redentor, trataron entre sí cuál de ellos había de ser el mayor; y estando ya en la posada, les preguntó su Maestro sobre qué habían hablado en el camino; pero ellos, aunque rudos, bien entendieron que no era lícita la cuestión, y así dice el Texto que no lo osaron decir. Pero como a Dios no se le esconde nada, les dijo de esta manera: *si quis vult primus esse, erit omnium novissimus et omnium minister*; como si les dijera: «el que quisiere ser el primero ha de ser el postrero y siervo de todos». Los fariseos eran aborrecidos de Cristo nuestro redentor porque *amant autem primos accubitus in caenis et primas cathedras in Sinagogis*.

La razón principal en que se fundan los que reparten los grados de esta manera es que, entendiendo los estudiantes que a cada uno han de premiar conforme a la muestra que diere, no dormirán ni comerán por no dejar el estudio, lo cual cesaría no habiendo premio para el que trabajare ni castigo para el que holgare y se echare a dormir. Pero es muy liviana y aparente, y presupone un falso muy grande, y es: que la ciencia se adquiere por trabajar siempre en los libros y oírla de buenos maestros y nunca perder lección. Y no advierten que si el estudiante no tiene el ingenio y habilidad que piden las letras que estudia, es por demás quebrarse de noche y de día la cabeza en los libros. Y es el error, de esta manera, que entran en competencia dos diferencias de ingenio tan extrañas como esto: que el uno, por ser muy delicado, sin estudiar ni ver un libro adquiere la ciencia en un momento; y el otro, por ser rudo y torpe, trabajando toda la vida jamás sabe nada. Y vienen los jueces (los hombres) a dar primero a quien Naturaleza hizo hábil y no trabajó, y postrero al que nació sin ingenio y nunca dejó el estudio, como si el uno hubiera ganado las letras hojeando los libros, y el otro perdídolas por echarse a dormir. Es como si pusiesen premio a dos corredores, y el uno tuviese buenos pies y ligeros, y al otro le faltase una pierna. Si las Universidades no admitiesen a las ciencias sino aquellos que tienen ingenio para ellas, y todos fuesen iguales, muy bien era que hubiese premio y castigo, porque el que supiese más era claro que había trabajado más, y el que menos se había dado a holgar.

A la segunda duda se responde que, de la manera que los ojos han menester luz y claridad para ver las figuras y colores, así la imaginativa tiene necesidad de luz allá dentro en el celebro para ver los fantasmas que están en la memoria. Esta claridad no la da el Sol ni el candil ni la vela, sino los espíritus vitales que nacen en el corazón y se distribuyen por todo el cuerpo. Con esto, es menester saber que el miedo recoge todos los espíritus vitales al corazón y deja a oscuras el celebro y frías todas las demás partes del cuerpo; y, así, pregunta Aristóteles: *cur voce et manibus et labio inferiori tremant qui metuunt?* Como si dijera: «¿qué es la causa que los que tienen miedo les tiembla la voz, las manos y el labio inferior?». A lo cual responde que con el miedo se recoge el calor natural al corazón y deja frías todas las partes del cuerpo, y de la frialdad hemos dicho atrás (de opinión de Galeno) que entorpece todas las facultades y potencias del ánima y no las deja obrar. Con esto está ya clara la respuesta de la segunda duda; y es que los que están jugando al ajedrez tienen miedo de perder, por ser juego de pundonor y afrenta y no haber en él fortuna como hemos dicho; y recogiéndose los espíritus vitales al corazón, queda la imaginativa torpe por la frialdad, y los fantasmas a oscuras, por las cuales dos razones no puede obrar bien el que juega. Pero los que están mirando, como no les va nada ni tienen miedo de perder, con menos saber alcanzan más tretas, por tener su imaginativa más calor y estar alumbradas las figuras con la luz de los espíritus vitales.

Verdad es que la mucha luz deslumbra también la imaginativa. Y acontece cuando el que juega está corrido y afrentado de ver que le ganan, entonces con el enojo crece el calor natural y alumbra más de lo que es menester. De todo lo cual está reservado el que mira. De aquí nace un efecto harto usado en el mundo: que el día que el hombre quiere hacer mayor muestra de sí y dar a entender sus letras y habilidad, aquel día lo hace peor. Otros hombres hay al revés, que, puestos en aprieto, hacen grande ostentación, y salidos de allí no saben nada. De todo lo cual está la razón muy clara. Porque el que tiene mucho calor natural en la cabeza, señalándose en veinte y cuatro horas una lección de oposición, húyele al corazón parte del calor natural que tiene demasiado, y así queda el celebro templado; y en esta disposición probaremos en el capítulo que se sigue que se le ofrece al hombre mucho que decir. Pero el que es muy sabio y tiene grande entendimiento, puesto en aprieto, no le queda calor natural en la cabeza con el miedo, y así por falta de luz no halla en su memoria qué decir.

Si esto considerasen los que ponen lengua en los capitanes generales condenando sus tretas y el orden que dan en el campo, verían cuánta diferencia hay de estar mirando la guerra desde su casa, o jugar lances en ella con miedo de perder un ejército que el rey le ha puesto en sus manos.

No menos daño hace el miedo al médico para curar. Porque su práctica hemos probado atrás pertenece a la imaginativa, la cual se ofende más con la frialdad que otra potencia ninguna, porque su obra consiste en calor. Y, así, se ve por experiencia que los médicos curan mejor a la gente vulgar que a los príncipes y señores.

Un letrado me preguntó un día (sabiendo que yo trataba de esta invención) qué era la causa que en el negocio que le pagaban bien se le ofrecían muchas leyes y apuntamientos en el Derecho, y en los que no tenían cuenta con su trabajo parece que le huía todo cuanto sabía. A lo cual le respondí que el interés pertenece a la facultad irascible, la cual reside en el corazón, y si no está contenta, no da de buena gana los espíritus vitales con la luz de los cuales se han de ver las figuras que hay en la memoria; pero, estando satisfecha, da con alegría el calor natural, y así tiene el ánima racional claridad bastante para ver todo lo que está escrito en la cabeza.

Esta falta tienen los hombres de grande entendimiento: ser escasos y muy interesales. Y en éstos se echa más de ver la propiedad de aquel letrado; pero bien mirado, ello parece acto de justicia: querer ser pagado el que trabaja en la viña ajena. La misma razón corre por los médicos; a los cuales, estando bien pagados, se les ofrecen muchos remedios, y si no, también les huye el arte, como al letrado. Pero una cosa se ha de notar aquí muy importante; y es que la buena imaginativa del médico en un momento atina a lo que conviene hacer, y si se pone despacio a mirarlo, luego le acuden mil inconvenientes que le dejan suspenso, y entretanto se pasa la ocasión del remedio. Y, así, nunca conviene al buen médico encomendarle que mire bien lo que ha de hacer, sino que ejecute aquello que primero le pareció; porque atrás hemos probado que la mucha especulación sube de punto el calor natural, y tanto puede crecer, que desbarate la imaginativa. Pero al médico que la tiene remisa no le hará daño estar mucho contemplando; porque, subiendo el calor al celebro, verná a alcanzar el punto que esta potencia ha menester.

La tercera duda tiene, por lo dicho, la respuesta muy clara. Porque la diferencia de imaginativa con que se juega al ajedrez pide cierto punto de calor para alcanzar las tretas; y el que juega bien en ayunas tiene entonces la intensión de calor que ha menester; pero con el calor de la comida sube del punto que es necesario, y así juega menos. Al revés acontece a los que juegan bien después de comer: que, subiendo el calor con los alimentos y el vino, alcanza el punto que le faltaba en ayunas.

Y, así, conviene enmendar un lugar de Platón que dice haber desviado Naturaleza con prudencia el hígado del celebro, porque los alimentos, con sus vapores, no perturbasen la contemplación del ánima racional. Y si entiende en las obras que pertenecen al entendimiento, dice muy bien; pero no ha lugar en algunas diferencias de imaginativa. Lo cual se ve por experiencia claramente en los convites y banquetes: que, yendo la comida de miedo abajo, comienzan los convidados a decir gracias, donaires y apodos; y al principio ninguno hallaba qué decir. Pero ya al fin de la comida apenas aciertan a hablar, por haber subido de punto el calor que pide la imaginativa. Los que han menester comer y beber un poco para que se les levante la imaginativa son los melancólicos por adustión; porque éstos tienen el celebro como cal viva, la cual, tomada en la mano, está fría y seca al toque, pero, si la rocían con algún licor, no se puede sufrir el calor que levanta.

También se ha de corregir aquella ley que trae Platón de los cartagineses, por la cual prohibían que los capitanes no bebiesen vino estando en la guerra, ni los gobernadores durante el año de su magistrado. Y aunque Platón la tiene por muy justa y nunca la acaba de loar, es menester hacer distinción. La obra del juzgar, ya hemos dicho atrás, pertenece al entendimiento, y que esta potencia aborrece el calor; y para esto hace muy gran daño el vino. Pero gobernar una república, que es distinta cosa de tomar un proceso y sentenciarle, pertenece a la imaginativa, y ésta pide calor; y no llegando al punto que es necesario, bien puede el gobernador beber un poco de vino para hacerle llegar. Lo mismo se entiende del capitán general, cuyo consejo se ha de hacer también con la imaginativa. Y si con alguna cosa caliente se ha de subir el calor natural, ninguna lo hace tan bien como el vino; pero ha de ser moderadamente bebido, porque no hay alimento que tanto ingenio dé al hombre, o se lo quite, como este licor. Y, así, conviene que el capitán general tenga conocida la manera de su imaginativa: si es de las que han menester comer y beber para suplir el calor que le falta, o estar en ayunas. Porque en solo esto está alcanzar una treta o perderla.

Capítulo XIV [XVI de 1594]. Donde se declara a qué diferencia de habilidad pertenece el oficio de rey, y qué señales ha de tener el que tuviere esta manera de ingenio

Cuando Salomón fue elegido por rey y caudillo de un pueblo tan grande y numeroso como Israel, dice el Texto que, para poderlo regir y gobernar, pidió sabiduría del Cielo, y no más. La cual demanda fue tan a gusto de Dios, que en pago de haber acertado tan bien le hizo el más sabio rey del mundo, y no contento con esto, le dio muchas riquezas y gloria encareciendo siempre su gran petición. De donde se infiere claramente que la mayor prudencia y sabiduría que puede haber en el hombre, ésa es el fundamento en que restriba el oficio de rey; la cual conclusión es tan cierta y verdadera, que no es menester gastar tiempo en probarla. Solo conviene mostrar a qué diferencia de ingenio pertenece el arte de ser rey tal cual la república lo ha menester, y traer las señales con que se ha de conocer el hombre que tuviere tal ingenio y habilidad.

Y, así, es cierto que, como el oficio de rey excede a todas las artes del mundo, de la misma manera pide la mayor diferencia de ingenio que Naturaleza pueda hacer. Cuál sea ésta, aún no lo hemos dicho hasta aquí, ocupados en repartir a las demás artes sus diferencias y modos. Pero, ya que la tenemos en las manos, es de saber que de nueve temperamentos que hay en la especie humana, solo uno dice Galeno que hace al hombre prudentísimo, todo lo que naturalmente puede alcanzar; en el cual las primeras calidades están en tal peso y medida, que el calor no excede a la frialdad, ni la humedad a la sequedad, antes se hallan en tanta igualdad y conformes como si realmente no fueran contrarias ni tuvieran oposición natural. De lo cual resulta un instrumento tan acomodado a las obras del ánima racional, que viene el hombre a tener perfecta memoria para las cosas pasadas, y grande imaginativa para ver lo que está por venir, y grande entendimiento para distinguir, inferir, raciocinar, juzgar y elegir.

Las demás diferencias de ingenio que hemos contado, ninguna de ellas tiene entera perfección; porque si el hombre tiene grande entendimiento (por la mucha sequedad), no puede aprender las ciencias que pertenecen a la imaginativa y memoria; y si grande imaginativa (por el mucho calor), queda inhabilitado para las ciencias del entendimiento y memoria; y si grande memoria (por la mucha humedad), ya hemos dicho atrás cuán inhábiles son los memoriosos para todas las ciencias. Sola esta diferencia de ingenio que vamos buscando es la que responde a todas las artes en proporción.

Cuánto daño haga a una ciencia no poderla juntar las demás, notólo Platón diciendo que la perfección de cada una en particular depende de la noticia y conocimiento de todas.

Ningún género de letras hay tan disparato para otro, que saberlo muy bien no ayude a su perfección.

Pero ¿qué será que, con haber buscado esta diferencia de ingenio con mucho cuidado, sola una he podido hallar en España? Por donde entiendo que dijo muy bien Galeno que fuera de Grecia ni por sueños hace Naturaleza un hombre templado ni con el ingenio que requieren todas las ciencias. La razón de esto tráela el mismo Galeno diciendo que Grecia es la región más templada que hay en el mundo, donde el calor del aire no excede a la frialdad, ni la humedad a la sequedad. La cual templanza hace a los hombres prudentísimos y hábiles para todas las ciencias, como parece considerando el gran número de varones ilustres que de ella han salido: Sócrates, Platón, Aristóteles, Hipócrates, Galeno, Teofrastro, Demóstenes, Homero, Tales milesio, Diógenes cínico, Solón y otros infinitos sabios de quien las historias hacen mención. Cuyas obras hallaremos llenas de todas las ciencias; no como los escritores de otras provincias, que, si escriben medicina o cualquiera otra ciencia, por maravilla llaman las demás letras que les den ayuda y favor: todos son pobres y sin caudal por no tener ingenio para todas las artes.

Pero lo que más espanta de Grecia es que, siendo el ingenio de las mujeres tan repugnante a las letras (como adelante probaremos), hubo tantas griegas y tan señaladas en ciencias, que vinieron a competir con los hombres muy racionales; como se lee de Leoncia, mujer sapientísima, que, siendo Teofrastro el mayor filósofo que hubo en su tiempo, escribió contra él notándole muchos errores en filosofía.

Y si miramos las otras regiones del mundo, apenas ha salido de ellas un ingenio que sea notable. Y es la causa habitar en lugares destemplados; por donde se hacen los hombres feos, torpes de ingenio y de malas costumbres. Y, así, pregunta Aristóteles: *cur efferi, et moribus et aspecti-*

bus, sunt qui in nimio vel aestu vel frigore colunt? Como si preguntara: «¿por qué los hombres que habitan en lugares muy calientes o muy fríos, los más son feos de rostro y de malas costumbres?». Al cual problema responde muy bien diciendo: «que la buena temperatura no solamente hace buena gracia en el cuerpo, pero aprovecha también al ingenio y habilidad». Y de la manera que los excesos del calor y de la frialdad impiden a Naturaleza que no saque al hombre bien figurado, por la misma razón se desbarata el armonía del ánima, y le hace torpe de ingenio.

Esto tenían bien entendido los griegos, pues llamaban a todas las naciones del mundo bárbaras, viendo su inhabilidad y poco saber. Y, así, vemos que cuantos nacen y estudian fuera de Grecia, si son filósofos, ninguno llega a Platón y Aristóteles; si médicos, a Hipócrates y Galeno; si oradores, a Demóstenes; si poetas, a Homero. Y, así, en las demás ciencias y artes siempre los griegos han tenido la primacía, sin ninguna contradicción. A lo menos, el problema de Aristóteles se verifica bien en los griegos. Porque realmente son los más hermosos hombres del mundo y de más alto ingenio; sino que han sido desgraciados, oprimidos con armas, sujetos y maltratados por la venida del Turco. Éste hizo desterrar las letras y pasar la Universidad de Atenas a París de Francia, donde ahora está; y así, por no cultivarlos, se pierden ahora tan delicados ingenios como los que arriba contamos. En las demás regiones fuera de Grecia, aunque hay Escuelas y ejercicio de letras, ningún hombre ha salido en ellas muy eminente. Harto piensa el médico que ha hecho si alcanzó con su ingenio a lo que dijo Hipócrates y Galeno; y el filósofo natural no sabe de ciencia por que le parece que entiende a Aristóteles.

Pero con todo eso, no es regla universal que todos los que nacen en Grecia han de ser por fuerza templados y sabios, y los demás destemplados y necios. Porque de Anacarsis, natural de Escitia, cuenta el mismo Galeno que fue de admirable ingenio entre los griegos, aunque bárbaro: con el cual riñendo un filósofo natural de Atenas, le dijo: «Anda, parabárbaro». El Anacarsis le respondió diciendo: *patria, mihi dedecori est; tu vero patriae*; como si le dijera: «mi patria es afrenta para mí, y tú eres afrenta de tu patria, porque siendo Escitia una región tan destemplada y donde tantos necios se crían, salí yo sabio, y naciendo tú en Atenas, que es el lugar del ingenio y sabiduría, eres un asno».

De manera que no hay que desesperar de esta temperatura, ni pensar que es caso imposible hallarla fuera de Grecia; mayormente en España, región no muy destemplada. Porque por la misma razón que yo he hallado una, habrá otras muchas que no han venido a mi noticia ni las he podido examinar. Por donde será bien traer las señales con que se conoce el hombre templado, para que donde le hubiere no se pueda encubrir. Muchas señales ponen los médicos para descubrir esta diferencia de ingenio; pero las más principales y que mejor la dan a entender son las que se siguen.

La primera dice Galeno que es tener el cabello subrufo, que es un color de blanco y rubio mezclado y, pasando de edad en edad, dorándose más. Y está la razón muy clara. Porque la causa material de que se hace el cabello dicen los médicos que es un vapor grueso que se levanta del cocimiento que hace el celebro al tiempo de su nutrición; y cual color tiene este miembro, tal le toman sus excrementos. Si el celebro tiene mucha flema en su composición, sale el cabello blanco; si mucha cólera, azafranado; pero, estando estos dos humores igualmente mezclados, queda el celebro templado en calor, frialdad, humedad y sequedad; y el cabello rubio, participante de ambos extremos. Verdad es que dice Hipócrates que este color, en los hombres que viven debajo del

Septentrión (como son ingleses, flamencos y alemanes), nace de estar la blancura quemada por la mucha frialdad, y no por la razón que decimos. Y, así, es menester advertir en esta señal, porque es muy engañosa.

La segunda señal que ha de tener el hombre que alcanzare esta diferencia de ingenio, dice Galeno que es ser bien sacado y airoso, de buena gracia y donaire, de manera que la vista se recree en mirarlo como figura de gran perfección. Y está la razón muy clara. Porque si Naturaleza tiene muchas fuerzas y simiente bien sazonada, siempre hace, de las cosas posibles, la mejor y más perfecta en su género; pero viéndose alcanzada de fuerzas, muchas veces pone su estudio en la formación del celebro, por ser el principal asiento del ánima racional, y procura que la falta quede en las demás partes del cuerpo. Y, así, vemos muchos hombres bastos y feos, pero muy delicados de ingenio.

La cantidad de cuerpo que ha de tener el hombre templado dice Galeno que no está determinada por Naturaleza; porque puede ser grande, pequeño, y de mediana estatura (conforme a la cantidad de simiente templada que hubo al tiempo que se formó). Pero para lo que toca al ingenio, mejor es la moderada estatura, en los hombres templados, que la grande ni pequeña; y si al uno de los dos extremos ha de inclinar, mejor es a pequeño que a grande, porque los muchos huesos y carne probamos atrás, de opinión de Platón y Aristóteles, que hace mucho daño al ingenio. Conforme a esto, suelen los filósofos naturales preguntar *cur homines qui brevi sunt corpore, prudentiores magna ex parte sunt quam qui longo?* Como si dijera: «¿qué es la causa que, por la mayor parte, los hombres pequeños son más prudentes que los largos?». Para comprobación de lo cual citan a Homero, que dice ser Ulises prudentísimo y pequeño de cuerpo; y, por lo contrario, Ayax, estultísimo y de larga estatura. A esta pregunta responden muy mal diciendo que «recogida el ánima racional en breve espacio, tiene más fuerza para obrar», conforme aquel dicho muy celebrado: *virtus unita fortior est se ipsa dispersa*; y por lo contrario, estando en un cuerpo largo y espacioso, no tiene virtud bastante para poderlo mover y animar. Pero no es ésta la razón, sino que los hombres largos tienen mucha humedad en su composición, la cual hace las carnes muy dilatables y obedientes a la aumentación que procura hacer siempre el calor natural. Al revés acontece en los pequeños de cuerpo: que por la mucha sequedad no pueden hacer correa sus carnes, ni el calor natural las puede dilatar ni ensanchar, por donde quedan de breve estatura. Y entre las calidades primeras, tenemos probado atrás que ninguna echa tanto a perder las obras del ánima racional como la mucha humedad, ni quien avive tanto al entendimiento como la sequedad.

La tercera señal con que se conoce el hombre templado dice Galeno que es ser virtuoso y de buenas costumbres. Porque ser malo y vicioso dice Platón que nace de tener el hombre alguna calidad destemplada que le irrita a pecar; y si ha de obrar conforme a virtud, ha menester primero negar su inclinación natural. Pero el que fuere puntualmente templado, en tanto que estuviere así, no tiene que hacer esta diligencia, porque las potencias inferiores no le pedirán nada contra razón; y, por tanto, dice Galeno que al hombre que tuviere esta temperatura no le pongamos tasa en lo que ha de comer y beber, porque nunca sale de la cantidad y medida que el arte de la medicina le podría señalar. Y no se contenta Galeno con llamarlos temperantísimos, pero aun las demás pasiones del ánima dice que no es menester moderárselas; porque su enojo, su tristeza, su placer y alegría están siempre medidas con la razón. De donde nace estar siempre sanos y nunca enfermos, que es la cuarta señal. Pero en esto no tiene razón Galeno. Porque es imposible componerse un hombre que sea en todas sus potencias perfecto, como es el cuerpo templado; y que la irascible y concupiscible no salga superior a la razón y la irrite a pecar. Y, así, no conviene dejar a ningún hombre, por templado que sea, que siempre siga su inclinación natural sin irle a la mano y corregirle con la razón.

Esto se deja entender fácilmente considerando el temperamento que ha de tener el celebro para que sea conveniente instrumento de la facultad racional; y el que ha de tener el corazón para que la irascible apetezca gloria, imperio, victoria y ser a todos superior; y el que ha de tener el hígado para cocer los manjares; y el que han de tener los testículos para conservar la especie humana y hacerla que pase adelante. Del celebro hemos dicho muchas veces atrás que ha de tener humedad para la memoria, y sequedad para el entendimiento, y calor para la imaginativa. Pero con todo eso, su natural temperamento es frialdad y humedad; y por razón de la intensión y remisión de estas dos calidades, unas veces lo llamamos caliente, otras frío, otras húmedo y otras seco; pero jamás sale de frío y húmido a predominio. El hígado (donde reside la facultad concupiscible) tiene por natural temperamento el calor y humedad a predominio, del cual jamás sale en tanto que vive el hombre; y si alguna vez decimos estar frío, es porque no tiene todos los grados de calor que requieren sus obras. Del corazón (que es el instrumento de la facultad irascible) dice Galeno que es tan caliente de su propia naturaleza, que si, vivo el animal, metiésemos el dedo dentro de sus cavidades, era imposible poderlo sufrir un momento sin abrasarse. Y aunque algunas veces lo llamamos frío, nunca se ha de entender a predominio, porque éste es caso imposible, sino que no tiene tanta intensión de calor como han menester sus obras. En los testículos (donde reside la otra parte de la facultad concupiscible) corre la misma razón, porque su natural temperamento es calor y sequedad a predominio. Y si alguna vez decimos que el hombre tiene los testículos fríos, no ha de entenderse absolutamente ni a predominio, sino que carece de la intensión de calor que ha menester la facultad generativa.

De aquí se infiere, claramente, que si el hombre está bien compuesto y organizado, ha de tener por fuerza calor excesivo en el corazón, so pena que la facultad irascible quedara muy remisa; y si el hígado no es caliente en exceso, no podrá cocer los alimentos ni hacer sangre para la nutrición; y si los testículos no fuesen más calientes que fríos, quedaba el hombre impotente y sin fuerzas para engendrar. Por donde, siendo estos miembros tan fuertes como decimos, necesariamente se ha de alterar el celebro con el mucho calor, que es una de las calidades que más perturba la razón. Y lo que peor es: que la voluntad, siendo libre, se irrita e inclina a condescender con los apetitos de la porción inferior. A esta cuenta, parece que Naturaleza no puede hacer un hombre que sea perfecto en todas sus potencias, y sacarle inclinado a virtud.

Cuán repugnante sea a la naturaleza del hombre salir inclinado a virtud pruébase claramente considerando la compostura del primer hombre, que, con ser la más perfecta que ha habido en toda la especie humana (después de la de Cristo nuestro redentor) y hecha por las manos de tan grande artífice, con todo eso, si Dios no le infundiera una calidad sobrenatural que le reprimiera la porción inferior, era imposible quedando a los principios de su naturaleza, dejar de ser inclinado a mal. Y que Dios hiciese a Adán de perfecta irascible y concupiscible, bien se deja entender; porque cuando les dijo y mandó *crescite et multiplicamini, et replete terram*, cierto es que les dio fuerte potencia para engendrar y que no les hizo fríos, pues les mandó que hinchasen la tierra de hombres, la cual obra no se puede hacer sin mucho calor. No menos calor dio a la facultad nutriva, con la cual había de reparar la sustancia perdida y rehacer otra en su lugar; pues le dijo: *ecce dedi vobis omnem herbam afferentem semen super terram, et universa ligna quae habent in semetipsis sementem generis sui, ut sint vobis in escam.* Porque si Dios les diera el hígado y estómago fríos y con poco calor, cierto es que no pudieran cocer el manjar ni conservarse novecientos y treinta años en el mundo.

También le fortificó el corazón y le dio una facultad irascible acomodada para ser rey y señor y mandar todo el mundo; y le dijo: *subiicite terram et dominamini piscibus maris et volatilibus caelis et universis animantibus quae moventur super terram.* Y si no le diera mucho calor, no tuviera brío ni autoridad para tener imperio, mando, gloria, majestad y honor. Cuánto daño haga al príncipe tener la irascible remisa, no se puede encarecer; porque por sola esta causa viene a no ser temido, obedecido ni reverenciado de los suyos.

Después de fortificada la irascible y concupiscible, dando a los miembros que hemos dicho tanto calor, pasó a la facultad racional, y le hizo un celebro en tal punto frío y húmido y con tan delicada sustancia, que el ánima pudiese con él discurrir y filosofar y aprovecharse de la ciencia infusa. Porque ya hemos dicho y probado atrás que para dar Dios alguna ciencia sobrenatural a los hombres les dispone primero el ingenio, y los hace capaces con disposiciones naturales (dadas de su mano) para poderla recibir.

Y, así, dice el texto divino: *et cor dedit illis excogitandi, et disciplina intellectus replevit illos.*

Siendo, pues, la facultad irascible y concupiscible tan poderosa, por el mucho calor, y la racional tan flaca y remisa para resistir, proveyó Dios de una calidad sobrenatural que llaman los teólogos justicia original, con la cual se reprimían los ímpetus de la porción inferior; y la parte racional quedó superior; y el hombre inclinado a virtud. Pero en pecando nuestros primeros padres, perdieron esta calidad, y quedó la irascible y concupiscible en su naturaleza, y superior a la razón por la fortaleza de los tres miembros que dijimos, y el hombre *pronus abadolescentia sua ad malum*. Adán fue criado en la edad de adolescencia, la cual, según los médicos, es la más templada de todas; y desde aquella edad fue inclinado a mal, si no fue aquel poco de tiempo que estuvo en gracia y con justicia original.

De esta doctrina se infiere, en buena filosofía natural, que si el hombre ha de hacer algún acto de virtud en contradicción de la carne, es imposible poderlo obrar sin auxilio exterior de gracia, por ser las calidades con que obra la potencia inferior de mayor eficacia. Dije «con contradicción de la carne» porque hay muchas virtudes en el hombre que nacen de ser flaca la irascible y concupiscible (como es la castidad en el hombre frío); pero esto antes es impotencia para obrar, que virtud. Por donde, sin que la Iglesia católica nos enseñara que sin auxilio particular de Dios no podemos vencer nuestra naturaleza, nos lo dice la filosofía natural. Y es que la gracia conforta nuestra voluntad. Lo que quiso decir, pues, Galeno fue que el hombre templado excede en virtud a los demás que carecen de esta buena temperatura, porque es menos irritada de la porción inferior.

La quinta propiedad que tienen los de esta temperatura es ser de muy larga vida, porque son muy poderosos para resistir a las causas y achaques con que enferman los hombres. Y esto es lo que quiso decir el real profeta David: *dies annorum nostrorum in ipsis septuaginta anni; si autem in potentatibus, octoginta anni, et amplius eorum labor et dolor*; como si dijera: «el número de años que ordinariamente viven los hombres allega hasta setenta; y si los potentados viven ochenta, pasando de allí mueren viviendo». Llama potentados a los que son de esta temperatura, porque resisten más que todos a las causas que abrevian la vida.

La última señal pone Galeno diciendo que son prudentísimos, de grande memoria para las cosas pasadas, de grande imaginativa para alcanzar lo que está por venir y de grande entendimiento para saber la verdad en todas las cosas. No son malignos, astutos ni cavilosos, porque esto nace de ser vicioso el temperamento.

Tal ingenio como éste, cierto es que no le hizo Naturaleza para estudiar latín, dialéctica, filosofía, medicina, teología ni leyes. Porque, puesto caso que todas estas ciencias las podía fácilmente aprender, pero ninguna de ellas hinche toda su capacidad. Solo el oficio de rey le responde en proporción, y en solo regir y gobernar se ha de emplear. Esto se entenderá fácilmente discurriendo por todas las propiedades y señales que de los hombres templados hemos contado, considerando de cada una cuánto convenga al cetro real y cuán impertinente sea a las demás ciencias y artes.

Ser el rey hermoso y agraciado es una de las cosas que más convidan a los súbditos a quererle y amarle. Porque el objeto del amor dice Platón que es la hermosura y buena proporción; y si el rey es feo y mal tallado, es imposible que los suyos le tengan afición, antes se afrentan de que un hombre imperfecto y falto de los bienes de Naturaleza los venga a regir y mandar.

Ser virtuoso y de buenas costumbres bien se deja entender lo que importa. Porque quien ha de ordenar la vida a los súbditos y darles reglas y leyes para vivir conforme a razón, conviene que él haga otro tanto; porque cual es el rey, tales son los grandes, medianos y pequeños. Allende que por esta vía autorizará más sus mandamientos, y podrá con mejor título castigar a los que no los guardaren.

Tener perfección en todas las potencias que gobiernan al hombre (generativa, nutritiva, irascible y racional) conviene más al rey que a otro artífice ninguno. Porque, como dice Platón, en la república bien ordenada había de haber casamenteros que con arte supiesen conocer las calidades de las personas que se habían de casar, para dar a cada hombre la mujer que le responde en proporción, y a cada mujer su hombre determinado; con la cual diligencia nunca se frustraría el fin principal del matrimonio. Porque vemos por experiencia que una mujer con el primer marido no pudo concebir y casándose con otro, luego tuvo generación; y muchos hombres no tener hijos en la primera mujer y casándose con otra, haberlos luego sin dilación. Mayormente dice Platón que convenía esta arte en los casamientos de los reyes; porque, como importe tanto a la paz y sosiego del reino que su príncipe tenga hijos legítimos en quien suceda el estado, podría acontecer que, casándose el rey a tiento, topase con una mujer estéril, con quien estuviese impedido toda la vida sin esperanza de generación; y muerto sin herederos, luego nacen guerras civiles sobre quién ha de mandar.

Pero esta arte dice Hipócrates que es necesaria a los hombres destemplados, y no para los que tienen el temperamento perfecto que hemos pintado. Éstos no han menester hacer elección de mujeres ni buscar cuál les responde en proporción, porque con cualquiera que se casaren dice Galeno que tendrán luego generación. Pero entiéndese estando la mujer sana y siendo de la edad en que, según orden de Naturaleza, las mujeres suelen empreñarse y parir. De manera que la fecundidad está mejor en el rey que en otro artífice ninguno, por las razones que hemos dicho.

La potencia nutritiva, si es golosa, comedora y bebedora, dice Galeno que nace de no tener el hígado y el estómago la temperatura que conviene a sus obras; por donde se hacen los hombres lujuriosos, enfermos y de muy corta vida. Pero si estos miembros están templados y con la compostura que han de tener, dice el mismo Galeno que no apetecen más cantidad de comida ni bebida de la que es necesaria para sustentar la vida. La cual propiedad es tan importante al rey, que tiene Dios por bienaventurada la tierra que alcanza tal príncipe: *beata terra cuius rex nobilis est et cuius principes vescuntur in tempore suo ad reficiendum et non ad luxuriam.*

De la facultad irascible, si es intensa y remisa, dice Galeno que es indicio de estar el corazón mal compuesto, y de no tener la temperatura que la perfección de sus obras ha menester. De los cuales dos extremos ha de carecer el rey más que otro artífice ninguno. Porque juntar la iracundia con el mucho poder no es cosa que conviene a los súbditos; ni menos está bien al rey tener la irascible remisa, porque pasando livianamente por las cosas mal hechas y atrevidas en su reino, viene a no ser temido ni reverenciado de los suyos; de lo cual suelen nacer muchos daños en la república, y malos de remediar. Pero siendo el hombre templado, enójase con mucha razón, y es pacífico cuando conviene. La cual propiedad es tan necesaria en el rey como todas las que hemos dicho.

La facultad racional (imaginativa, memoria y entendimiento) cuánto importe sea perfecta en el rey más que en otro ninguno, pruébase claramente. Porque las demás ciencias y artes parece que se pueden alcanzar y poner en práctica con las fuerzas del ingenio humano; pero gobernar un reino, tenerlo en paz y concordia, no solamente es menester que el rey tenga prudencia natural para ello, pero es necesario que Dios asista particularmente con su entendimiento y le ayude a gobernar. Y así lo nota la divina Escritura diciendo: *cor regis in manu Domini.*

También vivir muchos años y estar siempre sano es propiedad más conveniente al buen rey que a otro artífice ninguno. Porque su industria y trabajo es bien universal para todos; y si no tiene salud para poderlo llevar, queda perdida la república.

Toda esta doctrina que hemos traído se confirmaría claramente si hallásemos, por historia verdadera, que en algún tiempo se hubiese elegido algún hombre famoso por rey y que no le faltase ninguna de estas señales ni condiciones que hemos dicho. Y esto tiene la verdad: que jamás le faltan argumentos con que probarse.

Cuenta la divina Escritura que, estando Dios enojado con Saúl por haber perdonado la vida a Malec, que mandó a Samuel que fuese a Belén y ungiese por rey de Israel a un hijo de Isaías, de ocho que tenía. Y pensando el santo varón que Dios se pagaría de Eliab por ser de larga estatura, le preguntó diciendo así: *num coram Domino est Christus eius?* A la cual pregunta le fue respondido de esta manera: *ne respicias vultum eius, nec altitudinem staturae eius, quoniam abieci eum. Nec iuxta intuitum hominis ego iudico: homo enim videt ea quae parent, Dominus autem intuetur cor*; como si Dios le dijera: «no mires, Samuel, a la grande estatura de Eliab ni aquel busto que tiene de hombrazo, porque estoy escarmentado en Saúl: vosotros los hombres juzgáis por las señales de fuera, pero yo miro al juicio y prudencia con que se ha de gobernar mi pueblo». Samuel, ya amedrentando de que no sabía elegir, pasó adelante en lo que le era mandado, preguntando siempre a Dios, de uno en uno, cuál quería que ungiese por rey. Y como ninguno le contentase, dijo a Isaías: «¿Tú tienes por ventura más hijos que éstos que tenemos delante?». El cual respondió diciendo que le restaba otro en el ganado, pero era pequeño de cuerpo, pareciéndole que aquello era falta para el cetro real. Pero Samuel, como ya estaba advertido que la grande estatura no era buena señal, hizo que enviase por él. Y es cosa digna de notar que, antes que cuente la divina Escritura cómo lo ungieron por rey, dice de esta manera: *erat autem rufus, et pulcher aspectu decoraque facie. Surge, et unge eum, ipse enim est*; como si dijera: «era rubio y hermoso para mirar. Levántate, Samuel, y úngele por rey, que ése es el que quiero». De manera que tenía David las dos primeras señales de las que hemos contado: rubio y muy bien sacado, y mediano de cuerpo.

Ser virtuoso y de buenas costumbres, que es la tercera señal, bien se deja entender, pues dijo Dios de él: *inveni... virum iuxta cor meum*. Que, puesto caso que pecó muchas veces, no por eso perdía el nombre ni hábito de virtuoso. Ni el que es malo por hábito, aunque haga algunas buenas obras morales, no por eso pierde el nombre de malo y vicioso.

Haber vivido sano en todo el discurso de su vida parece que se puede probar. Porque, en su historia, de solo una enfermedad se hace mención, y ésta era disposición natural de los que viven muchos años: que, por habérsele resuelto el calor natural, no podía calentar en la cama, para cuyo remedio acostaban con él una doncella hermosa que le diera calor. Y, con esto, vivió tantos años, que dice el Texto; *et mortuus est in senectute bona, plenus dierum et divitiis et gloria*; como si dijera: «murió David en su buena vejez, lleno de días, de riquezas y de gloria», con haber padecido tantos trabajos en la guerra y hecho tanta penitencia de sus pecados. Y era la razón ser templado y bien compuesto: por donde resistía a las causas que suelen hacer enfermar y abreviar la vida del hombre.

Su gran prudencia y saber notó aquel criado de Saúl cuando dijo: «Señor, yo conozco un gran músico, hijo de Isaías, natural de Belén, animoso para pelear, prudente en sus razones y hermoso para mirar». Por las cuales señales ya dichas, es cierto que David era hombre templado, y que a los tales se les debe el cetro real, porque su ingenio es el mejor que Naturaleza puede hacer.

Pero contra esta doctrina se ofrece una dificultad muy grande. Y es: ¿por qué razón, conociendo Dios todos los ingenios y habilidades de Israel, y sabiendo que hombres templados tienen la prudencia y saber que el oficio de rey ha menester, por qué razón en la primera elección que hizo no buscó un hombre tal? Antes dice el Texto que era Saúl tan largo, que de los hombros arriba excedía a todo el pueblo de Israel; y esta señal no solamente en filosofía natural es mal indicio para el ingenio, pero aun el mismo Dios, como hemos probado, reprendió a Samuel porque, movido con la larga estatura de Eliab, le quería ungir por rey.

Pero esta duda declara ser verdad lo que dijo Galeno, que fuera de Grecia ni por sueños se halla un hombre templado. Pues, en un pueblo tan grande como Israel no halló Dios uno para elegirlo por rey: sino que fue menester esperar que David creciese y se hiciese mayor. Y entretanto escogió a Saúl, porque dice el Texto que era el mejor de todo Israel; pero realmente él debía tener más bondad que sabiduría, y ésta sola no basta para regir y gobernar. *Bonitatem et disciplinam et scientiam doce me*, decía el real profeta David viendo que no aprovecha ser el rey bueno y virtuoso si juntamente no tiene prudencia y sabiduría.

Con este ejemplo del rey David parece que habíamos confirmado bastantemente nuestra opinión. Pero también nació otro rey en Israel de quien se dijo: *ubi est qui natus est rex iudeorum?* Y si probásemos que fue rubio, gentil hombre, mediano de cuerpo, virtuoso, sano, y de gran prudencia y saber, no haría daño a nuestra doctrina. Los evangelistas no se ocuparon en referir la compostura de Cristo nuestro redentor, por no hacer al propósito de lo que trataban. Pero es cosa muy fácil entenderla, supuesto que ser el hombre puntualmente templado es toda la perfección que naturalmente puede tener; y pues el Espíritu Santo le compuso y organizó, cierto es que la causa material de que le formó, ni la destemplanza de Nazaret, no pudieron resistirle ni hacerle errar la obra (como a los otros agentes naturales), antes hizo lo que quiso porque no le faltó poder, saber y voluntad de fabricar un hombre perfectísimo y sin falta ninguna. Mayormente, que su venida, como Él mismo lo dijo fue a padecer trabajos por el hombre y para enseñarle la verdad; y esta temperatura hemos probado atrás que es el mejor instrumento natural para estas dos cosas.

Y, así, tengo por verdadera aquella relación que Publio Léntulo, procónsul, escribió al Senado romano desde Hierusalén, la cual dice de esta manera:

> Apareció en nuestros tiempos un hombre que ahora vive, de gran virtud, llamado Jesucristo, al cual las gentes nombran profeta de verdad, y sus discípulos dicen que es hijo de Dios. Resucita muertos y sana enfermedades; es hombre de mediana estatura y derecha, y muy para ser visto; tiene tanta reverencia en su rostro, que los que le miran se inclinan a amarle y temerle. Tiene los cabellos de color de avellana bien madura; hasta las orejas son llanos; desde las orejas hasta los hombros son de color de cera, pero relucen más. Tiene en medio de la frente y en la cabeza una crenche a manera de los nazarenos. Tiene la frente llana, pero muy serena; el rostro sin ninguna ruga ni mancha, acompañado de un color moderado; las narices y boca no las puede nadie reprender con razón; la barba tiene espesa y a semejanza de los cabellos, no larga, pero henchida por medio; el mirar tiene muy sencillo y grave; los ojos tiene garzos y claros. Cuando reprende espanta, y cuando amonesta place. Hácese amar; es alegre con gravedad; nunca le han visto

reír, llorar sí. Tiene las manos y brazos muy vistosos. En las conversaciones contenta mucho, pero hállase pocas veces en ella, y cuando se halla es muy modesto. En la vista y parecer, es el más hermoso hombre que se puede imaginar.

En esta relación se contienen tres o cuatro señales de hombre templado. La primera es que tenía el cabello y barba de color de avellana bien madura, que bien mirado es un rubio tostado; el cual color mandaba Dios que tuviese la becerra que se había de sacrificar en figura de Cristo. Y cuando entró en el Cielo con aquel triunfo y majestad que se debía a tal Príncipe, dijeron algunos ángeles que no sabían de su encarnación: *quis est iste qui venit de Edom, tinctis vestibus de Bosra?* Como si preguntaran: «¿quién es éste que viene de la tierra rubia, teñidas las vestiduras de lo mismo?» Atento al cabello y barba rubia que tenía, y a la sangre con que iba señalado.

También refiere la carta que era el más hermoso hombre que se había visto, que es la segunda señal que han de tener los hombres templados. Y, así, estaba pronosticado en la Escritura divina por señal para conocerle: *speciosus forma prae filiis hominum*, y en otra parte dice: *pulchiores sunt oculi eius vino et dentes eius lacte candidiores*. La cual hermosura y buena compostura de cuerpo importaba mucho para que todos se le aficionasen y no tuviese cosa aborrecible; y, así, dice la carta que todos se inclinaban a amarle. También refiere que era mediano de cuerpo; y no porque al Espíritu Santo le faltó materia de qué hacerlo mayor si quisiera; sino que, cargando al ánima racional de muchos huesos y carne, hemos probado atrás (de opinión de Platón y Aristóteles) que hace grande daño al ingenio.

La tercera señal, que es ser virtuoso y de buenas costumbres, también lo afirma la carta; y los judíos, aun con testigos falsos, no le pudieron probar lo contrario, ni responderle cuando les preguntó: *quis vestrum arguet me de peccator?* Y Josefo, por la fidelidad que debía a su historia, afirma dél que parecía tener otra naturaleza más que de hombre, atento a su bondad y sabiduría.

Solo el vivir mucho tiempo no se puede verificar de Cristo nuestro redentor, por haber muerto tan mozo; que si le dejaran a su discurso natural, viviera más de ochenta años. Porque quien pudo estar en un desierto cuarenta días con sus noches sin comer ni beber, y no se murió ni enfermó, mejor se defendiera de otras causas más livianas que le podían alterar y ofender. Aunque este hecho está reputado por milagro y cosa que naturalmente no puede acontecer.

Estos dos ejemplos de reyes que hemos traído bastaban para dar a entender que el cetro real se debe a los hombres templados, y que éstos tienen el ingenio y prudencia que este oficio ha menester. Pero hay otro hombre hecho por las propias manos de Dios con fin que fuese rey y señor de todas las cosas criadas. Y le sacó también rubio, gentil hombre, virtuoso, sano, de muy larga vida y prudentísimo. Y probar esto no hará daño a nuestra opinión.

Platón tiene por cosa imposible que Dios ni Naturaleza puedan hacer un hombre templado en región de mala temperatura; y, así, dice que para hacer Dios al primer hombre muy sabio y templado, que buscó un lugar donde el calor del aire no excediese a la frialdad, ni la humedad a la sequedad. Y la divina Escritura (donde él halló esta sentencia) no dice que Dios crió a Adán dentro en el Paraíso terrenal (que era el lugar templadísimo que dice), sino que después de formado le puso aquí: *tulit ergo dominus Deus hominem et posuit eum in paradisum voluptatis ut operaretur et custodiret illum*. Porque siendo el poder de Dios infinito y su saber sin medida, y con voluntad de darle toda la perfección natural que en la especie humana podía tener, de creer es que el pedazo de tierra de que le formó, ni la destemplanza del campo damaceno adonde fue criado no le pudieron resistir para que no le sacase templado. La opinión de Platón, Aristóteles y Galeno ha lugar en las obras de Naturaleza, y aun ésta en regiones destempladas acierta algunas veces a engendrar un hombre templado. Pero que Adán tuviese el cabello y barba rubia (que es la primera señal de hombre templado) es cosa muy clara; porque, atento a esta insignia tan notable, le pusieron este nombre Adam, el cual quiere decir, como lo interpreta san Hierónimo, homo rufus.

Ser gentil hombre y muy bien sacado, que es la segunda señal, también no se puede negar, porque, en acabando Dios de criarle, dice el Texto: vidit Deus cuncta quaefecerat, et erant valde bona. Luego es cierto que no salió de las manos de Dios feo y mal tallado; porque Dei perfecta sunt opera. Mayormente, que de los árboles dice el Texto que eran hermosos para mirar: ¡qué haría Adán, habiéndole Dios hecho por fin principal y para que fuese señor y presidente del mundo!

Ser virtuoso, sabio y de buenas costumbres, que es la tercera y sexta señal, se colige de aquellas palabras: faciamus hominem ad imaginem et similitudinem nostram. Porque, según los filósofos antiguos, el fundamento en que restriba la semejanza que el hombre tiene con Dios es la virtud y sabiduría; y, por tanto, dice Platón que uno de los mayores contentos que Dios recibe en el cielo es oír loar y engrandecer en la tierra al hombre sabio y virtuoso, porque este tal es vivo retrato suyo. Por lo contrario, se enoja si los necios y viciosos son estimados y honrados, y es por la desemejanza que entre Dios y ellos se halla.

Haber vivido sano y muy largos días, que es la cuarta y quinta señal, no es dificultoso probarlo; pues tuvo de vida novecientos y treinta años cumplidos.

Y, así, puedo ya concluir que el hombre que fuere rubio, gentil hombre, mediano de cuerpo, virtuoso, sano y de vida muy larga, que éste necesariamente es prudentísimo, y que tiene el ingenio que pide el cetro real.

También hemos descubierto, de camino, la forma como se puede juntar grande entendimiento con mucha imaginativa y memoria. Aunque hay otro, sin ser el hombre templado; pero hace Naturaleza en esta manera tan pocos, que no he hallado más que dos en cuantos ingenios he examinado. Cómo pueda ser juntarse grande entendimiento con mucha imaginativa y memoria, no siendo el hombre templado, es fácil de entender supuesta la opinión de algunos médicos que afirman estar la imaginativa en la parte delantera del celebro y la memoria en la postrera y el entendimiento en la de en medio. Y lo mismo se puede decir en nuestra imaginación. Pero es obra de grande acierto que, siendo el celebro tamaño como un grano de pimienta al tiempo que Naturaleza le forma, y que haga el un ventrículo de simiente y caliente y el otro de muy húmeda y el de en medio de muy seca. Pero, en fin, no es caso imposible.

Capítulo XV [XVII-XXII de 1594]. Donde se trae la manera cómo los padres han de engendrar los hijos sabios y del ingenio que requieren las letras. Es capítulo notable

Cosa es digna de grande admiración que, siendo Naturaleza tal cual todos sabemos, prudente, mañosa, de grande artificio, saber y poder, y el hombre una obra en quien ella tanto se esmera, y para uno que hace sabio y prudente cría infinitos faltos de ingenio. Del cual efecto buscando su razón y causas naturales, he hallado por mi cuenta que los padres no se llegan al acto de la generación con el orden y concierto que Naturaleza estableció, ni saben las condiciones que se han de guardar para que sus hijos salgan prudentes y sabios. Porque por la misma razón que en cualquier región, templada o destemplada, naciera un hombre muy ingenioso, saldrán otros cien mil, guardando siempre aquel mismo orden de causas. Si esto pudiésemos remediar con arte, habríamos hecho a la república el mayor beneficio que se le podría hacer.

Pero la dificultad que tiene esta materia es no poderse tratar con términos tan galanos y honestos como pide la vergüenza natural que tienen los hombres; y por la misma razón que dejáremos de decir y notar alguna diligencia o contemplación necesaria, es cierto que va todo perdido. En tanto, que es opinión de muchos filósofos graves que los hombres sabios engendran ordinariamente hijos muy necios porque en el acto carnal se abstienen, por la honestidad, de algunas diligencias que son importantes para que el hijo saque la sabiduría del padre.

De esta vergüenza natural que tienen los ojos cuando se les ponen delante los instrumentos de la generación, y ofenderse los oídos cuando suenan sus nombres, han procurado algunos filósofos antiguos buscar su razón natural, espantados de ver que hubiese Naturaleza hecho aquellas partes con tanta diligencia y cuidado y para un fin tan importante como es hacer inmortal el linaje humano, y que cuanto un hombre es más sabio y prudente, tanto más se desgracia cuando las mira y las oye nombrar. La vergüenza y honestidad dice Aristóteles que es propia pasión del entendimiento; y cualquiera que no se ofendiere con los nombres y actos de la generación es cierto que carece de esta potencia, como diríamos que no tiene tacto el que, puesta la mano en el fuego, no se quema. Con este indicio descubrió Catón el Mayor que Manilio, varón ilustre, era falto de entendimiento, porque le informaron que besaba a su mujer en presencia de una hija suya que tenía; por la cual razón, le removió del lugar senatorio y no se pudo acabar con el que lo admitiese en el número de los senadores.

De esta contemplación hizo Aristóteles un problema preguntando: cur homines rem agere veneream cupientes, confiteri se cupere maxime pudet; bibendi aut edenti aut aliquid eiusmodi faciendi desiderio cum teneantur, confaeri non pudet? Como si dijera: «¿qué es la razón que si un hombre tiene deseo del acto carnal, ha vergüenza de manifestarlo, y si le da gana de comer, o beber, o de cualquier cosa de este género, no tiene empacho de manifestarlo?». Al cual problema responde muy mal diciendo: an quod rerum plurimarum cupiditates necessariae sunt, et nonnullae, nisi expleantur, interimunt; rei autem venereae libido superfluit, et abundantiae index est; como si dijera: «que hay apetito de muchas cosas que son necesarias a la vida del hombre, y algunas tan importantes, que, si no se pusiesen por obra, le matarían; pero el apetito del acto venéreo antes es indicio de abundancia, que de falta». Pero, realmente, el problema es falso, y la respuesta, también. Porque no solamente ha el hombre vergüenza de manifestar el deseo que tiene de allegarse a mujer, pero también de comer y beber y dormir; y si le da gana de expeler algún excremento, no lo osa decir ni hacer sino con empacho y vergüenza, y con esto se va al lugar más secreto donde nadie lo vea. Y vemos hombres tan vergonzosos, que, teniendo grande apetito de orinar, no lo pueden hacer si alguno los está mirando, y dejándolos solos, luego la vejiga da la orina. Y éstos son apetitos de expeler lo que está demasiado en el cuerpo; y si no se pusiese por obra, vernía el hombre a morir, y muy más presto que por no comer ni beber; y si alguno lo dice o hace en presencia de otro, dice Hipócrates que no está en su libre juicio.

La misma proporción dice Galeno que tiene la simiente con los vasos seminarios que la orina con la vejiga. Porque de la manera que la mucha orina irrita la vejiga para que la echen de allí, así la mucha simiente molesta los vasos seminarios. Y pensar Aristóteles que el hombre y la mujer no vienen a enfermar y morir por retención de simiente es contra la opinión de todos los médicos, mayormente de Galeno, el cual dice y afirma que muchas mujeres, quedando mozas y viudas, vinieron a perder el sentido y movimiento, el pulso y la respiración, y tras ello la vida. Y el mismo Aristóteles cuenta muchas enfermedades que padecen los hombres continentes por la misma razón.

La verdadera respuesta del problema no se puede dar en filosofía natural, porque no es de su jurisdicción. Y, así, es menester pasar a otra ciencia superior, que llaman metafísica. En la cual, dice Aristóteles que el ánima racional es la más ínfima de todas las inteligencias; y por ser de la misma naturaleza genérica que tienen los ángeles, está corrida de verse metida en un cuerpo que tiene comunidad con los brutos animales. Y, así, nota la divina Escritura (como cosa que contenía misterio) que, estando el primer hombre desnudo, no tenía vergüenza; pero viéndose así, luego se cubrió. En el cual tiempo conoció que por su culpa había perdido la inmortalidad, y que su cuerpo era alterable y corruptible, y que aquellos instrumentos y partes se le habían dado porque necesariamente había de morir y dejar otro en su lugar; y que para conservar aquel poco de tiempo que tenía de vida, había menester comer y beber y echar de sí tan malos y hediondos excrementos. Y crecióle más la vergüenza viendo que los ángeles, con quien él frisaba, eran inmortales y que no habían menester comer ni beber ni dormir para conservar la vida, ni tenían instrumentos para engendrarse los unos a los otros, antes fueron criados todos juntos, de ninguna materia y sin miedo de corromperse. De todo lo cual salen naturalmente instruidos los ojos y oídos; y así le pesa al ánima racional y se avergüenza que le traigan a la memoria las cosas que dieron al hombre por ser mortal y corruptible. Y que ésta sea la conveniente respuesta parece claramente. Porque, para contentar Dios al ánima después del juicio universal y darle entera gloria, ha de hacer que su cuerpo tenga propiedades de ángel, dándole sutilidad, agilidad, inmortalidad y resplandor. Por la cual razón, no tendrán necesidad de comer ni de beber como los brutos animales. Y estando en el Cielo de esta manera, no ternán vergüenza de verse en carnes, como ahora no la tienen Cristo nuestro redentor ni su Madre, antes gloria accidental en ver que ha cesado ya el uso de aquellas partes que solían ofender el oído y la vista.

Tomando, pues, en cuenta esta honestidad natural del oído, procuré salvar los términos duros y ásperos de esta materia y rodear por algunas maneras blandas de hablar; y donde no se pudiere excusar, habráme de perdonar el honesto lector. Porque reducir a arte perfecta la manera que se ha de tener para que los hombres salgan de ingenio muy delicado es una de las cosas que la república más ha menester. Allende que por la misma razón nacerán virtuosos, gentiles hombres, sanos y de muy larga vida.

En cuatro partes principales me pareció repartir la materia de este capítulo, para dar claridad a lo que se ha de decir y que el lector no se confunda. La primera es mostrar las calidades y temperamento natural que el hombre y la mujer han de tener para poder engendrar. La segunda, qué diligencias han de hacer los padres para que sus hijos nazcan varones y no hembras. La tercera, cómo saldrán sabios y no necios. La cuarta, cómo se han de criar, después de nacidos, para conservarles el ingenio.

[Parte I] [XVII de 1594]

Viniendo, pues, al primer punto, ya hemos dicho de Platón que en la república bien ordenada había de haber casamenteros que con arte supiesen conocer las calidades de las personas que se habían de casar, y dar a cada hombre la mujer que le responde en proporción, y a cada mujer su hombre determinado. En la cual materia comenzaron Hipócrates y Galeno a trabajar, y dieron algunos preceptos y reglas para conocer qué mujer es fecunda y cuál no puede parir, y qué hombre es inhábil para engendrar y cuál potente y prolífico. Pero de todo dijeron muy poco y no con tanta distinción como convenía, a lo menos al propósito que yo lo he menester. Por donde será necesario comenzar el arte desde sus principios y darle brevemente el orden y concierto que ha menester, para sacar en limpio de qué junta de padres salen los hijos sabios y de cuál necios y torpes.

Para lo cual es menester saber primero cierta filosofía particular que, aunque es a los peritos del arte muy patente y verdadera, pero el vulgo está en ella muy descuidado, y depende de su conocimiento todo lo que acerca del primer punto se ha de decir. Y es que el hombre, aunque nos parece de la compostura que vemos, no difiere de la mujer, según dice Galeno, más que en tener los miembros genitales fuera del cuerpo. Porque si hacemos anatomía de una doncella hallaremos que tiene dentro de sí dos testículos, dos vasos seminarios, y el útero con la misma compostura que el miembro viril sin faltarle ninguna delineación.

Y de tal manera es esto verdad, que si acabando Naturaleza de fabricar un hombre perfecto, le quisiese convertir en mujer, no tenía otro trabajo más que tornarle adentro los instrumentos de la generación; y, si hecha mujer, quisiese volverla en varón, con arrojarle el útero y los testículos fuera, no había más que hacer. Esto muchas veces le ha acontecido a Naturaleza, así estando la criatura en el cuerpo como fuera; de lo cual están llenas las historias, sino que algunos han pensado que era fabuloso viendo que los poetas lo traían entre las manos. Pero realmente pasa así: que muchas veces ha hecho Naturaleza una hembra y lo ha sido uno y dos meses en el vientre de su madre, y sobreviniéndoles a los miembros genitales copia de calor por alguna ocasión, salir afuera y quedar hecho varón. A quien esta transmutación le acontesciere en el vientre de su madre, se conoce después claramente en ciertos movimientos que tiene, indecentes al sexo viril: mujeriles, mariosos, la voz blanda y melosa; son los tales inclinados a hacer obras de mujeres, y caen ordinariamente en el pecado nefando. Por lo contrario, muchas veces tiene Naturaleza hecho un varón, con sus miembros genitales afuera, y sobreviniendo frialdad, se los vuelve adentro; y queda hecha hembra. Conócese después de nacida en que tiene el aire de varón, así en la habla como en todos sus movimientos y obras. Esto parece que es dificultoso probarlo; pero, considerando lo que muchos historiadores auténticos afirman, es muy fácil de creer. Y que se hayan vuelto mujeres en hombres después de nacidas, ya no se espanta el vulgo de oírlo; porque fuera de lo que cuentan por verdad muchos antiguos, es cosa que ha acontecido en España muy pocos años ha. Y lo que muestra la experiencia no admite disputas ni argumentos.

Pues qué sea la razón y causa de engendrarse los miembros genitales dentro o fuera, o salir hembra y no varón, es cosa muy clara sabiendo que el calor dilata y ensancha todas las cosas, y el frío las detiene y encoge. Y, así, es en conclusión de todos los filósofos y médicos que si la simiente es fría y húmeda, que se hace hembra y no varón, y siendo caliente y seca, se engendrará varón y no hembra. De donde se infiere claramente que no hay hombre que se pueda llamar frío respecto de la mujer, ni mujer caliente respecto del hombre.

La mujer, para ser fecunda, dice Aristóteles que ha de ser fría y húmeda; porque, si no lo fuese, era imposible venirle la regla ni tener leche para sustentar nueve meses la criatura en el vientre y dos años después de nacida: toda se le gastara y consumiera. La misma proporción dicen todos los filósofos y médicos que tiene el útero con la simiente viril, que tiene la tierra con el trigo o cualquiera otra semilla. Y vemos que si la tierra no está fría y húmeda, los labradores no osan sembrar, ni se traba la simiente; y entre las tierras, aquellas son más fecundas y abundosas en fructificar que tienen más frialdad y humedad, como parece por experiencia considerando los lugares del Norte (Inglaterra, Flandes y Alemania), cuya abundancia en todos los frutos espanta a los que no saben la razón y causa. Y en tales tierras como éstas, ninguna mujer, casándose, jamás dejó de parir, ni saben allá qué cosa es ser estéril: todas son fecundas y prolíficas por la mucha frialdad y humedad. Pero aunque sea verdad que ha de ser fría y húmeda la mujer para poder concebir, pero tanto podría ser que ahogase la simiente, como vemos que se pierden los panes con el mucho llover, y no pueden medrar haciendo mucho frío. Por donde se entiende que estas dos calidades han de tener cierta moderación, de la cual, subiendo o bajando, se pierde la fecundidad.

Hipócrates tiene por fecunda la mujer cuyo vientre es templado de tal manera, que el calor no exceda a la frialdad, ni la humedad a la sequedad; y, así, dice que las mujeres que tienen los vientres fríos no conciben, ni las que los tienen muy húmedos, ni muy calientes y secos. Y por la misma razón que la mujer y sus miembros genitales fuesen templados, era imposible poder concebir, ni menos ser mujer; porque si la simiente de que se formó al principio fuera templada, salieran los miembros afuera y quedara hecha varón; y con esto le creciera la barba y no le viniera la regla, antes fuera el más perfecto varón que Naturaleza puede hacer. Tampoco puede ser el útero, ni la mujer, caliente a predominio; porque, si la simiente de que se engendró tuviera esta temperatura, saliera varón y no hembra. Ello es cierto sin falta ninguna, que las dos calidades que hacen fecunda la mujer son frialdad y humedad. Porque la naturaleza del hombre ha menester mucho nutrimento para poderse engendrar y conservar. Y, así, vemos que a ninguna hembra de cuantas hay entre los brutos animales le viene su costumbre como a la mujer. Por donde fue necesario hacerla toda ella fría y húmeda, y en tal punto, que criase mucha sangre flemática y no la pudiese gastar ni consumir. Dije sangre flemática porque ésta es acomodada a la generación de la leche; de la cual dice Galeno, e Hipócrates, que se mantiene la criatura todo el tiempo que está en el vientre. Y si fuera templada, criara mucha sangre inepta a la generación de la leche; y toda la resolviera como lo hace el hombre templado, y así no sobrara nada para mantener la criatura. Por donde tengo por cierto, y es imposible, ninguna mujer ser templada ni caliente: todas son frías y húmidas. Y si no, denme los médicos la razón por que a ninguna mujer le nace la barba y a todas les viene la regla, estando sanas; o por qué causa, siendo la simiente de que se hizo templada o caliente, salió hembra y no varón.

Pero aunque es verdad que todas son frías y húmidas, pero no todas están en un mismo grado de frialdad y humedad: unas están en el primero, otras en el segundo y otras en el tercero. Y en cualquiera de ellos se puede empreñar si el hombre le responde en la proporción de calor que adelante diremos. Con qué señales se hayan de conocer estos tres grados de frialdad y humedad en la mujer, y saber cuál está en el primero, y cuál en el segundo, y cuál en el tercero, ningún filósofo ni médico lo ha dicho hasta aquí. Pero considerando los efectos que hacen estas calidades en las mujeres, podremos partirlos por razón de la intensión, y así será fácil entenderlo. Lo primero, por el ingenio y habilidad de la mujer; lo segundo, por las costumbres y condición; lo tercero, por la voz gruesa o delgada; lo cuarto, por las carnes muchas o pocas; lo quinto, por el color; lo sexto, por el vello; lo séptimo, por la hermosura o fealdad.

Cuanto a lo primero, es de saber que, aunque es verdad (y así lo dejamos probado atrás) que el ingenio y habilidad de la mujer sigue el temperamento del celebro y no de otro miembro ninguno, pero es tanta fuerza y vigor el útero y sus testículos para alterar todo el cuerpo, que si éstos son calientes y secos, o fríos y húmedos, o de otra cualquier temperatura, las demás partes dice Galeno que llevan el mismo tenor. Pero el miembro que más asido está de las alteraciones del útero, dicen todos los médicos que es el celebro, aunque no hallan razón en qué fundar tanta correspondencia. Verdad es que, por experiencia, prueba Galeno que, castrando una puerca, luego se amansa y engorda y hace la carne tierna y sabrosa, y con los testículos, es de comer como carne de perro. Por donde se entiende que el útero y sus testículos son de grande eficacia para comunicar a todas las demás partes del cuerpo su temperamento; mayormente al celebro, por ser frío y húmido como ellos, entre los cuales (por la semejanza) es fácil el tránsito.

Y si nos acordamos que la frialdad y humedad son las calidades que echan a perder la parte racional, y sus contrarios, calor y sequedad, la perfeccionan y aumentan, hallaremos que la mujer que mostrare mucho ingenio y habilidad, terná frialdad y humedad en el primer grado; y si fuere muy boba, es indicio de estar en el tercero; de los cuales dos extremos participando, arguye el segundo grado. Porque pensar que la mujer puede ser caliente y seca, ni tener el ingenio y habilidad que sigue a estas dos calidades, es muy grande error; porque si la simiente de que se formó fuera caliente y seca a predominio, saliera varón y no hembra; y por ser fría y húmeda, nació hembra y no varón.

La verdad de esta doctrina parece claramente considerando el ingenio de la primera mujer que hubo en el mundo: que con haberla hecho Dios con sus propias manos, y tan acertada y perfecta en su sexo, es conclusión averiguada que sabía mucho menos que Adán. Lo cual entendido por el demonio, la fue a tentar; y no osó ponerse a razones con el varón, temiendo su mucho ingenio y sabiduría. Pues decir que por su culpa le quitaron a Eva todo aquel saber que le faltaba para igualar con Adán, ninguno lo puede afirmar, porque aún no había pecado. Luego la razón de tener la primera mujer no tanto ingenio le nació de haberla hecho Dios fría y húmeda, que es el temperamento necesario para ser fecunda y paridera, y el que contradice al saber; y si la sacara templada como Adán, fuera sapientísima, pero no pudiera parir ni venirle la regla si no fuera por vía sobrenatural.

En esta naturaleza se fundó san Pablo cuando dijo: mulier in silentio discat cum omni subiectione; docere autem mulieri non permitto neque dominari in virum, sed esse in silentio; como si dijera: «no quiero que la mujer enseñe, sino que calle y aprenda y esté sujeta a su marido». Pero esto se entiende no teniendo la mujer espíritu ni otra gracia más que su disposición natural; pero, si alcanza algún don gratuito, bien puede enseñar y hablar. Pues sabemos que, estando el pueblo de Israel oprimido y cercado por los asirios, envió a llamar Judith, mujer sepientísima, a los sacerdotes de Cabrey y Carmi, y los riñó diciendo: «¿Dónde se sufre que diga Ocías que si dentro de cinco días no le viene socorro, que ha de entregar el pueblo de Israel a los asirios? ¿Vosotros no veis que estas palabras provocan a Dios a ira y no a misericordia? ¿Qué cosa es que pongan los hombres término limitado a la misericordia de Dios y que señalen a su antojo el día en que les puede socorrer y librar?» Y en acabándolos de reñir, les mostró de qué manera habían de aplacar a Dios y alcanzar de Él lo que pedían. También Débora, mujer no menos sabia, enseñaba al pueblo de Israel la manera como habían de dar gracias a Dios por la grande victoria que contra sus enemigos habían alcanzado. Pero, quedando la mujer en su disposición natural, todo género de letras y sabiduría es repugnante a su ingenio. Por donde la Iglesia católica con gran razón tiene prohibido que ninguna mujer pueda predicar ni confesar ni enseñar; porque su sexo no admite prudencia ni disciplina.

También por las costumbres de la mujer y por su condición se descubre en qué grado de frialdad y humedad está su temperamento. Porque si con el ingenio agudo es arisca, áspera y desabrida, está en el primer grado de frialdad y humedad. Siendo verdad (lo que atrás dejamos probado) que la mala condición anda siempre asida de la buena imaginativa, ninguna cosa pasa por alto la que tiene este punto de frialdad y humedad; todo lo nota y riñe, y así no se puede sufrir. Suelen ser las tales de buena conversación, y no se espantan de ver hombres, ni tienen por mal criado al que les dice un requiebro. Por lo contrario, ser la mujer de buena condición, el no darle pena ninguna cosa, el reírse de cualquier ocasión, el pasar por todo y dormir muy bien, descubre el tercer grado de frialdad y humedad. Porque la mucha blandura en el ánimo anda ordinariamente acompañada del poco saber. La que participare de estos dos extremos estará en el segundo grado.

La voz abultada, gruesa y áspera, dice Galeno que es indicio de mucho calor y sequedad; y también lo probamos atrás de opinión de Aristóteles. Por donde entenderemos que si la mujer tuviere la voz como hombre, que es fría y húmeda en el primer grado; y si muy delicada, está en el tercero; y participando de ambos extremos, terná una voz natural de mujer y estará en el segundo grado. Cuánto dependa la habla del temperamento de los testículos lo probaremos luego, tratando de las señales del hombre.

También las muchas carnes en la mujer es argumento de mucha frialdad y humedad, porque la pringue y grosura dicen los médicos que se engendra en los animales por esta razón. Y por lo contrario, ser enjuta y seca es indicio de poca frialdad y humedad. Y tener moderadas carnes, ni pocas ni muchas, es evidente señal que la mujer está en el segundo grado de frialdad y humedad. También la blandura y aspereza de ellas muestra los grados de estas dos calidades: la mucha humedad pone las carnes blandas; y la poca, ásperas y duras; y la moderada, las hace de buena manera.

El color del rostro y de las demás partes del cuerpo descubre también la intensión y remisión de estas dos calidades. Ser la mujer muy blanca, dice Galeno, que es indicio de mucha frialdad y humedad; y por lo contrario, la que es morena y verdinegra está en el primer grado de frialdad y humedad; de los cuales dos extremos se hace el segundo grado, y conócese en que juntamente es blanda y colorada.

Tener mucho vello y un poco de barba es evidente señal para conocer el primer grado de frialdad y humedad. Porque, sabida la generación de los pelos y barba, todos los médicos dicen que es de calor y sequedad; y si son negros, arguye mucho calor y sequedad. La contraria temperatura se colige siendo la mujer muy lampiña, sin bozo ni vello. La que está en el segundo grado de frialdad y humedad tiene un poco de vello, pero rubio y dorado.

La fealdad y hermosura ayudan también a conocer los grados que la mujer tiene de frialdad y humedad. En el primer grado, por maravilla sale la mujer hermosa; porque, estando seca la simiente de que se formó, fue impedimento para que no saliese bien figurada. El barro ha de tener humedad conveniente para que el ollero lo pueda formar y hacer de él lo que quisiere, y estando duro y seco, saca los vasos feos y mal tallados. También por la mucha frialdad y humedad dice Aristóteles que hace Naturaleza las mujeres feas, porque si la simiente es fría y muy aguanosa, no se puede bien figurar por no tener consistencia; como del barro muy blando vemos que se hacen los vasos mal figurados. En el segundo grado de frialdad y humedad, sale la mujer muy hermosa, por haberse hecho de materia bien sazonada y obediente a Naturaleza. La cual señal, solo por sí, es evidente argumento de ser la mujer fecunda; porque es cierto que Naturaleza la acertó a hacer, y de creer es que le daría el temperamento y compostura que era necesaria para parir. Y, así, a casi todos los hombres responde en proporción y todos la apetecen. Ninguna potencia hay en el hombre que no tenga indicios y señales para descubrir la bondad o malicia de su objeto. El estómago conoce los alimentos por el gusto, por el olfato y por la vista; y, así, dice la divina Escritura que Eva puso los ojos en el árbol vedado y le pareció que era suave para comer. La facultad generativa tiene por indicio de fecundidad la hermosura de la mujer; y, en siendo fea, la aborrece, entendiendo por este indicio que Naturaleza la erró y que no le daría el temperamento que era conveniente para parir.

[XVIII de 1594]. Con qué señales se conoce en qué grado de calor y sequedad está cada hombre

El hombre no tiene tan limitado su temperamento como la mujer; porque puede ser caliente y seco (y esta temperatura piensa Aristóteles, y Galeno, que es la que más conviene a este sexo), y caliente y húmido, y templado. Pero frío y húmido, y frío y seco, no se puede admitir (estando el hombre sano y sin ninguna lesión); porque por la misma razón que no hay mujer caliente y seca, ni caliente y húmeda, ni templada, así no hay hombres fríos y húmedos, ni fríos y secos en comparación de las mujeres, si no es de la manera que luego diré.

El hombre caliente y seco, y caliente y húmido, y templado, tiene los mismos tres grados en su temperamento que la mujer en la frialdad y humedad; y, así, es menester tener indicios para conocer qué hombre en qué grado está, para darle la mujer que le responde en proporción. Y, por tanto, es de saber que de los mismos principios que coligimos el temperamento de la mujer y el grado que tenía de frialdad y humedad, de esos propios nos habemos de aprovechar para entender qué hombre es caliente y seco, y en qué grado.

Y porque dijimos que del ingenio y costumbres del hombre se colige el temperamento de los testículos, es menester advertir en una cosa notable que dice Galeno; y es que, para dar a entender la gran virtud que tienen los testículos del hombre en dar firmeza y temperamento a todas las partes del cuerpo, afirma que son más principales que el corazón. Y da la razón diciendo que este miembro es principio de vivir y no más; pero los testículos son principio de vivir bien y sin achaques.

Cuánto daño haga al hombre privarle de estas partes, aunque pequeñas, no serán menester muchas razones para probarlo. Pues vemos por experiencia que luego se le cae el vello y la barba; y la voz gruesa y abultada se le vuelve delgada; y con esto pierde las fuerzas y el calor natural, y queda de peor condición y más mísera que si fuera mujer. Pero lo que más conviene notar es que, si antes que capasen al hombre, tenía mucho ingenio y habilidad, después de cortados los testículos lo viene a perder como si en el mismo celebro hubiera recibido alguna notable lesión. Lo cual es evidente argumento que los testículos dan y quitan el temperamento a todas las partes del cuerpo. Y si no, consideremos, como yo muchas veces lo he hecho, que de mil capones que se dan a letras ninguno sale con ellas; y en la música, que es su profesión ordinaria, se echa más claro de ver cuán rudos son; y es la causa que la música es obra de la imaginativa, y esta potencia pide mucho calor, y ellos son fríos y húmedos. Luego cierto está que por el ingenio y habilidad sacaremos el temperamento de los testículos. Y, por tanto, el hombre que se mostrare agudo en las obras de la imaginativa terná calor y sequedad en el tercer grado; y si el hombre no supiere mucho, es señal que con el calor se ha juntado humedad, la cual echa siempre a perder la parte racional; y confirmarse ha más si tiene mucha memoria.

 Las costumbres ordinarias de los hombres calientes y secos en el tercer grado son ánimo, soberbia, liberalidad, desvergüenza, y hollarse con muy buena gracia y donaire; y en caso de mujeres, no tienen rienda ni moderación. Los calientes y húmedos son alegres, risueños, amigos de pasatiempos; son sencillos de condición y muy afables; son vergonzosos y no mucho dados a mujeres.

 La voz y habla descubre mucho el temperamento de los testículos: la que fuere abultada y un poco áspera es indicio de ser el hombre caliente y seco en el tercer grado, y si es blanda y amorosa y muy delicada es señal de poco calor y mucha humedad, como parece en los hombres capados. El hombre que con el calor juntare humedad la terná abultada, pero blanda y sonora.

El hombre que es caliente y seco en el tercer grado tiene muy pocas carnes, duras y ásperas, hechas de nervios y murecillos, y las venas muy anchas; y por el contrario, tener muchas carnes, lisas y blandas, es indicio de haber humedad, por razón de la cual el calor natural todo lo dilata y ensancha.

También el color del cuero, si es moreno, tostado, verdinegro y cenizoso, es indicio de estar el hombre en el tercer grado de calor y sequedad; y si tiene las carnes blancas y coloradas, arguye poco calor y más humedad.

El vello y la barba es la señal en que más se ha de mirar, porque estas dos cosas andan muy asidas del temperamento de los testículos. Y si el vello es mucho, negro y grueso, especialmente desde los muslos hasta el ombligo, es indicio infalible de tener los testículos mucho calor y sequedad; y si tiene algunas cerdas en los hombros, se confirman mucho más. Pero cuando el cabello y la barba y el vello es castaño, blando, delicado y no mucho, no arguye tanto calor ni sequedad en los testículos.

Los hombres muy calientes y secos por maravilla aciertan a salir muy hermosos, antes feos y mal tallados; porque el calor y la sequedad, como dice Aristóteles de los de Etiopía, hace torcer las facciones del rostro, y así salen de mala figura. Por lo contrario, ser bien sacado y gracioso arguye moderado calor y humedad, por la cual razón está la materia obediente a lo que Naturaleza quiere hacer; y así es cierto que la mucha hermosura en el hombre no arguye mucho calor.

De las señales del hombre templado hemos tratado bien por extenso en el capítulo pasado; por donde no será necesario tornarlas a referir. Solo conviene notar que, así como los médicos ponen en cada grado de calor tres escalones de intensión, de la misma manera en el hombre templado se ha de poner latitud y anchura de otros tres; y el que estuviere en el tercero hacia frialdad y humedad, se reputará ya por frío y húmedo, porque cuando un grado demedia, a otro semeja. Y que esto sea verdad, parece claramente; porque las señales que trae Galeno para conocer el hombre frío y húmedo son las mismas del hombre templado un poco más remisas; y así es sabio, de buena manera, virtuoso; tiene clara habla, melosa; es blanco, de buenas carnes y blandas, y sin vello, y si alguno tiene es poco y dorado. Son los tales muy rubios, y hermosos de rostro. Pero su simiente dice Galeno que es aguanosa e inhábil para engendrar. Éstos no son muy amigos de las mujeres, ni las mujeres de ellos.

[XIX de 1594]. Qué mujer con qué hombre se ha de casar para que pueda concebir

En la mujer que no pare estando casada, manda hacer Hipócrates dos diligencias para conocer si es por falta suya o porque la simiente de su marido es inhábil para engendrar. La primera es sahumarse con encienso o estoraque, ciñiéndose bien la ropa y que las sayas arrastren por el suelo, de manera que ningún vapor ni humo pueda salir; y si desde a un rato sintiese el sabor del encienso en la boca, es cierta señal que no es por falta suya el no parir, pues el humo halló los caminos del útero abiertos, por donde penetró hasta las narices y la boca. La otra es tomar una cabeza de ajos mondada hasta lo vivo y ponerla dentro del útero al tiempo que la mujer se quiere dormir; y si otro día sintiere en la boca el sabor de los ajos, ella es fecunda sin falta ninguna. Pero estas dos pruebas, puesto caso que hiciesen el efecto que dice

Hipócrates, que es penetrar el vapor por la parte de dentro hasta la boca, no arguye esterilidad absoluta del marido ni fecundidad entera de la mujer, sino mala correspondencia de ambos a dos. Y, así, tan estéril es ella para él como él para ella; lo cual vemos cada día por experiencia, que, casándose él con otra, viene a tener hijos. Y lo que más espanta a los que no saben esta filosofía natural es que, apartándose dos con título de impotencia, y casándose él con otra y ella con otro, han venido ambos a tener generación. Y es la causa que hay hombres cuya facultad generativa es inhábil y no alterable para una mujer, y para otra es potente y prolífica; como lo vemos por experiencia en el estómago, que para un alimento tiene el hombre grande apetito, y para otro, aunque sea mejor, está como muerto.

Cuál sea la correspondencia que han de tener el hombre y la mujer para que haya generación, dícelo Hipócrates de esta manera: *nisi calidum frigido et siccum humido, modo et aequabilitate respondeat nihil generabitur*; como si dijera: «si no se juntaren dos simientes en el útero de la mujer, la una caliente y la otra fría, o la una húmeda y la otra seca, en igual grado de intensión, ninguna cosa se engendrará». Porque una obra tan maravillosa como es la formación del hombre, ha menester una templanza, donde el calor no exceda a la frialdad, ni la humedad a la sequedad; por donde, siendo la simiente del varón caliente y también la de la mujer, no se hará generación.

Supuesta esta doctrina, concertemos ahora, por vía de ejemplo, a la mujer fría y húmeda en el primer grado, cuyas señales dijimos que eran ser avisada, de mala condición, con voz abultada, de pocas carnes, verdinegra, vellosa y fea. Ésta se empreñará fácilmente de un hombre necio, bien acondicionado, que tuviere la voz blanda y melosa, muchas carnes, blancas y blandas, con poco vello, y fuere rubio y hermoso de rostro. Ésta también se puede casar con un hombre templado, cuya simiente dijimos, de opinión de Galeno, que es fecundísima y correspondiente a cualquier mujer; entiéndese estando sana, y de edad conveniente. Pero, con todo eso, es muy mala de empreñar; y si concibe, dice Hipócrates que dentro de dos meses viene a mover, por no tener sangre con que mantenerse a ella y a la criatura nueve meses. Aunque esto se puede remediar fácilmente bañándose la mujer muchas veces antes que se allegue al acto de la generación; y ha de ser el baño de agua dulce y caliente, del cual dice Hipócrates que hace la verdadera temperatura de la mujer relajándose las carnes y humedeciéndolas (que es la templanza que ha de tener la tierra para que el grano de trigo eche raíces y se trabe); y hace otro efecto mayor, que es aumentar la gana de comer; y prohíbe la resolución y hace que el calor natural sea en mayor cantidad; por donde se adquiere gran copia de sangre flemática con que pueda mantener nueve meses la criatura.

De la mujer que es fría y húmeda en el tercer grado son sus señales ser boba, bien acondicionada; tiene la voz muy delicada; muchas carnes, blandas y blancas; no tiene vello ni bozo, ni es muy hermosa. Ésta se ha de casar con un hombre caliente y seco en el tercer grado, porque su simiente es de tanta furia y hervor, que ha menester caer en un lugar de mucha frialdad y humedad para que prenda y eche raíces: ésta tiene la calidad de los berros, que si no es dentro en el agua no pueden nacer. Y si tuviere menos calor y sequedad, no sería más caer en este útero tan frío y húmedo, que sembrar trigo en una laguna. Tal mujer como ésta, aconseja Hipócrates, que la adelgacen y gasten las carnes y pringue antes que se case. Pero entonces no conviene juntarla con hombre tan caliente y seco, porque no hará buena templanza ni se empreñará.

La mujer que fuere fría y húmeda en el segundo grado tiene moderación en la señales que hemos dicho, salvo en la hermosura, que es por extremo. Y, así, es evidente indicio de ser fecunda y paridera salir de buena gracia y donaire. Ésta responde en proporción a casi todos los hombres: primeramente al caliente y seco en el segundo grado, y después al templado, y tras él al caliente y húmido.

De todas estas combinaciones y juntas de hombres y mujeres que hemos dicho pueden salir los hijos sabios, pero de la primera son más ordinarios. Porque, puesto caso que la simiente del varón inclina a frialdad y humedad, pero la continua sequedad de la madre y darle tan poco alimento corrige y enmienda la falta del padre.

Por no haber salido a luz esta manera de filosofar, no han podido todos los filósofos naturales responder a este problema que dice: cur plerique stulti liberos prudentissimos procrearunt? Como si dijera: «¿qué es la causa que los más de los hombres necios engendran hijos sapientísimos?» A lo cual responden que los hombres necios se aplican muy de veras en el acto carnal y no se distraen a otra ninguna contemplación; lo contrario de lo cual hacen los hombres muy sabios, que aun en el acto carnal se ponen a imaginar cosas ajenas de lo que están haciendo, por donde debilitan la simiente y hacen los hijos faltos, así en las potencias racionales como en las naturales. Pero esta respuesta es de hombres que saben poca filosofía natural. En las demás juntas, es menester aguardar que la mujer se enjugue y deseque con la perfecta edad, y no casarla muchacha. Porque en esto está salir los hijos necios y de poco saber: la simiente de los padres muy mozos es humidísima por haber poco que nacieron; y haciéndose el hombre de materia que tiene humedad excesiva, por fuerza ha de salir torpe de ingenio.

[Parte II] [XX de 1594]. Qué diligencias se han de hacer para que salgan varones y no hembras

Los padres que quisiesen gozar de hijos sabios y que tengan habilidad para letras han de procurar que nazcan varones; porque las hembras, por razón de la frialdad y humedad de su sexo, no pueden alcanzar ingenio profundo. Solo vemos que hablan con alguna apariencia de habilidad en materias livianas y fáciles, con términos comunes y muy estudiados; pero, metidas en letras, no pueden aprender más que un poco latín, y esto por ser obra de la memoria. De la cual rudeza no tienen ellas la culpa; sino que la frialdad y humedad que las hizo hembras, esas mismas calidades hemos probado atrás que contradicen al ingenio y habilidad.

Considerando Salomón la gran falta que hay de hombres prudentes, y cómo ninguna mujer nace con ingenio y saber, dijo de esta manera: virum unum de mille reperi, mulierem ex omnibus non inveni; como si dijera: «entre mil varones hallé uno que fuese prudente, pero de todas las mujeres ninguna me ocurrió con sabiduría». Por tanto, se debe huir de este sexo y procurar que el hijo nazca varón, pues en él solo se halla el ingenio que requieren las letras. Para lo cual, es menester considerar primero qué instrumentos ordenó Naturaleza en el cuerpo humano a este propósito, y qué orden de causas se han de guardar para que se pueda conseguir el fin que llevamos.

Y, así, es de saber que entre muchos excrementos y humores que hay en el cuerpo humano, de solo uno dice Galeno que se aprovecha Naturaleza para hacer que el linaje de los hombres no se acabe. Éste es cierto excremento que se llama suero o sangre serosa, cuya generación se hace en el hígado y venas, al tiempo que los cuatro humores (sangre, flema, cólera y melancolía) alcanzan la forma y sustancia que han de tener. De tal licor como éste usa Naturaleza para desleír el alimento y hacerle que pase por las venas y caminos angostos para llevar el sustento a todas las partes del cuerpo. Cuya obra acabada, proveyó la misma Naturaleza de dos riñones cuyo oficio no fuese otro más que traer a sí este suero y echarlo por sus caminos a la vejiga y de allí fuera del cuerpo, y esto para librar al hombre de la ofensa que tal excremento le podía causar. Pero, viendo que tenía ciertas calidades convenientes a la generación, proveyó de dos venas que llevasen parte de él a los testículos y vasos seminarios, con algún poco de sangre de la cual se hiciese la simiente tal cual convenía a la especie humana. Y, así, plantó una vena en el riñón derecho, y de ella misma se hace el vaso seminario derecho. La otra vena sale del riñón izquierdo y se remata en el testículo izquierdo, y de manera se hace el vaso seminario izquierdo.

Qué calidades tenga este excremento, por las cuales sea conveniente a la generación de la simiente, dice el mismo Galeno que son cierta acrimonia y mordacidad que nace de ser salado, con las cuales irrita los vasos seminarios y mueve al animal para que procure la generación y no se descuide; por donde los hombres muy lujuriosos se llaman en lengua latina salaces, que quiere decir hombres que tienen mucha sal en la simiente.

Con esto, hizo Naturaleza otra cosa digna de gran consideración; y es que al riñón derecho y al testículo derecho les dio mucho calor y sequedad, y al riñón izquierdo y al testículo izquierdo mucha frialdad y humedad. Por donde la simiente que se labra en el testículo derecho sale caliente y seca, y la del testículo izquierdo fría y húmeda.

Qué pretenda Naturaleza con esta variedad de temperamento, así en los riñones como en los testículos y vasos seminarios, es cosa muy clara sabiendo por historias muy verdaderas que al principio del mundo, y muchos años después, parían siempre las mujeres dos hijos de un vientre, y el uno nacía varón y el otro hembra; cuyo fin era que para cada hombre hubiese su mujer y para cada mujer su varón, para aumentar presto la especie humana. Por tanto, proveyó que el riñón derecho diese materia caliente y seca al testículo derecho, y que éste, con su gran calor y sequedad, hiciese la simiente caliente y seca para la generación del varón. Lo contrario de esto ordenó para la formación de la hembra, que el riñón izquierdo enviase el suero frío y húmedo al testículo izquierdo, y que éste, con su frialdad y humedad, hiciese la simiente fría y húmeda, de la cual forzosamente se ha de engendrar hembra y no varón.

Pero, después que la tierra se ha llenado de hombres, parece que se ha desbaratado este orden y concierto de naturaleza y desdoblado la generación; y lo que peor es, que para un varón que se engendra nacen ordinariamente seis o siete mujeres. Por donde se entiende, o que Naturaleza está ya cansada, o que hay algún error de por medio que le estorba el obrar como quería. Cuál sea éste, un poco adelante lo diremos, trayendo las condiciones que se han de guardar para que sin errar el hijo nazca varón.

Y, así, digo que se han de hacer seis diligencias con mucho cuidado si los padres quieren conseguir este fin. Una de las cuales es comer alimentos calientes y secos; la segunda, procurar que se cuezgan bien en el estómago; la tercera, hacer mucho ejercicio; la cuarta, no llegarse al acto de la generación hasta que la simiente esté cocida y bien sazonada; la quinta, tener cuenta con su mujer cuatro o cinco días antes que le venga la regla; la sexta, procurar que la simiente caiga en el lado derecho del útero. Las cuales guardadas como diremos, es imposible engendrarse mujer.

Cuanto a la primera condición, es de saber que, puesto caso que el buen estómago cuece y altera el manjar y le desnuda de las cualidades que antes tenía, pero jamás le priva totalmente de ellas. Porque si comemos lechugas, cuyas calidades son frialdad y humedad, la sangre que de ellas se engendrase será fría y húmeda, y el suero frío y húmedo, y la simiente fría y húmeda; y si es miel, cuyas cualidades son calor y sequedad, la sangre que de ella se hiciere será caliente y seca, y el suero caliente y seco, y la simiente caliente y seca; porque es imposible, dice Galeno, dejar de saber los humores al modo de sustancia y calidades que el manjar tenía antes que se comiese. Luego, si es verdad que el sexo viril consiste en que la simiente sea caliente y seca al tiempo de la formación, cierto es que conviene usar los padres de manjares calientes y secos para hacer el hijo varón.

Verdad es que hay un peligro muy grande en esta manera de generación; y es que, siendo la simiente muy caliente y seca, hemos dicho muchas veces atrás que por fuerza se ha de engendrar un varón maligno, astuto, caviloso y con inclinación a muchos vicios y males. Y tales hombres como éstos, si no se van a la mano, son peligrosos en la república; y, por tanto, sería mejor que no se formasen. Pero, con todo eso, no faltarán padres que digan «nazca mi hijo varón y sea ladrón»; porque melior est iniquitas viri quam mulier bene faciens. Aunque esto se puede remediar fácilmente usando de alimentos templados y que declinen un poco a calor y sequedad, o por la preparación o añadiéndoles algunas especias. Estos dice Galeno que son gallinas, perdices, tórtolas, francolines, palomas, zorzales, mérulas y cabrito; los cuales dice Hipócrates que se han de comer asados para calentar y desecar la simiente. El pan con que se comiere ha de ser candial, hecho de la flor de la harina, masado con sal y anís; porque el rubial es frío y húmedo, como adelante probaremos, y para el ingenio muy perjudicial. La bebida ha de ser vino blanco, aguado en la proporción que el estómago lo aprobare; y el agua con que se ha de templar, conviene que sea dulce y muy delicada.

La segunda diligencia que dijimos era comer estos manjares en tan moderada cantidad, que el estómago los pudiese vencer. Porque, aunque los alimentos sean calientes y secos de su propia naturaleza, se hacen fríos y húmedos si el calor natural no los puede cocer; por donde, aunque los padres coman miel y beban vino blanco, harán la simiente fría de estos manjares, y de ella se engendrará hembra y no varón.

Por esta razón, la mayor parte de la gente noble y rica padece este trabajo de tener muchas más hijas que los hombres; porque comen y beben lo que su estómago no puede gastar, y aunque los manjares sean calientes y secos, cargados de especias, azúcar y miel, por ser en mucha cuantidad los encrudecen y no los pueden vencer. Pero la crudeza que más daño hace a la generación es la del vino, porque este licor, por ser tan vaporable y sutil, hace que él y los demás alimentos vayan crudos a los vasos seminarios y que la simiente irrite falsamente al hombre sin estar cocida y sazonada. Y, por tanto, loa Platón una ley que halló en la república de los cartaginenses por la cual prohibían que el hombre casado, ni su mujer, no bebiesen vino el día que se pensaban llegar al acto de la generación, entendiendo que este licor hacía mucho daño a la salud corporal del niño y que era bastante causa para que saliese vicioso y de malas costumbres. Pero si se bebe con moderación, de ningún manjar se hace tan buena simiente (para el fin que llevamos) como del vino blanco, especialmente para dar ingenio y habilidad, que es lo que más pretendemos.

La tercera diligencia que dijimos era hacer ejercicio más que moderado; porque éste gasta y consume la demasiada humedad de la simiente, y la calienta y deseca. Por esta razón se hace el hombre fecundísimo y potente para engendrar; y por lo contrario, el holgar y no ejercitar las carnes es una de las cosas que más enfría y humedece la simiente. Por donde la gente rica y holgada cargan de más hijas que los pobres trabajadores.

Y, así, cuenta Hipócrates que los hombres principales de Escitia eran muy muy afeminados, mujeriles, mariosos, inclinados a hacer obras de mujeres como son barrer, fregar y amasar. Y, con esto, eran impotentes para engendrar; y si algún hijo varón les nacía, o salía eunuco o hermafrodita. De lo cual corridos y afrentados, determinaron hacer a Dios grandes sacrificios y ofrecerle muchos dones, suplicándole que no los tratase así, o que les remediase aquella falta, pues podría. Pero Hipócrates se burlaba de ellos, diciendo que ningún efecto acontece que no sea maravilloso y divino si por aquella vía se ha de considerar; porque, reduciendo cualquiera de ellos en sus causas naturales, últimamente venimos a parar en Dios, en cuya virtud obran todos los agentes del mundo; pero hay efetos que inmediatamente se han de reducir a Dios (que son aquellos que van fuera de la orden natural) y otros mediatamente, contando primero las causas intermedias que están ordenadas para aquel fin. La región que los escitas habitaban dice Hipócrates que está debajo del Septentrión, fría y húmeda sobremanera, donde, por las muchas nieblas, por maravilla se descubre el Sol. Andan los hombres ricos siempre a caballo, no hacen ejercicio ninguno, comen y beben más de lo que su calor natural puede gastar; todo lo cual hace la simiente fría y húmeda. Y por esta razón, engendraban muchas hembras. Y si algún varón les nacía, salía de la condición que habemos dicho. «El remedio (les dijo Hipócrates) sabed que no es hacer a Dios sacrificios y no más, sino juntamente con esto andar a pie, comer poco y beber menos, y no estar siempre holgando. Y, para que lo entendáis claramente, tened cuenta con la gente pobre de esta región y con vuestros propios esclavos, los cuales, no solamente no hacen a Dios sacrificios ni le ofrecen dones por no tener de qué, pero blasfeman su nombre bendito y le dicen infinitas injurias porque les dio tan baja fortuna. Y, con ser tan malos y blasfemos, son potentísimos para engendrar; y de sus hijos, los más salen varones y robustos, no mariosos, eunucos ni hermafroditas como los vuestros. Y es la causa que comen poco, y hacen mucho ejercicio, y no andan a caballo como vosotros, por las cuales razones hacen la simiente caliente y seca, y de esta tal se engendrará varón y no hembra».

Esta filosofía no entendió Faraón, ni los de su Consejo; pues dijo de esta manera: venite, sapienter opprimamus eum ne forte multiplicetur, et si ingruerit contra nos bellum, addatur inimicis nostris. Y el remedio que tomó para prohibir que el pueblo de Israel no creciese tanto, o a lo menos que no naciesen muchos varones que era lo que él más temía, fue oprimirle con muchos trabajos corporales, y darles a comer puerros, ajos y cebollas; con el cual remedio le iba tan mal, que dice el Texto divino: quantoque opprimebant eos tanto magis multiplicabantur et crescebant. Y tornándole a parecer que éste era el mejor remedio que se podía hallar, les vino a doblar el trabajo corporal; y aprovechábale tan poco, como si para matar un gran fuego echara en él mucho aceite o manteca. Pero si él supiera filosofía natural, o alguno de los de su Consejo, les había de dar a comer pan de cebada, lechugas, melones, calabazas y pepinos, y tenerlos en grande ociosidad bien comidos y bebidos, y no dejarlos trabajar. Porque de esta manera hicieran la simiente fría y húmeda, y de ella se engendraran más hembras que varones, y en poco tiempo les abreviara la vida si quisiera. Pero dándoles a comer mucha carne cocida con muchos ajos, puerros y cebollas, y haciéndoles trabajar de aquella manera, hacían la simiente caliente y seca, con las cuales dos calidades se irritaban más a la generación y siempre engendraban varones.

En confirmación de esta verdad, hace Aristóteles un problema preguntando: cur genitura in somnis iis profluere solet qui aut labore lassescunt aut tabe consummuntur? Como si dijera: «¿qué es la causa que los trabajadores y los hécticos padecen durmiendo muchas poluciones?». Al cual problema, cierto, no sabe responder, porque dice muchas cosas y ninguna de ellas da en el blanco. La razón es que el trabajo corporal y la calentura héctica calientan y desecan la simiente, y estas dos calidades la hacen acre y mordaz; y como en el sueño se fortifican todas las obras naturales, acontece lo que dice el problema. Cuán fecunda y mordaz sea la simiente caliente y seca, nótalo Galeno diciendo: et fecundissima est, ac celeriter ab initio protinus ad coitum excitat animal: petulca est et ad libidinem prona.

La cuarta condición era no llegar al acto de la generación hasta que la simiente esté reposada, cocida y bien sazonada. Porque, aunque hayan precedido las tres diligencias pasadas, aún no sabemos si ha venido a la perfección que ha de tener; mayormente, que conviene usar primero, siete u ocho días arreo, de los manjares que dijimos, para que haya lugar que los testículos gasten en su nutrición la simiente que hasta allí se había hecho de otros alimentos, y suceda lo que vamos calificando.

Las mismas diligencias se han de hacer con la simiente humana, para que sea fecunda y prolífica, que hacen los hortelanos con las semillas que quieren guardar: que esperan que se maduren y se enjuguen y desequen, porque si las quitan del árbol antes que tengan la sazón y punto que conviene, echándolas otro año en la tierra no pueden fructificar. Por esta razón, tengo notado que en los lugares donde se usa mucho el acto carnal, hay menos generación que donde hay más continencia; y las mujeres públicas, por no aguardar que su simiente se cueza y madure, jamás se hacen preñadas. Luego, conviene aguardar algunos días que la simiente se repose, se cueza y madure y tenga buena razón; porque antes gana por esta vía calor y sequedad y buena sustancia, que la pierde. Pero ¿cómo sabremos que la simiente está tal cual conviene, pues es cosa que tanto importa? Esto se deja entender fácilmente: habiendo días que el hombre no tuvo cuenta con su mujer, y por la continua irritación y gran deseo que tiene del acto carnal; todo lo cual nace de estar ya la simiente fecunda y prolífica.

La quinta condición fue llegarse el hombre al acto carnal seis o siete días antes que a la mujer la venga la regla, porque el varón ha menester luego mucho alimento para nutrirse. Y es la razón que el calor y sequedad de su temperamento gasta y consume, no solamente la buena sangre de la madre, pero también los excrementos; y, así, dice Hipócrates «que la mujer que ha concebido varón está de buen color y hermosa»; y es que el niño con su mucho calor le come todos aquellos excrementos que suelen afear el rostro y llenarlo de paño. Y por ser tan voraz, es bien que haya aquella represa de sangre con que se pueda nutrir. Lo cual muestra claramente la experiencia: que por maravilla se engendra varón que no sea a los postreros días del mes.

Al revés acontece siendo el preñado de hembra, que, por la mucha frialdad y humedad de su sexo, come muy poco y hace muchos excrementos. Y, así, la mujer que ha concebido hembra está fea y pañosa, y se le antojan mil suciedades, y en el parto ha de gastar doblados días en mundificarse, que si pariera varón. En la cual naturaleza se fundó Dios cuando mandó a Moisén: «que la mujer que pariese varón fuese sanguinolenta una semana y no entrase en el templo hasta pasados treinta y tres días, y pariendo hembra fuese inmunda dos semanas y no entrase en el templo hasta que se cumpliesen sesenta y seis días»; de manera que dobló el tiempo de la purgación siendo el parto de hembra. Y es la causa que, en nueve meses que estuvo en el vientre, por la mucha frialdad y humedad de su temperamento, hizo doblados excrementos que el varón y de muy maligna sustancia y calidades; y, así, nota Hipócrates por cosa muy peligrosa detenerse la purgación a la mujer que ha parido hembra.

Todo esto he dicho a propósito de que conviene mucho aguardar a los postreros días del mes, para que la simiente halle mucho alimento que comer; porque, si el acto de la generación se hace luego en acabando la purgación, por falta de sangre no asirá. Pero han de estar advertidos los padres que, si no se juntan ambas simientes (la del varón y la de la hembra) en un mismo tiempo, ninguna generación (dice Galeno) se hará, aunque la del marido sea muy prolífica. La razón de esto daremos después a otro propósito. Y, así, es cierto que todas las diligencias que hemos contado las ha de hacer también la mujer, so pena que su simiente, mal labrada, desbaratará la generación. Por donde conviene que el uno al otro se vayan aguardando para que en un mismo acto se junten ambas simientes. Y esto importa mucho la primera vez, porque el testículo derecho y su vaso seminario, dice Galeno que se irrita primero y da la simiente antes que el izquierdo; y si de la primera vez no se hace la generación, en la segunda está ya el peligro en la mano de engendrarse hembra y no varón. Conócense estas dos simientes: lo uno en el calor y frialdad; y lo otro en la cantidad, de ser mucha o poca; y lo tercero en salir presto o tarde. La simiente del testículo derecho sale hirviendo, y tan caliente, que abrasa el útero de la mujer, no es mucha la cantidad y desciende presto. Por el contrario, la simiente del izquierdo sale más templada, mucha en cantidad, y por ser fría y gruesa tarda mucho en salir.

La última condición fue procurar que ambas simientes, la del marido y la de la mujer, caigan en el lado derecho del útero. Porque en aquel lugar dice Hipócrates que se hacen los varones, y en el izquierdo las hembras. La razón trae Galeno diciendo que el lado derecho del útero es muy caliente por la vecindad que tiene con el hígado y con el riñón derecho y con el vaso seminario derecho, de los cuales miembros hemos dicho y probado que son calidísimos. Y pues toda la razón de salir el hijo varón consiste en que haya mucho calor al tiempo de la formación, cierto es que importa mucho poner la simiente en este lugar. Lo cual hará la mujer fácilmente recostándose sobre el lado derecho después de pasado el acto de la generación, la cabeza baja y los pies puestos en alto. Pero ha de estar un día o dos en la cama; porque el útero no luego abraza la simiente, hasta pasadas algunas horas.

Las señales con que se conocerá si la mujer queda preñada o no, son a todos muy manifiestas y claras. Porque si, puesta en pie, cayere luego la simiente, es cierto (dice Galeno) que no ha concebido. Aunque en esto hay una cosa que considerar: que no toda la simiente es fecunda y prolífica. Porque hay una parte de ella que es muy aguanosa, cuyo oficio es adelgazar la simiente principal para que pueda pasar por los caminos angostos; y ésta expele Naturaleza y se queda con la parte prolífica cuando ha concebido. Conócese en que es como agua y poca en cantidad. El ponerse luego en pie la mujer, pasado el acto de la generación, es muy peligroso; y, así, aconseja Aristóteles que haga primero evacuación de los excrementos y orina, porque no haya ocasión de levantarse.

La segunda señal en que se conoce es que luego a otro día siente la mujer el vientre vacío, especialmente en derredor del ombligo. Y es la razón que el útero, cuando desea concebir, está muy ancho y dilatado, porque realmente padece la misma hinchazón y tumiscencia que el miembro viril, y estando de esta manera ocupa mucho lugar; pero en el punto que concibe dice Hipócrates que luego se encoge y se hace un ovillo para recoger la simiente y no dejarla salir, y así deja muchos lugares vacíos. Lo cual explican las mujeres diciendo «que no les han quedado tripas», según se han puesto cenceñas.

Juntamente con esto, aborrecen luego el acto carnal y las blanduras del marido, por tener ya el útero lo que quería. Pero la señal más cierta dice Hipócrates que es no acudirles la regla, y crecerles los pechos, y tener hastío de los manjares.

[Parte III] [XXI de 1594]. Qué diligencias se han de hacer para que los hijos salgan ingeniosos y sabios

Si no se sabe primero la razón y causa de donde proviene engendrarse un hombre de grande ingenio y habilidad, es imposible poderse hacer arte para ello, porque de juntar y ordenar sus principios y causas se viene a conseguir este fin, y no de otra manera.

Los astrólogos tienen entendido que por nacer el muchacho debajo de tal influencia de estrellas viene a ser discreto, ingenioso, de buenas o malas costumbres, dichosos, y con otras condiciones y propiedades que vemos y consideramos cada día en los hombres. Lo cual, si fuera verdad, no era posible constituirse arte ninguna; porque esto fuera caso fortuito y no puesto en elección de los hombres. Los filósofos naturales, como son Hipócrates, Platón, Aristóteles y Galeno, tienen entendido que al tiempo de la formación recibe el hombre las costumbres del ánima, y no al punto que viene a nacer. Porque entonces alteran las estrellas superficialmente al niño, dándole calor, frialdad, humedad y sequedad, pero no sustancia en que restriben toda la vida, como lo hacen los cuatro elementos, fuego, tierra, aire y agua; los cuales no solamente dan al compuesto calor, frialdad, humedad y sequedad, pero también sustancia que le guarde y conserve estas mismas calidades todo el discurso de la vida. Y, así, lo que más importa en la generación de los niños es procurar que los elementos de que se componen tengan las calidades que se requieren para el ingenio; porque éstos, en el peso y medida que entraren en la composición, en esa misma han de durar para siempre en el mixto; y no las alteraciones del cielo.

Qué elementos sean éstos y de qué manera entren en el útero de la mujer a formar la criatura dice Galeno que son los mismos que componen las demás cosas naturales; pero que la tierra viene disimulada en los manjares sólidos que comemos (como son el pan, la carne, los pescados y frutas); el agua en los licores que bebemos; el aire y fuego dice que andan mezclados por orden de naturaleza y que entran en el cuerpo por el pulso y la respiración. De estos cuatro elementos, mezclados y cocidos con nuestro calor natural, se hacen los dos principios necesarios de la generación del niño, que son simiente y sangre menstrua. Pero de los que más caudal se ha de hacer, para el fin que llevamos, es de los manjares sólidos que comemos; porque éstos encierran en sí todos los cuatro elementos, y de éstos toma la simiente más corpulencia y calidades que del agua que bebemos y del fuego y aire que respiramos.

Y, así, dijo Galeno que los padres que quieren engendrar hijos sabios, que leyesen tres libros que escribió de alimentorum facultatibus, que allí hallarían manjares con que lo pudiesen hacer; y no hizo mención de las aguas ni de los demás elementos, como materiales de poco momento. Pero no tuvo razón, porque el agua altera mucho más el cuerpo que el aire, y muy poco menos que los manjares sólidos que comemos; y para lo que toca a la generación de la simiente es tan importante como todos juntos los demás elementos. La razón es (como lo dice el mismo Galeno) que los testículos traen de las venas para su nutrición la parte serosa de la sangre, y la mayor parte del suero la reciben las venas del agua que bebemos. Y que el agua haga mayor alteración en el cuerpo que el aire, pruébalo Aristóteles preguntando «qué es la causa que mudar las aguas hace en la salud tanta alteración, y si respiramos aires contrarios no lo sentimos tanto». A lo cual responde que el agua da alimento al cuerpo, y el aire no. Pero no tuvo razón en responder de esta manera; porque el aire, en opinión de Hipócrates, también da alimento y sustancia como el agua. Y, así, buscó Aristóteles otra respuesta mejor diciendo que ningún lugar ni región tiene aire propio. Porque el que está hoy en Flandes, corriendo Cierzo, en dos o tres días pasa en África; y el que está en África, corriendo Mediodía, lo vuelve al Septentrión; y el que está hoy en Jerusalén, corriendo Levante, lo echa en las Indias de Poniente. Lo cual no puede acontecer en las aguas por no salir de un mismo territorio, y así cada pueblo tiene su agua particular conforme al minero de tierra de donde nace y por donde pasa. Y, estando el hombre acostumbrado a una manera de agua, bebiendo otra se altera más que con nuevos manjares ni aires. De suerte que los padres que quisieren engendrar hijos muy sabios han de beber aguas delicadas, dulces y de buen temperamento, so pena que errarán la generación.

Del Ábrego dice Aristóteles que nos guardemos al tiempo de la generación, porque es grueso y humedece mucho la simiente, y hace que se engendre hembra y no varón. Pero el Poniente nunca acaba de loarle y ponerle nombres y epítetos honrosos; llámale «templado», «empreñador de la tierra» y «que viene de los Campos Elíseos». Pero, aunque es verdad que importa mucho respirar aires muy delicados y de buen temperamento, y beber aguas tales, pero mucho más hace al caso usar de manjares sutiles y de la temperatura que requiere el ingenio; porque de estos se engendra la sangre, y de la sangre la simiente, y de la simiente la criatura. Y si los alimentos son delicados y de buen temperamento, tal se hace la sangre, y de tal sangre, tal simiente, y de tal simiente, tal celebro. Y siendo este miembro templado y compuesto de sustancia sutil y delicada, el ingenio dice Galeno que será tal; porque nuestra ánima racional, aunque es incorruptible, anda siempre asida de las disposiciones del celebro, las cuales, si no son tales cuales son menester para discurrir y filosofar, dice y hace mil disparates.

Los manjares, pues, que los padres han de comer para engendrar hijos de grande entendimiento (que es el ingenio más ordinario en España) son, lo primero, el pan candial, hecho de la flor de la harina y masado con sal: éste es frío y seco, y de partes sutiles y muy delicadas. Otro se hace (dice Galeno) de trigo rubial o trujillo, el cual, aunque mantiene mucho y hace a los hombres membrudos y de muchas fuerzas corporales, pero por ser húmido y de partes muy gruesas echa a perder el entendimiento. Dije masado con sal, porque ningún alimento de cuantos usan los hombres hace tan buen entendimiento como este mineral. Él es frío y con la mayor sequedad que hay en las cosas; y si nos acordamos de la sentencia de Heráclito, dijo de esta manera: splendor siccus, animus sapientissimus; por la cual nos quiso dar a entender que la sequedad del cuerpo hace al ánima sapientísima. Y pues la sal tiene tanta sequedad y es tan apropiada para el ingenio, con razón la divina Escritura la llama con este nombre de «prudencia» y «sabiduría».

Las perdices y francolines tienen las misma sustancia y temperamento que el pan candial, el cabrito y el vino moscatel; de los cuales manjares usando los padres (de la manera que atrás dejamos notado) harán los hijos de grande entendimiento.

Y si quisieren tener algún hijo de grande memoria, coman, ocho o nueve días antes de que se lleguen al acto de la generación, truchas, salmones, lampreas, besugos y anguilas; de los cuales manjares harán la simiente húmeda y muy glutinosa. Estas dos calidades dijimos atrás que hacían la memoria fácil para recibir, y muy tenaz para conservar la figura mucho tiempo.

De palomas, cabrito, ajos, cebollas, puerros, rábanos, pimienta, vinagre, vino blanco, miel, y de todo género de especias, se hace la simiente caliente y seca y de partes muy delicadas. El hijo que de estos alimentos se engendrase será de grande imaginativa; pero falto de entendimiento, por el mucho calor, y falto de memoria, por la mucha sequedad. Éstos suelen ser muy perjudiciales a la república, porque el calor los inclina a muchos vicios y males, y les da ingenio y ánimo para poderlo ejecutar; aunque, si se van a la mano, más servicios recibe de la imaginativa de éstos que del entendimiento y memoria.

Las gallinas, capones, ternera, carnero castrado de España, son de moderada sustancia; porque ni son manjares delicados ni gruesos. Dije carnero castrado de España, porque Galeno, sin hacer distinción, dice que es de mala y gruesa sustancia; y no tiene razón. Porque, puesto caso que en Italia, donde él escribió, es la más ruin carne de todas, pero en esta nuestra región, por la bondad de los pastos, se ha de contar entre los manjares de moderada sustancia. Los hijos que de estos alimentos se engendraren tendrán razonable entendimiento, razonable memoria y razonable imaginativa; por donde no ahondarán mucho en las ciencias ni inventarán cosa de nuevo. De éstos dijimos atrás que eran blandos y fáciles de imprimir en ellos todas las reglas y consideraciones del arte, claras, oscuras, fáciles y dificultosas; pero la doctrina, el argumento, la respuesta, la duda y distinción, todo se lo han de dar hecho y levantado.

De vaca, macho, tocino, migas, pan trujillo, queso, aceitunas, vino tinto y agua salobre, se hará una simiente gruesa y de mal temperamento. El hijo que de esta se engendrare terná tantas fuerzas como un toro, pero será furioso y de ingenio bestial. De aquí proviene que entre los hombres del campo por maravilla salen hijos agudos ni con habilidad para las letras: todos nacen torpes y rudos por haberse hecho de alimentos de gruesa sustancia. Lo cual acontece al revés entre los ciudadanos, cuyos hijos vemos que tienen más ingenio y habilidad.

Pero si los padres quisiesen de veras engendrar un hijo gentil hombre, sabio y de buenas costumbres, han de comer, seis días antes de la generación, mucha leche de cabras; porque este alimento, en opinión de todos los médicos, es el mejor y más delicado de cuantos usan los hombres; entiéndese, estando sanos y que les responda en proporción. Pero dice Galeno que se ha de comer cocida con miel, sin la cual es peligrosa y fácil de corromper. La razón de ello es que la leche no tiene más que tres elementos en su composición: queso, suero y manteca. El queso responde a la tierra, el suero al agua, y la manteca al aire. El fuego que mezclaba los demás elementos y los conservaba en la mixtión, en saliendo de las tetas, se exhaló, por ser muy delicado. Pero añadiéndole un poco de miel, que es caliente y seca como el fuego, queda la leche con cuatro elementos, los cuales mezclados y cocidos con la obra de nuestro calor natural, se hace una simiente muy delicada y de buen temperamento. El hijo que de ella se engendrare será, por lo menos, de grande entendimiento, y no falto de memoria ni de imaginativa.

Por no estar Aristóteles en esta doctrina, no respondió a un problema que hace preguntando: «¿qué es la causa que los hijos de los brutos animales (por la mayor parte) sacan las propiedades y condiciones de sus padres, y los hijos del hombre no?». Lo cual vemos por experiencia ser así; porque de padres sabios salen hijos muy necios, y de padres necios, hijos muy avisados; y de padres virtuosos, hijos malos y viciosos; y de padres viciosos, hijos virtuosos; y de padres feos, hijos hermosos; y de padres hermosos, hijos feos; y de padres blancos, hijos morenos; y de padres morenos, hijos blancos y colorados. Y entre los hijos de un mismo padre y de una misma madre, uno sale necio y otro avisado, uno feo y otro hermoso, uno de buena condición y otro de mala, uno virtuoso y otro vicioso. Y si a una buena yegua de casta le echan un caballo tal, el potro que nace parece a sus padres, así en la figura y color como en las costumbres del ánimo.

A este problema respondió Aristóteles muy mal, diciendo que el hombre tiene varias imaginaciones en el acto carnal, y que de aquí proviene salir sus hijos tan desbaratados; pero los brutos animales, como no se distraen al tiempo de engendrar, ni tienen tan fuerte imaginativa como el hombre, sacan siempre los hijos de una misma manera y semejantes a sí. Esta respuesta ha contentado siempre a los filósofos vulgares, y en su confirmación traen la historia de Jacob; la cual refiere que, poniendo ciertas varas pintadas en los abrevaderos de los ganados, salieron los corderos manchados. Pero poco les aprovecha acogerse a sagrado, porque esta historia cuenta un hecho milagroso que Dios hizo para encerrar en él algún sacramento, y la respuesta de Aristóteles es un gran disparate; y si no, prueben los pastores ahora a hacer este ensayo y verán que no es cosa natural.

También se cuenta por ahí que una señora parió un hijo más moreno de lo que convenía por estar imaginando en un rostro negro que estaba en un guadamecil, lo cual tengo por gran burla; y si por ventura fue verdad que lo parió, yo digo que el padre que lo engendró tenía el mismo color que la figura del guadamecil.

Y para que conste más de veras cuán mala filosofía es la que trae Aristóteles y los que lo siguen es menester saber por cosa notoria que la obra del engendrar pertenece al ánima vegetativa, y no a la sensitiva ni racional; porque el caballo engendra sin la racional, y la planta sin la sensitiva. Y si miramos un árbol cargado de fruta, hallaremos en él mayor variedad que en los hijos de los hombres: una manzana verde y otra colorada, una pequeña y otra grande, una redonda y otra mal figurada, una sana y otra podrida, una dulce y otra amarga; y si cotejamos la fruta de este año con la del pasado, es la una de la otra muy diferente y contraria. Lo cual no se puede atribuir a la variedad de la imaginativa, pues las plantas carecen de esta potencia.

El error de Aristóteles es muy notorio en su propia doctrina. Porque él dice que la simiente del varón es la que hace la generación, y no la de la mujer; y en el acto carnal no hay otra obra de varón más que derramar la simiente sin forma ni figura, como el labrador echa el trigo en la tierra. Y así como el grano de trigo no luego echa raíces, ni forma las hojas y caña hasta pasados algunos días, de la misma manera dice Galeno que no luego en cayendo la simiente viril en el útero está ya formada la criatura, antes dice que son menester treinta y cuarenta días para acabarse. Lo cual siendo así, ¿qué hace al caso estar el padre imaginando varias cosas en el acto carnal, si no se comienza la formación hasta pasados algunos días? Mayormente que quien hace la formación no es el ánima del padre ni de la madre, sino otra tercera que está en la misma simiente; y ésta, por ser vegetativa y no más, no es capaz de imaginativa: solo sigue los movimientos naturales del temperamento y no hace otra cosa. Para mí, no es más que los hijos del hombre nazcan de tantas figuras por la varia imaginación de los padres, que decir que los trigos unos nacen grandes y otros pequeños porque el labrador, cuando los sembraba, estaba divertido en varias imaginaciones.

De esta mala opinión de Aristóteles infieren algunos curiosos que los hijos del adúltero parecen al marido de la mujer adúltera, no siendo suyos. Y es su razón manifiesta; porque en el acto carnal están los adúlteros imaginando en el marido, con temor no venga y los halle en el hurto. Por el mismo argumento infieren que los hijos del marido sacan el rostro del adúltero, aunque no sean suyos; porque la mujer adúltera, estando en el acto carnal con su marido, siempre está contemplando en la figura de su amigo. Y los que confiesan que la otra mujer parió un hijo negro por estar imaginando en la figura negra del guadamecil, también han de admitir lo que estos curiosos han dicho y probado, porque todo tiene la misma cuenta y razón. Ello para mí es gran burla y mentira, pero muy bien se infiere de la mala opinión de Aristóteles.

Mejor respondió Hipócrates al problema diciendo que los escitas todos tienen unas mismas costumbres y figura de rostro; y dando la razón de esta similitud, dice que todos comen unos mismos manjares, y beben unas mismas aguas, y andan de una misma manera vestidos, y guardan un mismo orden de vivir. Los brutos animales, por esta misma razón, engendran los hijos a su semejanza y a su figura particular, porque siempre usan de un mismo pasto y hacen la simiente uniforme. Por lo contrario, el hombre, por comer diversos manjares cada día, hace diferente simiente, así en sustancia como en temperamento. Lo cual aprueban los filósofos naturales respondiendo a un problema que dice: «¿qué es la causa que los excrementos de los brutos animales no tienen tan mal olor como los del hombre?». Y dicen que los brutos animales usan siempre de unos mismos alimentos y hacen mucho ejercicio; y el hombre come tantos manjares y de tan varia sustancia, que no los puede vencer, por donde se vienen a corromper. La simiente humana y brutal tienen la misma cuenta y razón, por ser ambas excrementos de la tercera concocción. La variedad de manjares de que usa el hombre no se puede negar, ni tampoco dejar de confesar que de cada alimento se haga simiente diferente y particular. Y, así, es cierto que el día que come el hombre vaca o morcilla hace la simiente gruesa y de mal temperamento, por donde el hijo que de ella se engendrare saldrá feo, necio, negro y de mala condición; y si comiere una pechuga de capón o gallina, hará la simiente blanca, delicada y de buen temperamento; por donde el hijo que de ella se engendrare será gentil hombre, sabio y de condición muy afable.

De donde colijo que ningún hijo nace que no saque las calidades y temperamento del manjar que sus padres comieron un día antes que lo engendrasen. Y si cada uno quisiere saber de qué manjar se formó, no tiene más que hacer de considerar con qué alimento tiene su estómago más familiaridad y aquél es sin falta ninguna.

También preguntan los filósofos naturales: «¿qué es la razón que los hijos de los hombres sabios ordinariamente salen necios y faltos de ingenio?». Al cual problema responden muy mal diciendo que los hombres sabios son muy honestos y vergonzosos, por la cual razón se abstienen en el acto carnal de algunas diligencias que son necesarias para que el hijo salga con la perfección que ha de tener. Y pruébanlo con los padres torpes y necios, que, por poner todas sus fuerzas y conato al tiempo de engendrar, salen todos sus hijos ingeniosos y sabios. Pero ésta es respuesta de hombres que saben poca filosofía natural. Verdad es que para responder como conviene es menester presuponer y probar algunas cosas primero; una de las cuales es que la facultad racional es contraria de la irascible y concupiscible, de tal manera que si un hombre es muy sabio, no puede ser animoso, de grandes fuerzas corporales, gran comedor ni potente para engendrar; porque las disposiciones naturales que son necesarias para que la facultad racional pueda obrar son totalmente contrarias de las que pide la irascible y concupiscible.

El ánimo y valentía natural dice Aristóteles, y así es verdad, que consiste en calor; y la prudencia y sabiduría, en frialdad y sequedad. Y así lo vemos claramente por experiencia: que los muy animosos son faltos de razones, tienen pocas palabras, no sufren burlas y se corren muy presto, para cuyo remedio ponen luego mano a la espada por no tener otra respuesta que dar. Pero los que alcanzan ingenio tienen muchas razones y agudas respuestas Y motes, con los cuales se entretienen por no venir a las manos. De esta manera de ingenio notó Salustio a Cicerón, diciéndole que tenía mucha lengua y los pies muy ligeros; lo cual tuvo razón, porque tanta sabiduría no podía parar sino en cobardía para las armas. De donde tuvo origen una manera de motejar que dice «es valiente como un Cicerón y sabio como un Héctor», para notar a un hombre de necio y cobarde.

No menos contradice la facultad animal al entendimiento. Porque, en siendo un hombre de muchas fuerzas corporales, no puede tener delicado ingenio; y es la razón que la fuerza de los brazos y las piernas nace de ser el celebro duro y terrestre. Y aunque es verdad que por la frialdad y sequedad de la tierra podía tener buen entendimiento, pero por ser de gruesa sustancia lo echa a perder. Y hace otro daño de camino: que por la frialdad se pierde el ánimo y valentía; y, así, algunos hombres de grandes fuerzas los hemos visto ser muy cobardes.

La contrariedad que tiene el ánima vegetativa con la racional es más notoria que todas. Porque sus obras, que son nutrir y engendrar, se hacen mejor con calor y humedad, que con calidades contrarias; lo cual muestra claramente la experiencia considerando cuán fuerte es en la edad de los niños y cuán floja y remisa en la vejez. Y en la puericia no puede obrar el ánima racional, y en la postrera edad, donde no hay calor ni humedad, hace maravillosamente sus obras.

De manera que cuanto un hombre fuere más poderoso para engendrar y cocer mucho manjar, tanto pierde de la facultad racional.

A esto alude lo que dice Platón, que no hay humor en el hombre que tanto desbarate la facultad racional como la simiente fecunda; solo dice que ayuda al arte de metrificar. Lo cual vemos por experiencia cada día: que en comenzando un hombre a tratar amores, luego se torna poeta; y si antes era sucio y desaliñado, luego se ofende con las rugas de las calzas y con los pelillos de la capa. Y es la razón que estas obras pertenecen a la imaginativa, la cual crece y sube de punto con el mucho calor que ha causado la pasión del amor. Y que el amor sea alteración caliente vese claramente por el ánimo y valentía que causa en el enamorado, y porque le quita la gana de comer y no le deja dormir. Si en estas señales advirtiese la república, desterraría de las Universidades los estudiantes valientes y amigos de armas, a los enamorados, a los poetas y a los muy pulidos y aseados; porque para ningún género de letras tienen ingenio ni habilidad. De esta regla saca Aristóteles los melancólicos por adustión, cuya simiente, aunque es fecunda, no quita el ingenio.

Finalmente, todas las facultades que gobiernan al hombre, si son muy fuertes, desbaratan la facultad racional. Y de aquí nace que, en siendo un hombre muy sabio, luego es cobarde, de pocas fuerzas corporales, ruin comedor y no potente para engendrar. Y es la causa que las calidades que le hacen sabio, que son frialdad y sequedad, esas mismas debilitan las otras potencias; como parece en los hombres viejos, que, si no es para consejo y prudencia, no tienen fuerza ni valor para más.

Supuesta esta doctrina, es opinión de Galeno que para que haya efecto la generación de cualquier animal perfecto son necesarias dos simientes, una que sea el agente y formador, y la otra que sirva de alimento. Porque una cosa tan delicada como es la genitura no luego puede vencer un manjar tan grueso como es la sangre hasta que el efecto sea mayor; y que la simiente sea el verdadero alimento de los miembros seminales es cosa muy recibida de Hipócrates, Platón y Galeno; porque, según su opinión, si la sangre no se convierte en simiente, es imposible que los nervios, las venas y arterias se puedan mantener. Y, así, dice Galeno que la diferencia que va de las venas a los testículos es que los testículos hacen de presto mucha simiente, y las venas poca y a espacio. De manera que proveyó Naturaleza de alimento tan semejante, que con liviana alteración y sin hacer excrementos pudiese mantener a la otra simiente; lo cual no pudiera acontecer si su nutrición se hubiera de hacer de la sangre. La misma provisión dice Galeno que hizo Naturaleza en la generación del hombres que para formar el pollo y las demás aves que salen de los huevos; en los cuales vemos que hay dos sustancias, clara y yema, la una de que se haga el pollo y la otra de que se mantenga todo el tiempo que durare la formación. Por la misma razón son necesarias dos simientes en la generación del hombre, la una de que se haga la criatura y la otra de que mantenga todo el tiempo que durare su formación.

Pero dice Hipócrates una cosa digna de gran consideración; y es «que no está determinado por Naturaleza cuál de las dos simientes ha de ser el agente y formador, ni cuál ha de servir de alimento». Porque muchas veces la simiente de la mujer es de mayor eficacia que la del varón; y cuando acontece así, hace ella la generación y la del marido sirve de alimento. Otras veces la del varón es más potente y prolífica, y la de la mujer no hace más que nutrir. Esta doctrina no alcanzó Aristóteles, ni pudo entender de qué servía la simiente de la mujer; y, así dijo de ella mil disparates: «que era como un poco de agua sin virtud ni fuerzas para engendrar». Lo cual si fuera así, era imposible que la mujer consintiera la conversación del varón, ni jamás le apeteciera, antes huyera del acto carnal por ser ella tan honesta y la obra tan sucia y torpe; por donde en pocos días se acabara la especie humana y el mundo quedara privado del más hermoso animal de cuantos Naturaleza crió.

Y así pregunta Aristóteles qué es la razón que el acto carnal es la cosa más sabrosa de cuantas ordenó Naturaleza para recreación de los animales. Al cual problema responde que, como Naturaleza procurase tanto la perpetuidad de los hombres, puso tanta delectación en aquellas obras porque, movidos con tal interés, se llegasen de buena gana al acto de la generación; y si faltaran tales estímulos no hubiera hombre ni mujer que se quisiera casar, no interesando más la mujer de traer nueve meses el hijo en el vientre con tanta pesadumbre y dolores, y al tiempo de parirlo ponerse en riesgo de perder la vida; por donde fuera necesario que la república forzara a las mujeres a que se casasen, con miedo no se acabase la generación humana.

Pero como Naturaleza hace las cosas con suavidad, dio a la mujer todos los instrumentos que eran necesarios para hacer simiente irritadora y prolífica, con la cual apeteciese al varón y se holgase con su conversación. Y siendo de las calidades que dice Aristóteles, antes le aborresciera y huyera de él, que le amara. Esto prueba Galeno ejemplificando con los brutos animales; y, así, dice que si una puerca está castrada jamás apetece el verraco ni le consiente cuando se le llega. Lo mismo pasa claramente en una mujer cuyo temperamento es más frío de lo que conviene: que si le pedimos que se case, no hay cosa más aborrecible a sus oídos. Y al varón frío acontece otro tanto, todo por carecer de simiente fecunda.

También si la simiente de la mujer fuera de la manera que dice Aristóteles, no podía se propio alimento. Porque para alcanzar las calidades últimas de nutrimento actual se requiere total semejanza con el que se ha de nutrir. Y si ella no viniera ya labrada y asimilada, después no se podía adquirir, porque la simiente del varón carece de instrumentos y oficinas (como son el estómagos, el hígado y los testículos) donde la pudiese cocer y asimilar. Por donde proveyó Naturaleza que hubiese dos simientes en la generación del animal; las cuales mezcladas, la que fuese más potente hiciese la formación y la otra sirviese de mantenimiento. Y que esto sea verdad parece claramente ser así; porque si un negro empreña una mujer blanca, y un hombre blanco a una mujer negra, de ambas maneras sale la criatura mulata.

De esta doctrina se colige ser verdad lo que muchas historias auténticas afirman: que un perro, teniendo cuenta con una mujer, la empreñó; y lo mismo hizo un oso con una doncella que halló sola en el campo; y de un jimio que tuvo dos hijos en otra mujer; y de otra que andándose paseando por la ribera del mar, salió un pescado del agua y la empreñó. Lo que se le hace dificultoso al vulgo es cómo pudo acontecer parir estas mujeres hombres perfectos y con uso de la razón, siendo los padres que los engendraron animales. A esto se responde que la simiente de cualquiera mujer de aquéllas era el agente y formador de la criatura, por ser más potente, y así la figuraba con los accidentes de la especie humana; y la simiente del bruto animal, por no tener tanta fuerza, servía de alimento y no más. Y que la simiente de estas bestias irracionales pudiese dar alimento a la simiente humana, es cosa que se deja entender. Porque si cualquiera mujer de aquéllas comiera un pedazo de oso o de perro, cocido o asado, se sustentara con él, aunque no tan bien como si comiera carnero o perdices. Lo mismo acontece a la simiente humana, que su verdadero nutrimento en la formación de la criatura es otra simiente humana; pero, faltando ésta, bien puede suplir sus veces la simiente brutal. Pero lo que notan aquellas historias es que los niños que nacieron de estos tales ayuntamientos daban muestra, en sus costumbres y condiciones, no haber sido natural su generación.

De todo lo dicho (aunque nos hemos algo tardado) podremos ya sacar respuesta para el problema principal. Y es que los hijos de los hombres sabios casi siempre se hacen de la simiente de sus madres, porque la de los padres, por las razones que hemos dicho, es infecunda para engendrar y no sirve en la generación más que de alimento. Y el hombre que se hace de simiente de mujer no puede ser ingenioso ni tener habilidad por la mucha frialdad y humedad de este sexo. Por donde es cierto que, en saliendo el hijo discreto y avisado, es indicio infalible de haberse hecho de la simiente de su padre; y si es torpe y necio se colige haberse formado de la simiente de su madre. A lo cual aludió el sabio diciendo: filius sapiens laetificat patrem, filius vero stultus maestitia est matris suae.

También puede acontecer (por alguna ocasión) que la simiente del hombre sabio sea el agente y formador, y la de su mujer sirva de alimento. Pero el hijo que de ella se engendrare saldrá de poco saber; porque, puesto caso que la frialdad y sequedad son dos calidades que ha menester el entendimiento, pero han de tener cierta medida y cantidad; de la cual pasando, antes hace daño que aprovecho, como parece en los hombres muy viejos que por la mucha frialdad y sequedad los vemos caducar y decir mil disparates. Pues pongamos caso que al hombre sabio le restaban de vivir diez años de conveniente frialdad y sequedad para caducar. Si de la simiente de este se engendrase un hijo, sería hasta los diez años de grande habilidad por gozar de la frialdad y sequedad conveniente de su padre, pero a los once comenzaría luego a caducar por haber pasado del punto que estas dos calidades han de tener. Lo cual vemos cada día por experiencia en los hijos habidos en la vejez: que, siendo niños, son muy avisados, y después son hombres muy necios y de muy corta vida; y es la razón que se hicieron de simiente fría y seca, la cual había pasado ya la mitad del curso de la vida.

También si el padre es sabio en la obras de la imaginativa, y sea casado por su mucho calor y sequedad con mujer fría y húmeda en el tercer grado, el hijo de que esta junta se engendrare será nescísimo si se forma de la simiente de su padre, por haber estado en un vientre tan frío y húmedo y haberse mantenido de sangre tan destemplada.

Al revés acontece siendo el padre necio, cuya simiente ordinariamente tiene calor y humedad demasiada. El hijo que de ella se engendrase será bobillo hasta quince anos por alcanzar parte de la humedad superflua del padre, pero gastada con el discurso de la edad de consistencia donde la simiente del hombre necio está más templada y con menos humedad. Ayúdale también al ingenio haber andado nueve meses en un vientre de tan poca frialdad y humanidad como es el de la mujer fría y húmeda en el primer grado, donde padeció tanta hambre y penuria de alimento.

Todo esto acontece ordinariamente por las razones que hemos dicho. Pero hay cierto linaje de hombres cuyos miembros genitales son de tanta fuerza y vigor, que desnudan totalmente a los miembros de sus buenas calidades y los convierten en su mala y gruesa sustancia; por donde todos los hijos que engendran, aunque hayan comido manjares delicados, salen rudos y torpes. Otros hay, por lo contrario, que usando de alimentos gruesos y de mal temperamento, son tan poderosos en vencerlos que, comiendo macho y tocino, hacen hijos de ingenio muy delicado. Y, así, es cierto que hay linaje de hombres necios y casta de hombres sabios. Y otros que ordinariamente nacen locos y faltos de juicio.

Algunas dudas se ofrecen a los que tratan de entender muy de raíz esta materia, la respuesta de las cuales es muy fácil en la doctrina pasada. La primera es: ¿de dónde nace que los hijos bastardos parecen ordinariamente a sus padres, y de cien legítimos los noventa sacan la figura y costumbres de las madres? La segunda: ¿por qué los hijos bastardos salen ordinariamente gentiles hombres, animosos y muy avisados? La tercera: ¿qué es la causa que si una mala mujer se empreña, aunque tome bebidas ponzoñosas para mover y se sangre muchas veces, jamás echa la criatura; y si la mujer casada está preñada de su marido, con livianas causas viene a mover?

A la primera duda responde Platón diciendo que ninguno es malo de su propia y agradable voluntad, sin ser irritado primero del vicio de su temperamento; y pone ejemplo en los hombres lujuriosos, los cuales, por tener mucha simiente fecunda, padecen grandes ilusiones y muchos dolores, por donde, molestados de aquella pasión, buscan mujeres para echarla de sí. De estos dice Galeno que tienen los instrumentos de la generación muy calientes y secos, por la cual razón hacen la simiente mordacísima y poderosa para engendrar. Luego, el hombre que va a buscar la mujer que no es suya, ya va lleno de aquella simiente fecunda, cocida y bien sazonada; de la cual forzosamente se ha de hacer la generación, porque, en paridad, siempre la simiente del varón es de mayor eficacia; y si el hijo se hace de la simiente del padre, forzosamente le ha de parecer.

Al revés acontece en los hijos legítimos, que, por tener hombres casado la mujer siempre al lado, nunca aguardan a madurar la simiente ni que se haga prolífica, antes con liviana irritación la echa de sí, haciendo gran violencia y conmoción; y como las mujeres están quietas en el acto carnal, nunca sus vasos seminarios dan la simiente, sino cuando está cocida y bien sazonada y hay mucha en cantidad.

Por donde las mujeres casadas hacen siempre la generación y la simiente de sus maridos sirve de alimento. Pero algunas veces vienen ambas simientes a tener igual perfección, y pelean de tal manera que ni la una ni la otra salen con la formación, antes se figura el hijo que ni parece al padre ni a la madre. Otras veces parece que se conciertan y parten la similitud: la simiente del padre hace las narices y ojos, y la de la madre la boca y la frente. Y, lo que más es de admirar, que ha acontecido muchas veces sacar el hijo la una oreja del padre y la otra de la madre, y partir los ojos también. Pero si la simiente del padre vence del todo, saca el hijo su figura y costumbres; y cuando la simiente de la madre es más poderosa, corre la misma razón. Por donde el padre que quisiere que su hijo se haga de su propia simiente, se ha de ausentar algunos días de su mujer y aguardar que se cueza y madure, y entonces es cierto que él hará la generación y la simiente de su mujer servirá de alimento.

La segunda duda tiene por lo dicho poca dificultad. Porque los hijos bastardos ordinariamente se hacen de simiente caliente y seca, y de esta temperatura hemos probado muchas veces atrás que nace el ánimo y valentía y la buena imaginativa, a la cual pertenece la prudencia de este siglo. Y por estar la simiente cocida y bien sazonada, hace Naturaleza de ella todo lo que quiere, y los pinta con un pincel.

A la tercera duda, se responde que el preñado de las malas mujeres casi siempre se hace de la simiente del varón, y como es enjuta y muy prolífica trábase en el útero con fuertes raíces. Pero el preñado de las casadas, como se hace de su propia simiente, deslízase la criatura con gran facilidad, por ser húmeda y aguanosa, o como dice Hipócrates: plena mucoris.

[Parte IV] [XXII de 1594]. Qué diligencias se han de hacer para conservar el ingenio a los niños después de estar formados y nacidos

Es tan alterable la materia de que el hombre está compuesto y tan sujeta a corrupción, que, en el punto que se comienza a formar, en ese mismo se viene a deshacer y alterar sin poderlo resistir; por donde se dijo: nos nati continuo desinimus esse. Y, así, proveyó Naturaleza que hubiese en el cuerpo humano cuatro facultades naturales, tractriz, retentriz, concotriz y expultriz; las cuales, cociendo y alterando los alimentos que comemos, vuelven a reparar la sustancia perdida, sucediendo otra en su lugar. De donde se entiende que aprovechara poco haberse hecho el hijo de simiente delicada si no se tuviera cuenta con los manjares que le habían de suceder; porque, acabada la formación, no le ha quedado a la criatura ninguna parte de la sustancia seminal de que al principio se compuso. Verdad es que la simiente primera, si fue bien cocida y sazonada, es de tanta fuerza y vigor, que cociendo y alterando los manjares los hace venir, aunque sean malos y gruesos, a su buen temperamento y sustancia; pero tanto se podría usar de alimentos contrarios, que viniese a perder la criatura las buenas calidades que recibió de la simiente de que se hizo.

Y, así, dijo Platón que una de la cosas que más echaba a perder el ingenio del hombre y sus buenas costumbres era la mala educación en el comer y beber. Por tanto, aconseja que a los niños les demos alimentos y bebidas delicadas y de buen temperamento, para, cuando mayores, sepan reprobar lo malo y elegir lo bueno. La razón de esto está muy clara. Porque si el celebro se hizo al principio de simiente delicada, y este miembro se va cada día gastando y consumiendo y se ha de reparar con los manjares que comemos, cierto es que, si éstos son gruesos y de mala templanza, que, usando mucho días de ellos, se ha de hacer el celebro de su misma naturaleza. Y, así, no basta que el niño se haya hecho de buena simiente, sino que los alimentos que comiere después de formado y nacido tengan las mismas calidades. Cuáles sean éstas no será dificultoso averiguarlo, supuesto que los griegos fueron los hombres más discretos que ha habido en el mundo, y que, buscando alimentos y comidas para hacer a sus hijos ingeniosos y sabios, cierto es que toparían con los mejores y más apropiados; porque si el ingenio sutil y delicado consiste que el celebro esté compuesto de partes sutiles y de buena templanza, el alimento que tuviere sobre los demás estas dos calidades será del que conviene usar para conseguir el fin que llevamos.

De la leche de cabras cocida con miel dijo Galeno que en opinión de todos los médicos griegos era el mejor alimento de cuantos comen los hombres; porque, fuera de tener la sustancia muy moderada, el calor en ella no excede a la frialdad, ni la humedad a la sequedad. Por donde dijimos pocos renglones atrás que los padres que de veras quisiesen engendrar un hijo sabio, gentil hombre y de buenas costumbres, que comiesen, seis o siete días antes de la generación, mucha leche de cabras cocida con miel. Pero, puesto caso que este alimento es tan bueno como dice Galeno, mucho más hace al ingenio ser de partes sutiles el manjar que de moderada sustancia; porque, cuanto más se adelgaza la materia en la nutrición del celebro, tanto se hace el ingenio más perspicaz. Por donde los griegos sacaban el queso y suero a la leche (que son los dos elementos gruesos de su composición) y dejaban la parte butirosa, que es de naturaleza de aire. Esta daban a comer a los niños, mezclada con miel, con intento de hacerlos ingeniosos y sabios. Y que esto sea verdad, parece claramente por lo que cuenta Homero. Fuera de este alimento, comerán los niños sopas hechas de pan candial, de agua muy delicada, con miel y un poco de sal. Pero, en lugar de aceite (por ser muy malo y nocivo al entendimiento), echarán manteca de leche de cabras, cuyo temperamento y sustancia es apropiado para el ingenio.

Pero en este regimiento hay un inconveniente muy grande. Y es que, usando los niños de manjares tan delicados, no ternán mucha fuerza para resistir a las injurias del aire, ni se podrán defender de los demás achaques que los suelen hacer enfermar. Y, así, por sacarlos sabios, se criarán con poca salud y no vivirán muchos años.

Esta dificultad nos pide cómo se podrán criar los niños ingeniosos y sabios, y que esta arte no contradiga a su salud. Lo cual será fácil concertar si los padres se atrevieren a poner en práctica algunas reglas y preceptos que aquí diré. Y porque la gente regalada está engañada en criar sus hijos, y ella es la que trata siempre de esta materia, quiéroles primero dar la razón y causa por qué a sus hijos, aunque tengan ayos y maestros y trabajen con mucho cuidado en las letras, se les pegan tan mal las ciencias, y cómo se podrá remediar sin que por ello abrevien la vida ni menoscaben su salud.

Ocho cosas dice Hipócrates que humedecen las carnes del hombres y las engordan. La primera es el holgar y vivir en grande ociosidad; la segunda, dormir mucho; la tercera, acostarse en cama blanda; la cuarta, el buen comer y beber; la quinta, estar muy abrigados y bien vestidos; la sexta, andar siempre a caballo; la séptima, hacer su voluntad; la octava, ocuparse en juegos y pasatiempos y cosas que les den contento y placer. Todo lo cual es tan manifiesta verdad, que, aunque no lo hubiera dicho Hipócrates, ninguno lo pudiera negar.

Solo se podría dudar si la gente regalada guarda siempre esta manera de vivir; pero si es verdad que lo hace, bien podemos inferir que su simiente es humidísima y que los hijos que de ella se engendraren han de salir por fuerza con humedad superflua y demasiada; la cual es menester gastar y consumir, lo uno porque esta calidad echa a perder las obras del ánima racional, y lo otro (dicen los médicos) que hace vivir al hombre pocos días y con falta de salud. Según esto, el buen ingenio y la firme sanidad corporal ambas piden un misma calidad, que es la sequedad; por donde los preceptos y reglas que trajimos para hacer los niños sabios, esos mismos servirán para darles mucha salud y que vivan largo tiempo.

Conviene, pues, luego en naciendo el hijo de padres holgados (atento que sus carnes tiene más frialdad y humedad de la que conviene a la puericia), lavarlo con agua salada caliente; la cual, en opinión de todos los médicos, deseca y enjuga las carnes, y pone firmes los nervios, y hace al niño robusto y varonil, y por la humedad superflua del celebro le hace ingenioso y le libra de muchas enfermedades capitales. Por lo contrario, siendo el baño de agua dulce y caliente, por cuanto humedece las carnes, dice Hipócrates que hace cinco daños: *carnis effaeminationem, nervorum imbecillitatem, mentis torporem, profluvia sanguinis, animi deffectionem*; como dijera: «el agua dulce y caliente hace al hombre mujeril, con flaqueza de nervios, necio, aparejado para flujo de sangre y desmayos». Pero si el niño sale con demasiada sequedad del vientre de su madre, conviene mucho lavarle con agua caliente dulce; y, así, dice Hipócrates: *infantes diu sunt calide lavandi, quo minus tentent convulsiones, ipsique crecant et melioris coloris fiant*; por la cual sentencia mandaba lavar con agua caliente muchas veces a los niños, porque no se vengan a espasmar y crezcan con más facilidad y se hagan de buen color. Esto cierto es que se entiende de los niños que salen secos del vientre de sus madres y a los cuales conviene enmendarles su mala temperatura aplicándoles las calidades contrarias.

Los alemanes, dice Galeno, tenían por costumbre lavar sus niños en el río luego en naciendo, pareciéndoles que, así como el hierro que sale ardiendo de la fragua se hace más fuerte metiéndolo en el agua fría, de la misma manera, sacando al niño ardiendo del vientre de su madre, se hacía de mayor fuerza y vigor lavándolo con agua tan fría. Esto condena Galeno por gran bestialidad, y tiene mucha razón; porque, puesto caso que por esta vía se haría el cuero duro y cerrado y no fácil de alterar de las injurias del aire, pero ofenderseía de los excrementos que se engendran dentro del cuerpo, por no estar patente y abierto por donde poder exhalar y salir. Mejor remedio y más seguro es lavar a los niños que tienen humedad superflua con agua caliente y salada; porque, gastándoles humedad demasiada, quedan muy propincuos a la salud, y cerrándoles las vías del cuero no se ofenden con cualquiera ocasión, ni los excrementos de dentro quedan tan cerrados que no les resten caminos abiertos por donde salir. Y Naturaleza es tan poderosa, que si le han quitado una vía pública busca otra acomodada, y si todos le faltan, sabe hacer caminos de nuevo por donde expeler lo que le daña. Y, así, de dos extremos, más conviene a la salud tener duro y algo cerrado el cuero que blando y abierto.

Lo segundo que conviene es que en naciendo el niño le hagamos amigo con los vientos y con las alteraciones del aire y no le tengamos siempre en abrigo, porque se hará flojo, mujeril, necio, de pocas fuerzas, y en tres días se morirá. Ninguna cosa dice Hipócrates que tanto debilita las carnes como estar siempre en lugares tépidos, guardados del frío y calor. Ni hay mayor remedio para la salud que hacer el cuerpo a todos los vientos, calientes, fríos, húmedos y secos; y, así, pregunta Aristóteles qué es la causa que los que viven en las galeras están más sanos y tienen mejor color, que los que viven en tierra paludosa. Y crece más la dificultad considerando la mala vida que pasan, durmiendo en el suelo vestidos, al sereno, al Sol, al frío y al agua, comiendo y bebiendo tan mal. Los mismo se podrá preguntar de los pastores, cuya sanidad es la más firme que tienen los hombres. Y es la causa que han hecho ya amistad con todas las calidades del aire, y no se espanta Naturaleza de nada. Por el contrario, vemos claramente que, tratando un hombre de regalarse y procurar que no le dé el Sol, el frío, el sereno ni el viento, en tres días es acabado, por el cual se podría decir: qui diligit animam suam in hoc mundo perdet eam. Porque de las alteraciones del aire nadie se puede guardar; y, así, es mejor acostumbrarse a todo, para que el hombre se pueda descuidar y no viva siempre con recato. El error de la gente vulgar está en pensar que el niño nace tan tierno y delicado, que no sufrirá pasar del vientre de su madre (donde hay tanto calor) a la región del aire frío sin que le haga mucho daño. Y, realmente, están engañados, porque con ser Alemania tan fría, metían los niños hirviendo en el río; y con ser un hecho tan bestial, no se les hacía de mal ni se morían.

Lo tercero que conviene es buscar un ama moza, de temperamento caliente o seca, o (según nuestra doctrina) fría y húmeda en el primer grado, criada a mala ventura, acostumbrada a dormir en el suelo, a poco comer y mal vestida, hecha a andar al sereno, al frío y al calor. Esta tal hará la leche muy firme y usada a las alteraciones del aire, de la cual manteniéndose muchos días los miembros del niño, vernán a tener mucha firmeza. Y si es discreta y avisada, le hará mucho provecho al ingenio; porque la leche de ésta es muy enjuta, caliente y seca, con las cuales dos calidades se corregirá la mucha frialdad y humedad que el niño sacó del vientre de su madre. Cuánto importe a las fuerzas de la criatura mamar leche ejercitada, pruébase claramente en los caballos, que, siendo hijos de yeguas trabajadas en arar y trillar, salen muy grandes corredores y duran mucho en el trabajo; y si las madres están siempre holgando y paciendo en el prado, a la primera carrera no se pueden tener. El orden, pues, que se ha de tener con el ama es traerla a casa cuatro o cinco meses antes del parto y darle a comer los mismos manjares de que usa la preñada; para que tenga lugar de gastar la sangre y los demás humores que ella tenía hechos de los malos alimentos que antes había comido, y para que el niño, luego en naciendo, mame la misma leche de que se mantuvo en el vientre de su madre, a lo menos hecha de los mismos manjares.

Lo cuarto es no acostumbrar el niño a dormir en cama blanda, ni traerlo muy arropado, ni darle mucho a comer; porque todas estas tres cosas dice Hipócrates que enjugan y desecan las carnes, y las contrarias las engordan y ensanchan. Y haciendo esto, se criará el niño de grande ingenio y vivirá muchos días por razón de la sequedad. Y de lo contrario, verná a ponerse hermoso, gordo, lleno de sangre, y bobo; el cual hábito llama Hipócrates atlético, y lo tiene por muy peligroso.

Con esta misma receta y orden de vivir se crió el hombre más sabio que ha habido en el mundo, que fue Cristo nuestro redentor, en cuanto hombre; salvo que por nacer fuera de Nazaret, por ventura no tuvo su madre a mano agua salada con que lavarlo. Pero ello era costumbre judaica y de toda el Asia, introducida por algunos médicos sabios para dar salud a los niños; y, así, dice el profeta: Et quanto nata es in die ortus tui, non est praecisus umbilicus tuus, et aqua non es lota in salutem, nec sale salita, nec involuta pannis. Pero, en lo demás, luego en naciendo comenzó a hacer amistad con el frío y con las otras alteraciones del aire. Y su primera cama fue en el suelo y mal vestido, como si quisiera guardar la receta de Hipócrates. A pocos días caminaron con él a Egipto, lugar de mucho calor, donde estuvo todo el tiempo que Herodes vivió. Andando su madre de esta manera, cierto es que le daría la leche bien ejercitada y hecha a las alteraciones del aire.

    Lo que le daba a comer fue el manjar que los griegos hallaron para dar ingenio y sabiduría a sus hijos. Éste dijimos atrás que era la parte butirosa de la leche comida con miel. Y, así, dijo Isaías: Butyrum et mel comedet, ut sciat reprobare malum et eligere bonum. Por las cuales palabras parece que quiso el profeta dar a entender que, aunque era Dios verdadero, había de ser juntamente hombre perfecto, y que para adquirir sabiduría natural había de hacer las mismas diligencias que los otros hijos de los hombres. Aunque esto parece dificultoso de entender, y aun es disparate pensar que, porque Cristo nuestro redentor comiese manteca y miel siendo niño, había de saber reprobar lo malo y elegir lo bueno cuando mayor, siendo Dios como era, de infinita sabiduría y habiéndole dado en cuanto hombre toda la ciencia infusa que podía recibir según su capacidad natural. Por donde es cierto que sabía tanto en el vientre de su madre como cuando había treinta y tres años, sin comer manteca ni miel, ni aprovecharse de otros medios naturales que requiere la sabiduría humana.

    Pero, con todo eso, hace gran fuerza que el profeta haya señalado el mismo manjar que los troyanos y griegos acostumbraban dar a sus hijos para hacerlos ingeniosos y sabios, y que diga ut sciat reprobare malum et eligere bonum... para entender que, por razón de aquellos alimentos, adquiriese Cristo nuestro redentor (en cuanto hombre) más sabiduría adquisita de la que alcanzara si usara de otros manjares contrarios; o es menester explicar aquella partícula ut para saber qué es lo que quiso decir hablando por tales términos.

Y, así, hemos de suponer que en Cristo nuestro redentor había dos naturalezas, como es verdad y así nos lo muestra la fe: la una divina, en cuanto era Dios verdadero; y la otra humana, compuesta de ánima racional y cuerpo elementado, dispuesto y organizado como lo tienen los otros hijos de los hombres.

Cuanto a la primera naturaleza, no hay que tratar de la sabiduría de Cristo nuestro redentor, porque era infinita, sin aumento ni disminución, ni depender de otra cosa ninguna más de que, por ser de Dios, era tan sabio en el vientre de su madre como lo era siendo de treinta y tres años, y lo era ab aeterno.

Pero, en lo que toca a la segunda naturaleza, es de saber que el ánima de Cristo, desde el punto que Dios la crió, fue bienaventurada y gloriosa, como lo está el día de hoy; y pues gozaba de Dios y de su sabiduría, cierto es que no ternía ignorancia de nada, sino que tuvo tanta ciencia infusa, cuanta cabía en su capacidad natural. Pero, con esto, es cierto que, así como la gloria no se comunicaba a los instrumentos del cuerpo (por la razón de la redención del género humano), tampoco la sabiduría infusa, por no estar el celebro dispuesto ni organizado con la calidades y sustancia que son necesarias para que el ánima con tal instrumento pudiese discurrir y filosofar. Porque si nos acordamos de lo que en el principio de esta obra dijimos, las gracias gratis datas que Dios reparte entre los hombres piden ordinariamente que el instrumento con que se han de ejercitar y el sujeto en que se han de recibir tengan las calidades naturales que cada don ha menester. Y es la causa ser el ánima racional acto del cuerpo, y no obrar sin aprovecharse de sus instrumentos corporales.

El celebro de Cristo nuestro redentor (siendo niño y recién nacido) tenía mucha humedad, porque en tal edad es así conveniente y cosa natural; pero, por ser tanta en cantidad, no podía su ánima racional discurrir naturalmente ni filosofar con tal instrumento; y, así, la ciencia infusa no pasaba a la memoria corporal ni a la imaginativa ni al entendimiento por ser estas tres potencias orgánicas (como ya lo dejamos probado) y no estar con la perfección que habían de tener. Pero, yéndose el celebro desecando con el tiempo y con la mayor edad, iba el ánima racional manifestando cada día más la sabiduría infusa que tenía y comunicándola a sus potencias corporales.

Y, fuera de esta ciencia sobrenatural, tenía otra que se toma de las cosa que oyen los niños, de lo que ven, de lo que huelen, gustan y palpan; y ésta, es cierto, la adquiría Cristo nuestro redentor como los otros hijos de los hombres. Y así como para ver bien las cosas tenía necesidad de buenos ojos y para oír los sonidos de buenos oídos, por la misma razón tenía necesidad de buen celebro para juzgar entre lo bueno y lo malo. Y, así, es cierto que por comer aquellos manjares tan delicados se iba organizando cada día mejor su cabeza y adquiriendo más sabiduría; de tal manera, que si Dios le quitara la ciencia infusa tres veces en el discurso de su vida para ver lo que había adquirido, halláramos que de diez años sabía más que de cinco, y de vientre más que de diez, y de treinta y tres más que de veinte.

Y que esta doctrina sea verdadera y católica, pruébalo el Texto evangélico a la letra diciendo: Et Jesus proficiebat sapientia et aetate et gratia apud Deum et homines. De muchos sentidos católicos que la Escritura divina puede recibir, yo siempre tengo por mejor el que mete la letra que el que quita a los términos y vocablos su natural significación.

Qué calidades sean las que ha de tener el celebro y qué sustancia, ya dijimos, de opinión de Heráclito, que la sequedad hacía al ánima sapientísima; y de sentencia de Galeno probamos que, estando el celebro compuesto de sustancia muy delicada, hace el ingenio sutil. La sequedad iba adquiriendo Cristo nuestro redentor con la edad, porque desde que nacemos hasta que morimos nos vamos desecando y enjugando las carnes, y sabiendo más. Las partes sutiles y delicadas del celebro se le iban rehaciendo comiendo aquellos manjares que dijo el profeta Isaías; porque si cada momento se había menester nutrir y reparar la sustancia que se exhalaba, y esto se había de hacer con manjares y no con otra materia ninguna, cierto es que si comiera siempre vaca o tocino que en pocos días hiciera un celebro grueso y de mal temperamento, con el cual no pudiera su ánima racional reprobar lo malo y elegir lo bueno si no fuera por vía de milagro y usando de su divinidad. Pero, llevándolo Dios por los medios naturales, mandó que usase de aquellos manjares tan delicados, de los cuales manteniéndose el celebro, se haría un instrumento tan bien organizado, que, aun sin usar de la ciencia ni infusa, pudiera naturalmente reprobar lo malo y elegir lo bueno, como los otros hijos de los hombres.

Laudetur Christus in aeternum

Digresión sobre el fuego

«Pero esto de entrar el fuego por el pulso y la respiración para reparar el fuego perdido que estaba en nuestra composición, no es cosa que se deja entender, ni la experiencia nos lo muestra. Ni tampoco pudo Galeno atinar cómo estando el fuego en el cóncavo de la Luna, según la opinión de los peripatéticos, podía bajar a la generación y conservación de los mixtos, estando muchos de ellos no solamente en la superficie de la tierra, pero en el profundo del mar, y otros en las muy cavidades de la tierra; mayormente siendo su apetito natural subir a lo alto por ser más liviano que el aire, y nunca descender si no es haciéndole alguna gran violencia. Y, así, fingió que el fuego estaba partido en minutísimas partes, a manera de átomos, y trabado con el aire con una liviana mixtión para socorrer a la conservación y generación de las cosas naturales.

Pero realmente la opinión de Galeno es falsa, y mucho más la de Aristóteles en poner la esfera del fuego en el cóncavo de la Luna. Porque es cierto que Dios y Naturaleza nunca hacen cosa baldía y sin fin. Estando el fuego en el cóncavo de la Luna, no sirve de nada. Luego Dios no lo crió, y si lo crió no lo puso en tal lugar. Y que no sirva de nada estando allí, es cosa muy clara discurriendo por todos los aprovechamientos que del fuego se pueden tener.

Lo primero, no alumbra ni calienta ni humea, que son los indicios propios con que se da a conocer doquiera que está, y sin ellos vanamente y de gracia se afirma haber fuego en ningún lugar. Ni dél se componen los mixtos, que es el fin principal para que Dios los crió. Y si no, díganme los peripatéticos: cuando el hombre se engendra en el vientre de su madre, y el pez en lo profundo del mar, y la planta debajo la tierra ¿cómo conoce el tiempo y el lugar donde ha de acudir, y cómo desciende contra su inclinación natural, y sin matarle tanta cantidad de agua como hay en el mar? Paréceme que si no es dándole al fuego un grande entendimiento que le rija y gobierne, que de otra manera no se puede hacer ni entender. Este argumento convenció grandemente a Galeno, y mucho más a Hipócrates, pues llanamente dijo: omne enim quod inter caelum et terram est, spiritu repletum est. Porque le pareció opinión fuera de toda razón y sentido poner fuego encima del aire, viendo que la generación y conservación de los animales y plantas no se puede hacer sin que el fuego se halle presente. Y espántome yo de Galeno, que dijese en medicina y en filosofía natural una cosa tan ajena del sentido y no menos de la razón, y contra lo que dijo Hipócrates, siendo tan su amigo.

El segundo argumento restriba en aquel verdadero dicho de Aristóteles que dice: inter corpora simplicia solus ignis nutritur. La cual nutrición no ha menester la tierra, ni el agua, ni el aire; porque ellos solos por sí se conservan sin ayuda de nadie. Pero si el fuego no está gastando y consumiendo alguna materia, luego se apaga; porque, como dijo Aristóteles, no es otra cosa sino humo encendido, y donde no hay humo no puede haber llama. Porque el humo es de naturaleza de aire, y de este elemento (dijo Hipócrates) se mantiene el fuego doquiera que está, y así dijo: spiritus nutrimentum praebet igni, quo si ignis privetur, vivere non possit. Y así es verdad; porque los mixtos donde predomina el aire son los que sustentan al fuego, como son pez, resina, aceite, sebo, manteca, cera y leña; y donde es superior el agua y la tierra, le matan. Lo cual siendo así ¿qué materia es la que conserva tanta cantidad de fuego como hay en el cóncavo de la Luna? Porque, siendo un agente tan feroz y activo, en seis mil años que ha su creación ya hubiera gastado y consumido toda la esfera del aire, tierra y agua, sin poderse retratar.

A esto podrían responder los peripatéticos (según su opinión) que el fuego en su esfera no tiene actividad, ni calienta ni alumbra ni humea ni gasta materia alguna en su nutrición, y que lo que dijo Aristóteles se entiende del fuego elementado que acá tenemos. En la cual respuesta entiendo que el argumento tiene fuerza, pues les hace responder una cosa que ni el sentido ni el entendimiento les ayuda a su defensa; antes los condena claramente, porque de lo que dicen jamás han tenido experiencia, ni le han visto ni tocado si quema o no, y faltando el sentido en filosofía natural, luego cesan los buenos discursos del entendimiento y en su lugar entra la imaginativa fingiendo montes de oro y bueyes volando. Si preguntamos a los peripatéticos por qué causa la media región del aire es frigidísima, todos responden que, huyendo el frío del gran calor del fuego, se junta y condensa en aquel lugar por vía de antiparistasis. Luego, según esta respuesta, el fuego calienta estando en su esfera, pues el frío huye de su calor. También es común lenguaje de los peripatéticos que de aire fácilmente se hace fuego y de fuego aire. Y preguntándoles la causa, dicen que el fuego conviene con el aire en el calor y es contrario en la humedad, y que el fuego, corrompiendo con su sequedad la humedad del aire, fácilmente le convierte en sí. Lo cual no acontece haciéndose de agua fuego; porque es necesario corromper primero dos calidades contrarias (que son frialdad y humedad) antes que introduzca su forma, y en esto forzosamente se ha de tardar. También, si los puros elementos no tuviesen actividad en su esfera, es imposible que los mixtos se pudiesen engendrar. Porque juntándose en la mixtión, ninguno perdería sus fuerzas, pues es cierto que cada elemento las ha de perder con la actividad de su contrario; y si ninguno tiene actividad siendo puro, luego cesaría la mixtión, que es mixcibilium alteratorum unio. Y si venidos los puros elementos a la mixtión, tienen actividad ¿cómo sabes que en su esfera no la tenían? También dices falsamente que aquella sentencia de Aristóteles que dice inter corpora simplicia solus ignis nutritur, se entiende del fuego elementado que acá tenemos. Pues es cierto que los libros De generatione et corruptione, donde él puso esta proposición, están dedicados para los movimientos y alteraciones de los cuatro elementos puros, y no a los mixtos. Y si no, díganme los peripatéticos por qué causa quema, alumbra y humea y se nutre el fuego que acá tenemos, y el puro no. Pues es cierto que los mixtos siguen el movimiento y calidades del elemento que predomina en la mixtión; y si él no las tuviera, tampoco se hallaran en los mixtos.

El tercer argumento está fundado en que es imposible haber llama de fuego si no hay humo. Porque el ser y naturaleza suya, dijo Aristóteles, era fumus incensus. Y el humo tiene esta calidad: que si no tiene chimenea y respiraderos por donde salir, él propio ahoga y mata la llama; como parece en el fuego que se enciende dentro de la ventosa, que por faltarle el respiradero en un momento se apaga. Luego si la esfera de fuego no es otra cosa sino humo encendido ¿cómo es posible que se pueda conservar en el cóncavo de la Luna no teniendo respiraderos? Mayormente que el humo no es otra cosa (dice Aristóteles) sino lo térreo y aéreo de la cosa que se quema.

El cuarto argumento restriba en un dicho muy celebrado de Aristóteles y muy verdadero: que este mundo interior se gobierna por los movimientos y alteraciones de las estrellas y cielos, especialmente de la Luna y el Sol, sin los cuales era imposible pasar, ni la tierra fructificar. Y si la esfera de fuego estuviera entre el cielo y el aire, naturalmente no se podía hacer; porque las influencias frías y húmedas del invierno no podían pasar ni alterar estos inferiores, porque primero habían de enfriar y humedecer al fuego, y el fuego al aire, y el aire a la tierra. Pues decir que el fuego puede a tanta frialdad y humedad que enfríe y no caliente, y que humedezca y no deseque, quedándose fuego, yo no creo que habrá filósofo en el mundo que tal ose afirmar. Porque, según la opinión de Aristóteles, todos los demás elementos se pueden extrañar y perder sus calidades primeras y adquirir las contrarias, sin corromperse, si no es el fuego. Y así dice que todos se pueden podrir, y él no, porque no puede recibir humedad, ni hay otro agente en el mundo que sea más caliente que él. La tierra, aunque es fría y seca, se puede calentar y humedecer quedándose tierra; y el agua, aunque es fría y húmeda, puede concebir tanto calor, que queme y abrase, sin perder su naturaleza; y el aire vemos que recibe en sí todas las alteraciones del cielo quedándose cielo. Solo el fuego no lo puede hacer sin apagarse, o vencer al que le altera. La misma dificultad tienen las influencias calientes y secas, que, para pasar a nosotros, han de calentar primero y desecar al fuego más de lo que él estaba, y el fuego al aire, y el aire a nosotros. Pues decir que el fuego, estando puro y en su lugar natural, se puede calentar y desecar más que lo sumo en que está, es desatino muy grande; pero para adquirir un grado de calor se ha de perder otro de frialdad, y si el fuego estaba caliente en sumo, ningún grado de frialdad tenía consigo cuando las influencias calientes pasaron por él. Solo podrían decir los peripatéticos que las influencias alteran al aire y no al fuego, que es peor que podían imaginar.

Pero ya que hemos comenzado a tratar de esta materia del fuego, será bien acabarla y desengañar a los filósofos naturales de otros muchos errores que de este elemento hasta aquí han concebido. Uno de los cuales es pensar que el fuego es la cosa más liviana que hay en el mundo; y de ahí les nació el ponerlo encima del aire. Y si lo consideramos bien, hallaremos claramente que el fuego es la cosa más pesada que hay o por lo menos es causa que las cosas sean pesadas, gastándoles en su nutrición el aire que las hacía livianas y porosas, y que apetece el descender y no subir.

La primera razón en que me fundo es ver por experiencia que la llama de cualquier fuego tiene dos movimientos naturales, sin los cuales no puede vivir un momento: el uno es lo alto, con el cual expele de sí los excrementos que hace en su nutrición; y el segundo a lo bajo, para tomar el alimento que es necesario para su nutrición. Este movimiento ningún filósofo natural lo puede negar; porque si tomamos dos candiles, el uno muerto y humeando, y el otro encendido puesto en lo alto, veremos claramente que baja la llama desde el candil vivo por el humo adelante hasta pegarse con la mecha del muerto. Y si Dios pusiese una vela encendida desde el cóncavo de la Luna hasta el centro de la Tierra, bajaría la llama por toda esta distancia sin violencia ninguna. El movimiento a lo alto, aunque Galeno y los filósofos naturales dicen que es el más natural, están muy engañados, porque aquella elevación que hace pirámide a lo alto es propia del humo, donde la llama está sujetada por ser livianísima. Lo cual se prueba claramente viendo que, como se va perdiendo el humo, se va bajando la llama y consumiendo.

El segundo argumento se colige en ver por experiencia que todos cuantos mixtos hay donde el fuego es superior a los demás elementos son gravísimos y pesan mucho más que los térreos. Y si no, discurran los peripatéticos por todos los minerales y fuegos potenciales que llaman los médicos; y hallarán que queman como fuego, y en pequeña cantidad pesan mucho. Y si el fuego fuera tan liviano como dicen, cierto es que los mixtos donde él es superior lo fueran también. Lo cual no se puede negar, porque los mixtos donde el aire es superior, por ser liviano, nadan sobre el agua; y trae Aristóteles por ejemplo los árboles, y de ellos se saca el ébano negro que, por faltarle el aire y tener mucho de tierra, se sume en el agua. Pues ¿qué razón hay que siendo el fuego más liviano que el aire, los mixtos ígneos se hundan tan presto en el agua, y no los aéreos?

El tercer argumento es ver y considerar con cuánta presteza sube a lo alto una exhalación caliente y seca, como es el humo, y con cuánta violencia torna a bajar si se enciende y se hace fuego. Y si no, díganme los peripatéticos de qué manera y de qué causa material se hace el rayo, y veremos claramente cómo el fuego es más grave que liviano. La causa material de que se hace el rayo (dice Aristóteles) es una exhalación caliente y seca de naturaleza de humo, la cual por ser liviana subió a lo alto, y, mezclándose con las nubes por vía de antiparistasis y con el movimiento, se convirtió en fuego. Siendo esto así ¿cómo es posible que la exhalación que por ser liviana subió a lo alto, después de encendida y hecha fuego baje, y con tanta furia y velocidad que parta una torre por medio, habiendo dos causas para subir a lo alto y ninguna de bajar?

 A esto podrían responder los peripatéticos (aunque mal) que aquel descender del rayo es violento y causado por la expulsión de la nube donde estaba encerrado. Pero esto no lo pueden decir. Porque antes la nube no le deja salir, y por estar tan cerrado, el propio rayo rompe la nube y se sale. Pero si es verdad que, la exhalación hecha, es tan liviana ¿por qué causa no rompe la nube por lo alto de ella, siendo aquél su lugar natural? Yo, cierto, no puedo alcanzar con mi entendimiento que la nube, siendo un vapor tan blando, dé un golpe con tanta furia en la exhalación encendida, que le haga bajar y entrar debajo la tierra siete estados. Porque, así como lo grave no tiene ni puede tener de suyo más que un ímpetu, y éste al centro de la tierra, así lo que es liviano impide a lo alto y no puede rempujar a nadie hacia lo bajo.

 De manera que, para subir el rayo a lo alto, hay tres causas: la primera, la exhalación; la segunda, el fuego; y la tercera, la nube; y ninguna hay para bajar. Por donde estoy persuadido (hasta que haya quien me desengañe) que el fuego es muy más pesado que la tierra, y que su lugar natural es el que dirá el capítulo que se sigue.

 Cuanto al tercer punto, que era decir y firmar que la esfera del fuego naturalmente estaba en el centro de la tierra, se infiere muy bien de haber probado que el fuego es la cosa más pesada del mundo. Mayormente viendo y considerando cuán bien consuenan las cosas poniendo al fuego en este lugar, y cuántos inconvenientes han nacido de ponerlo en el cóncavo de la Luna. La nutrición del fuego, la expulsión del humo, y la generación de los ímpetus, se hace sin ninguna contradicción. Porque el fuego tiene virtud de atraer a sí todas las cosas y las cavidades de la tierra están llenas de aire y de agua. Teniendo junto consigo estos tres elementos (tierra, agua y aire), fácilmente los mezcla, los cuece y altera, y de ellos hace alimento para mantenerse (como es el alcrebite y salitre), y tiene grandes caminos y respiraderos por donde despedir el humo y ventilarse. De lo cual es evidente argumento las Herrerías de Vulcano en Puzol, junto a Nápoles, donde aparecen lagos y montañas de fuego desde que Dios crió el mundo. Y de la manera que se ven éstas habrá otras muchas más por el redondez de la Tierra, donde el fuego se mantiene con mil géneros de minerales acomodados a su nutrición. Y de la manera que este fuego se nutre y mantiene acá en lo exterior, entenderemos fácilmente lo que pasa allá en el centro de la Tierra, porque yo no dudo sino que estas montañas y lagos de fuego son del mismo género, y por ventura respiraderos suyos.

El segundo argumento que me convida, y aun me fuerza, a poner la esfera del fuego en el centro de la Tierra es ver la buena consonancia que hace con esta opinión todo lo que la Iglesia católica nos enseña del fuego infernal. Del cual afirman todos los teólogos que es del mismo género y tiene las mismas calidades que este que acá tenemos, y que Jesucristo descendió a los infiernos donde estaba este fuego. Y no es de creer que, habiéndole Dios hecho livianísimo (porque aquella era su naturaleza), le hiciese aquella violencia de tenerlo en el centro de la Tierra, siendo su lugar natural el cóncavo de la Luna, donde Dios pudiera atormentar la ánimas y demonios con la misma facilidad que en el centro de la Tierra;

especialmente habiéndolo criado desde el primer día de la constitución del mundo, donde a cada elemento dio su lugar natural sin hacer violencia a nadie.

Y que Dios criase esfera de fuego luego que formó esta máquina que vemos del mundo es cosa que no se puede negar, conforme aquello: ite, maledicti in ignem aeternum qui paratus est diabolo et angelis ejus ab origine mundi. También nos enseña la fe que el mundo se ha de acabar por fuego, conforme aquello: qui venturus... Y se sigue claramente de los fundamentos de esta opinión, porque siendo la Tierra finita (y los demás elementos), y el actividad del fuego infinita, y gastando de ellos siempre en su nutrición sin poderse reparar, forzosamente se ha de venir a consumir, conforme aquello: omne finitum per ablationem finiti tandem consumitur. Dije que la actividad del fuego era infinita, porque siempre le van añadiendo combustibles: sin cesar durará siempre jamás, que es lo que dijo el sabio: ignis vero nunquam dicit: «sufficit».

Estando en que Dios crió esfera de fuego y que la puso en el centro de la Tierra y que tiene necesidad de nutrición, se saca respuesta clara y verdadera a un problema harto vulgar, al cual ningún médico ni filósofo natural ha podido responder hasta aquí, aunque de propósito lo han procurado. Y es por qué causa los pozos están fríos de verano y calientes de invierno.

Aristóteles con todos sus secuaces dicen y afirman que el frío huye en el estío del mucho calor del Sol, y por estar más seguro se mete en lo pozos y cuevas, donde topando el agua la enfría; y lo mismo hace el calor huyendo en el invierno de su contrario. Esta respuesta no solamente es falsa, pero contradice totalmente a la doctrina del mismo Aristóteles; y espántome yo de Galeno porque, explicando aquel aforismo de Hipócrates ventres hieme et natura calidissimi sunt, le citase en comprobación admitiendo aquella respuesta por muy verdadera. Y así es de saber que, entre los cinco sentidos exteriores, el tacto (dice Aristóteles) es necesario a la vida del hombre y de los demás animales, y los otros cuatro sirven de ornato y perfección; porque sin gusto, olfato, vista y oído vemos que puede vivir el hombre, pero no sin tacto, cuyo oficio (dice Aristóteles) es conocer lo que es nocivo para huirlo y lo que es amigable para seguirlo. Todo lo cual me parece que hace el frío y el calor, sin tener tacto ni conocimiento animal. Lo segundo contradice a otro principio de Aristóteles muy celebrado de los peripatéticos; y es que el accidente no puede pasar de un sujeto a otro sin corromperse. Y la respuesta suya admite que el frío, conociendo que viene en el estío su contrario el calor, va huyendo por el aire adelante hasta entrar en el pozo, y desde allí al agua por tener más seguridad. Lo tercero contradice a un principio de filosofía: que juntando dos contrarios en su sujeto, el uno al otro se remite. Y en la opinión de Aristóteles por fuerza se ha de admitir que el calor o frío se hace más intenso sobreviniéndose su contrario y sin que preceda antiparistasis.

Galeno probó también a responder al problema, descontento de la doctrina de Aristóteles; y así dijo que el agua de los pozos es siempre de una misma temperatura, pero por tocarla nosotros con diferente tacto, en el invierno nos parece caliente, y fría en el estío. Y pruébalo con un ejemplo harto acomodado, diciendo que si el hombre se orina dentro en el baño, su propia orina lo enfría, y fuera lo calienta. Pero esta respuesta contradice a su propia doctrina; porque, explicando aquel aforismo *ventres hieme et vere calidissimi sunt*, dice que realmente tenemos más calor en el invierno que en el estío, y así lo dice el mismo aforismo. Y las buenas fuentes (dice Hipócrates) han de estar frías en el estío y calientes en el invierno; y las malas andan con el tiempo, calientes en el estío y frías en el invierno. Lo cual nos muestra claramente la experiencia haciendo la prueba con la misma mano en dos pozos, el uno profundo y el otro somero; y hallaremos claramente que el agua del pozo profundo está más fría en el estío, y la del somero caliente. Y lo que muestra la experiencia no admite razones.

Hipócrates respondió al problema mejor que Galeno, y anduvo más cerca de la verdadera solución diciendo que en el estío está muy abierta la tierra y esponjada con el mucho calor del Sol; el cual trae y llama para sí el aire que está metido en las cavidades de la tierra, y al tiempo del salir enfría con el movimiento al agua como si la ventilasen con un paño. En el invierno acontece al revés; porque con la mucha frialdad del tiempo se cierran los poros de la tierra, y el aire se queda dentro, quieto y sin menearse. Cuánto importe menear el agua y el aire para enfriar, y estar quietos para calentar, pruébalo el mismo Hipócrates haciendo experiencia en dos pozos de igual profundidad; y así dice que el pozo muy usado tiene el agua fría, y el no usado, caliente.

Pero la verdadera respuesta del problema es que de la nutrición del fuego que está en el centro de la tierra se levantan muchas exhalaciones y humos calientes y secos, los cuales en el estío, por estar la tierra abierta, como dijo Hipócrates, salen fuera sin detenerse en las cavidades de la tierra; y el agua, como es fría de su propia naturaleza, conserva su frialdad, no habiendo quien la caliente. En el invierno acontece al revés: que, por estar la tierra cerrada por la mucha frialdad del tiempo, detiene los humos en los huecos y cavidades de la tierra donde está el agua, y así la calientan; como vemos que, cerrado el cañón de la chimenea, se hinche toda la casa de humo y calor, y abierto se torna a enfriar.

El cuarto punto principal era que el fuego se halla en la generación y conservación del hombre sin bajar del cóncavo de la Luna, ni subir del centro de la Tierra, ni entrar por el pulso y la respiración como dijo Galeno. Para lo cual es de saber que el calor natural del hombre no es accidente de los que se ponen en el predicamento qualitatis; sino una llama de fuego formal de la misma suerte y manera que es la llama de un candil o de una hacha o vela encendida.

Porque las mismas diligencias se han de hacer para conservar la vida del hombre, que para tener encendida una vela sin que se muera. La vela, si bien lo consideramos, ha menester cuatro cosas: la primera, sebo o cera para mantenerse; lo segundo, tener respiradero para expeler los humos; lo tercero, que entre aire frío y sople con moderación; lo cuarto, que el aire no corra con vehemencia. Cualquiera de estas cosas que falte, luego se apaga la llama. Esto mismo, sin quitar ni poner, ha menester nuestro calor natural. Del cual dijo Galeno que se conserva con dos movimientos, uno a lo bajo para tornar alimento, y otro a lo alto para echar de sí los humos y excrementos que nacen de su nutrición. Y que entre aire frío que recoja la llama, y que sople con moderación porque no la disipe, esto no era menester que lo dijese Galeno; porque la experiencia nos muestra que faltando sangre se muere el calor natural; y atapando la boca al hombre se ahoga; y puesto en un baño muy caliente, por falta de aire frío viene a perecer; y con el mucho ejercicio y ventilación se disipa.

Dije mucha ventilación, porque la moderada enciende nuestro calor natural; y así Aristóteles, aunque no era médico, dice que el que tiene calentura no se ponga adonde corra aire, porque se enciende más la calentura: *aeger febricitans jacere debet inmotus quoad maxime fieri potest, et quiescere; nam certum est ignem marcescere ubi a nullo movetur. Ne adversus flatui cubet; quoniam flatus excitat ignem, et ignis ex parvo margnus assurgit. Obvelandus aeger* operiendusque propterea est, quia si nuIlum igni concedatur spiraculum extinguetur. Nec veste quidam exui debet donec sudari caeperit.

Todo esto que dice Aristóteles, y lo que Galeno ha dicho de nuestro calor natural, presupone que es llama como la del candil, y no calor accidente. Porque éste no ha menester nutrirse; ni tiene dos movimientos sursum y deorsum ni necesidad de ventilarse con aire frío, porque antes le mataría, y cuanto más le cubriesen y atapasen, tanto mejor se conservaría. Pero por ser llama, en quitándole los respiraderos y que no entre y salga el aire frío, luego se muere. Y, así, Galeno, necesitado con esta experiencia, hizo un candil dentro de nuestro cuerpo, con su mecha y aceite ardiendo como lo vemos acá en lo exterior; y así dijo: cor ut funiculus est, sanguis ut oleum, pulmo ut organum ir quo est oleum.

De paso no puedo dejar de condenar a Galeno porque, siendo opinión de Platón, Hipócrates y Aristóteles que esta llama que está dentro de nosotros gasta y consume en su nutrición nuestra propia sustancia y húmido radical, dijo que todos tres se engañaban, movido con dos o tres razones indignas de tanto ingenio. La primera es diciendo que el calor natural de cualquiera cosa conserva, mantiene, aumenta y perfecciona el sujeto donde está; luego no le gasta y consume, porque esto es de calor extraño y no natural. La segunda certifica que si los miembros de nuestro cuerpo no los disipase el ambiente, y el calor natural guardase el punto que había de tener, aunque el hombre estuviese toda la vida sin comer ni beber no se disminuiría. La tercera, si el calor natural nos gastase el húmido radical en su nutrición, seguirseía que cuanto fuese más copioso, tanto más nos gastaría; lo cual no acontece así, porque en el invierno es muy copioso y nos gasta menos. La cuarta razón es contra aquellos que dicen que nuestro calor natural de per accidens nos consume y de per se nos conserva; lo cual no se puede afirmar, porque ningún agente hace algo de per accidens sin hacer otra cosa de per se; y si no es calentar, ninguna otra cosa puede hacer, y esto es imposible porque ningún calor puede calentar su propia materia.

A la primera razón respondemos que las cuatro facultades naturales son las que nos conservan, mantienen, aumentan y perfeccionan aprovechándose de aquella llama encendida, con la cual hacen quilo en el ventrículo y sangre en el hígado y leche en los pechos y médula en los huesos y simiente en los vasos seminarios; la cual variedad no pudiera hacer el calor natural, siendo en todas partes uno. Esta llama encendida es proprísimo instrumento para las facultades naturales, porque trae, retiene, expele y aparta; con las cuales obras hacen ellas lo que quieren modificándolo. Y quejarse de que entretanto gasta y consume el húmido radical es como si el cocinero que hace muy buenos guisos con el fuego se querellase de él porque le gasta y consume la leña. La consecuencia de Galeno, cierto, no es buena; porque de los alimentos que comemos se hace lo mismo que de nuestro calor natural, y ellos mismos nos matan y echan a perder el húmido radical. La segunda razón presupone un falso notorio. Porque nuestro calor natural tiene dos movimientos en toda la templanza del mundo, el uno deorsum para tomar alimento, y el otro sursum para expeler los fuligines. Y si toma alimento, forzosamente los ha de gastar. El tercer argumento tiene muy pocas fuerzas. Porque el calor del invierno, aunque es mucho, es muy templado y remiso; y los cocimientos se hacen muy bien con moderación y mal con intensión, como parece en los febricitantes; y siendo el calor templado, forzosamente ha de gastar poco y reparar mucho. A la cuarta razón respondemos que la obra que el calor natural hace de per se en nuestro cuerpo es nutrirse a él y gastar el húmido radical en su nutrición, como todos los fuegos del mundo; y lo que obra de per accidens es ser instrumento de las facultades naturales. Como el fuego de la cocina tiene por intento principal gastar y consumir en su nutrición leña y carbón, y de per accidens hace los guisados, modificados con la industria del cocinero.

Volviendo, pues, al punto principal, decimos que los animados tienen fuego formalmente en su composición, y así no tienen necesidad que entre de fuera por el pulso y la respiración como dijo Galeno. Y poniendo el fuego en el centro de la Tierra, se engendran los mixtos inanimados con gran facilidad, porque donde no alcanza el fuego, alcanza su calor, y donde no llega el calor, alcanza el humo; el cual, detenido en las cavidades de la tierra, fácilmente se convierte en fuego como cuando se encierra en las nubes. Y, así, no falta el fuego cuando es menester.

En las cosas animadas era dificultoso de dar a entender el cómo y cuándo entran los cuatro elementos en su composición; porque la experiencia nos muestra que el hombre se hace inmediatamente de simiente y que en el vientre de su madre jamás entró tierra, agua, aire ni fuego. Y si queremos saber la generación y principio de la simiente humana, ella cierto se hizo de sangre, y la sangre de quilo, el quilo del pan y carne que comemos. Y si queremos averiguar la compostura del pan, hallaremos que se hizo de harina de trigo, y el trigo de la caña, y la caña de otro grano de trigo que se sembró. Y aunque demos mil vueltas en la generación y nutrición de los mixtos animados, siempre hemos de comenzar y acabar en simiente, y no en los cuatro elementos. Que es la a letra lo que dijo la divina Escritura: germinet terra herbam virentem et facientem semen, et lignum pomiferum faciens fructum juxta genus suum cujus semen in semetipso sit super terram.

A esta dificultad responde Galeno que las plantas se mantienen inmediatamente de los cuatro elementos, tierra, agua, aire y fuego, porque tienen fuertes estómagos para alterarlos y cocerlos, y así preparados los dan a comer a los animales perfectos, como quien cuece y asa la carne para que nuestro estómago la pueda cocer. Pero porque las plantas no tienen pulso ni respiración, no pudo atinar cómo el fuego se hallase en la nutrición y generación de las plantas y de su simiente.

Y mayor dificultad le hicieron los mixtos inanimados. Para declaración de lo cual es de saber que el medio que Naturaleza tiene para juntar los cuatro elementos en la generación de todos los mixtos, inanimados y animados, y engendrar fuego normal sin que baje del cóncavo de la Luna ni suba del centro del Tierra, es la putrefacción que padecen las cosas antes que se corrompan, con la cual se suelta la mixtión de los cuatro elementos y queda cada uno por sí. Esto, sin controversia, lo admiten los médicos y filósofos naturales; porque por la putrefacción pierden las cosas que se pudren el modo de sustancia que antes tenían, y de secas (dice Aristóteles) se hacen húmidas, y de frías, calientes. La manera como se pudren las cosas, dice Aristóteles, es y acontece cuando el calor del ambiente es mayor que el calor natural de la cosa que se pudre: entonces le trae para sí y le saca del sujeto donde está; cuyo oficio era tener abrazados los demás elementos en la mixtión. De esta alteración luego se levanta calor y más calor, hasta que se forma llama de fuego, que quema y abrasa como si bajara del cielo; lo cual prueba Galeno por muchos ejemplos. Especialmente cuenta que un montón de estiércol de palomas se pudrió por darle muchos días el Sol, y vino a arder en vivas llamas y quemó la casa donde estaba.

Es tan necesaria la putrefacción para las obras de Naturaleza, que, si no precede, es imposible que se engendre nada de nuevo ni se nutra ni aumente. Si la simiente humana (y cualquiera otra de animales y plantas) está mil días en el vientre de la mujer sin podrirse, ninguna cosa se engendrará; porque el modo de sustancia que es bueno para la simiente es malo para los huesos y carne del hombre, y tomar esta manera de sustancia sin desatar primero los elementos que estaban en la simiente y tornarlos a mezclar y cocer es cosa que no puede ser.

A la cual filosofía aludiendo el Evangelio, dijo: nisi granum frumenti cadens in terram mortuum fuerit, ipsum solum manet. Cuando Dios crió el mundo (dice el Texto divino) cubrió la tierra con agua, y después de bien recalada la descubrió para que el Sol la pudriese con su calor y de la putrefacción resultase un vapor hecho fuego, de que se compuso el hombre y los demás animales y plantas; y así limus, que fue la materia de que se compuso Adán, querrá decir «tierra mojada con agua, y podrida». Cuán fecunda se haga la tierra cubriéndola primero con agua, y luego descubrirla y aguardar que se pudra con el calor del Sol antes que se siembre, nótalo Platón considerando la fecundidad de Egipto con las inundaciones del Nilo.

La misma fecundidad tenía el Paraíso terrenal, porque a ciertos tiempos salían de madre aquellos cuatro ríos y cubrían la tierra, y vueltos a su corriente, se podría con el calor del Sol y así se hacía fecunda.

En la nutrición del estómago se echa más claro de ver, que en la generación de los animales y plantas. Y, así, es cierto que para que la carne que comemos pueda nutrir y ser verdadero alimento, conviene que se pudra primero y pierda su calor natural, y se desbarate la unión de sus elementos y adquiera, por la obra del estómago, otro modo de sustancia conveniente a la sustancia del que se ha de nutrir. De lo cual es evidente argumento ver que la carne manida se cuece más presto, en la olla y en el estómago, que la que es recién muerta; y manirse la carne ninguna otra cosa es sino podrirse y apartarse los elementos de la mixtión y composición. De lo cual es indicio manifiesto ver que, en matando la carne, luego cobra un poco de mal olor, y éste va creciendo por horas y días hasta que ya no se puede sufrir; y, con esto, cierta flojedad que enseña la separación de sus partes.

No menos lo demuestran los regüeldos que salen del estómago a una o dos horas después de haber comido, cuyo mal olor no se puede sufrir; y pasado más tiempo salen de mejor sabor y olor. Del cual efecto, supuesta la doctrina que vamos probando, es clara su razón; porque cuando huelen mal, están los manjares en el término de la putrefacción, y cuando bien, han salido ya de la putrefacción y pasado a la concocción, con la cual alteración (dice Hipócrates) las cosas podridas pierden su mal olor. Las heces y excrementos del hombre sano y templado huelen mal por esta misma razón. Porque en el término de la putrefacción sacó Naturaleza de los manjares lo que era hábil para nutrir, y esto coció y alteró; y los excrementos, por ser inhábiles para cocerse, se los dejó en el término de la putrefacción con una liviana concocción, la cual por su imperfección no los pudo librar del mal olor. Por donde se entiende claramente que la primera obra del buen estómago (después de la fusión) es podrir los manjares y sacarles afuera su calor natural (como ambiente más poderoso), y luego mezclarlos y cocerlos conforme al modo de sustancia que él ha menester. Todo lo cual admite de buena gana la filosofía natural, porque pasar las cosas naturales de una especie a otra sin que preceda corrupción, es cosa imposible.

Con esto hemos cumplido con el cuarto punto principal; pues es cierto que la cosa que se pudre levanta fuego y calor para que otra se engendre, sin que venga de la esfera inferior ni superior. Pero, antes que vengamos al último punto, no puedo dejar de condenar una sentencia de Aristóteles por ser contra la doctrina que hemos traído y fuera de toda razón y experiencia. Él dice que los manjares que se cuecen en el estómago, que se cuecen en su propio calor natural y no con el calor del estómago; y según lo que hemos dicho, lo primero que hace el estómago con los manjares es podrirlos y quitarles su calor natural. La razón en que se funda Aristóteles es ver por experiencia que las frutas que se cogen de los árboles por madurar se cuecen y maduran con su propio calor y no con el árbol de donde se quitaron; y el mosto hierve y se cuece con su propio calor, y no con el calor de la tinaja; y la simiente en el útero se cuece y de ella se hacen las partes seminales, y no con el calor del útero. Y pues la razón formal de la concocción es que se haga de su propio calor natural y no del ajeno, luego a todo género de concocción se ha de extender.

A esto se responde por aquel principio del mismo Aristóteles que dice: omne quod movetur ab alio debet moversi. El hervir el mosto y el aceite, y madurarse las frutas cogidas del árbol, cierto es que hierven y se maduran con la virtud y calor del árbol donde primero estuvieron. Porque el ánima vegetativa y sus virtudes naturales son muy partibles, y duran cortadas del árbol muchos días sin perderse. Y la uva lleva consigo el hollejo, la simiente y el escobajo, y con ello su calor natural; todo lo cual, o tiene ánima vegetativa, o virtud impresa de la vid; y con ésta hierve el mosto, como la saeta se mueve con la virtud que la ballesta le imprimió y no con la suya. Esto saben muy bien los que hacen vino: que echando en la tinaja casca mal pisada o medio entera, hierve el mosto con mayor furor.

Los manjares se cuecen en el estómago con aquella llama de fuego que dijimos, la cual está colgada de la sustancia del estómago como la llama del candil de la mecha. Ésta, entremetida con los manjares, los licúa, los corta, los adelgaza, los mezcla y cuece, ayudada y modificada con la industria de las cuatro facultades naturales. Y, así, decimos que la razón formal de la concocción no es que se cueza la cosa con su calor natural, sino con el ajeno moderado y templado; lo cual se prueba claramente discurriendo por todas las especies de concocción, que son: maturitas, elixatio et assatio. Quien madura las frutas es el calor del árbol y del Sol; quien cuece la carne en la olla son tres calores, uno que está en el fuego, otro en el barro de la olla, y otro tercero que está en el agua que inmediatamente toca en la carne; quien asa la carne es el calor del carbón. Quien cuece los manjares en el estómago es el propio calor natural del estómago.

Lo que forzó a Aristóteles a decir que las cosas se cuecen con su calor natural fue ver hervir el mosto en la tinaja y hacerse vino apartado de la vid. Y si él advirtiera que en las venas se hace sangre con la virtud enviada del hígado, aunque está apartado, entendiera que el mosto hierve en la tinaja con la virtud concoctriz de la vid y con su calor natural, todo lo cual trajo consigo cuando lo quitaron de la vid; porque omne quod movetur ab alio debet moveri. De la cual proposición y verdadero principio forzado Aristóteles, vino a confesar lo que yo tengo probado; y así dijo: nam et cibi in corpore concoctio elixationi similis est: etenim a corporis calore in humido et caldo fit.

Cuanto al quinto punto principal, dice santo Tomás que ni del aire ni del fuego se hizo expresa mención, tratando de creación de las cosas, porque aquello escribió Moisés a un pueblo rudo y sensual, y estos dos elementos no se perciben de la gente ruda; y por la misma razón no hizo expresa mención de los ángeles en todos aquellos capítulos. Platón, como lo refiere san Agustín, por aquella dicción caelum entendió el fuego, porque él tuvo por opinión que el cielo era de fuego. Rabí Moisés dice que por aquella dicción tenebris se entiende el fuego, el cual en su propia esfera no da luz. Cayetano responde que por el abismo, que dice Moisés, entendió el fuego y el aire, que son cuerpos diáfanos, y con la luz son transparentes y sin ella oscuros; y por razón de la obscuridad los llamó abismos.

Del aire dicen otros que hizo mención Moisés por aquellas palabras: et spiritus Domini ferebatur super aquas. Y que el aire se llame «espíritu del Señor» pruébalo claramente con aquel Psalmo de David: flabit spiritus ejus et fluent aquae. Porque, aunque es verdad que todas las cosas criadas en este mundo son de Dios y de todas es señor absoluto conforme aquello: Domini est terra et plenitudo ejus, pero algunas llama la Escritura particularmente suyas más que otras, que son las muy grandes o aquellas de que Él más se sirve. Y así llama la Escritura montes Dei; y el Evangelio llama a Cafarnán ciudad de Dios, y no a Nazaret de donde era natural, porque allí se debía cumplir más su voluntad. Del aire se podría decir lo mismo, porque es el instrumento con que Dios gobierna estos inferiores; y así dijo Hipócrates: spiritus hiemis et aestatis causa est: in hieme quidem frigidus et condensatus, in aestate autem mitis et tranquilus, quum et Solis et Lunae et Astrorum omnium cursus per spiritum procedunt. Otros dicen que por aquellas palabras et spiritus, Domini ferebatur super aquas se entiende el Espíritu Santo. Él sea siempre con nosotros, amén.

La razón que yo daría por que Moisés no hizo mención del fuego en el Génesis es que Dios no se lo quiso revelar a nuestros primeros padres en el principio del mundo; porque estaban en gracia y los procuraba antes regalar y darles contento, que pena y temor, amenazándolos con una cárcel y tormento tan grave y eterno. Lo cual parece claramente considerando que por el pecado que hicieron habían de ir al fuego infernal que tenemos dicho, si Dios no los perdonara; y la pena del precepto no suena más que la muerte corporal. Y esto mismo quiso representar Moisés en el Génesis, como si Adán no hubiera pecado.»

Digresión sobre la sal

«Pero es menester escoger la sal que sea muy blanca y que no sale mucho; porque la tal es de partes sutiles y muy delicadas, y, por lo contrario, la morena es muy terrestre y destemplada y sala mucho en pequeña cantidad.

Cuánto importe la sal echada en los alimentos, no solamente que comen los hombres y brutos animales, pero aun las plantas, notólo Platón diciendo «que la sal no solamente da gusto y contento al paladar, pero da ser formal a los alimentos para que puedan nutrir». Sola una falta tiene, y ésta es muy grande: que no habiendo sal, ninguna cosa hay criada en el mundo que supla por ella. Todas las demás cosas de que el hombre se aprovecha en esta vida tienen su lugarteniente si ellas faltan: sola la sal nació sola para el fin que fue criada. Porque si falta pan de trigo, hay de cebada, centeno, panizo, avena y escaña; y si falta vino para beber, hay agua, cerveza, leche, zumo de manzanas y de otras frutas; y si falta paño para vestir, hay pieles de animales, de las cuales vistió Dios a nuestros primeros padres para echarlos del Paraíso terrenal; y si no, lienzos, sedas, cáñamo y esparto. Y, así, discurriendo por las demás cosas, hallaremos que todas tienen quien supla sus faltas, sino es la sal, que nació sola para su fin.

A la cual propiedad aludiendo Cristo nuestro redentor en su Evangelio, dijo a sus discípulos: vos estis sal terrae: si sal evanuerit in quo salietur? Como si dijera: «discípulos míos y doctores de la Iglesia, mirá que sois sal de tierra, y si vosotros os perdéis ¿en qué otra cosa que tenga las veces de sal salaremos al pueblo cristiano?». Porque sabe que no la hay. Y otro Evangelio dice: in quo salietur ipsum sal? Para darles a entender que si ellos, siendo sal, se pierden, ¿en qué otra cosa los salaremos a ellos propios? Como si dijera: incantatori quis medebitur? Y pudiera decir el Evangelio: «Vosotros sois el pan de trigo de mi Iglesia, para sustentar y dar alimento espiritual y doctrina a los fieles; y si vosotros os perdéis ¿en qué otra cosa alimentaremos al pueblo?». Pudiéranle responder: «En pan de cebada, como vos lo hicisteis en el desierto». Pero, porque la sal no tiene lugartenientes, la escogió Dios para darles a los discípulos su oficio.

De la sal dicen los médicos: omnis sal in communi calefacit, discutit, adstringit, siccat, cogit ac densat substantiam corporum quibus adhibetur; las cuales propiedades ha de tener también el que fuere sal de la Iglesia, y tales efectos ha de producir en el auditorio cristiano el buen predicador. Y si no, discurra por cada una de ellas el que tuviere invención, y vera cuán al propósito viene llamar Dios sal a los predicadores. Pero una cosa no han considerado los filósofos naturales ni los demás que han procurado buscar las propiedades de la sal. Y es que las cosas que tienen mucha sal, si las queremos brevemente desalar, echándoles sal en cierta medida y cantidad y hasta cierto tiempo, se vienen a desalar, y si pasan del punto, se hacen salmuera. De lo cual si alguno quisiere hacer experiencia, hallará que el pescado salado, puesto a remojar en agua de la mar (hasta cierto tiempo) se desala más presto, que en agua dulce, y si dos pedazos de pescados, igualmente salados, ponemos a desalar en dos vasijas de agua dulce, al que le echasen un puñado de sal se desalará más presto que el otro. El predicador que tuviese buena invención sacaría de esta propiedad una galana consideración para el púlpito.

En todas estas propiedades naturales que hemos dicho de la sal, o en parte de ellas, se debió fundar Elíseo cuando con un vaso de sal enmendó las aguas mortíferas de cierta región y hizo que la tierra fuese fecunda, siendo antes estéril. Lo cual es fácil de probar si convenimos primero en tres principios naturales tan ciertos y verdaderos que ninguno los puede negar.

El primero es: de cuatro juntas o combinaciones posibles que se pueden hacer de las primeras calidades (caliente y húmeda, caliente y seca, fría y húmeda, fría y seca), de la primera dicen todos los médicos y filósofos que es la causa total por donde las cosas naturales se pierden y corrompen. Porque el calor juntamente con la humedad, puesto en el ambiente, relaja y afloja los elementos que están en la compostura del mixto y los saca de la unión, y así cada uno (dice Aristóteles) se va por su parte.

El segundo principio es que no todas las tierras del mundo son de una misma calidad. Unas, dice Hipócrates, son húmidas, otras secas, unas calientes y otras frías, unas dulces y otras amargas, unas insípidas y aguanosas y otras saladas, unas crudas y otras fáciles de cocer, unas ásperas y otras blancas. Lo cual no hizo Naturaleza acaso y sin pensar, sino con mucha providencia y cuidado, atenta a la gran variedad de plantas y semillas que de la tierra se habían de mantener, porque no todas usan de un mismo alimento. Si en dos palmos de tierra (dice Hipócrates) se siembran ajos, lechugas, garbanzos y altramuces, los ajos toman de la tierra para su nutrición lo acre y mordaz, las lechugas lo dulce, los garbanzos lo salado, y los altramuces lo amargo. Y así, por consiguiente, no hay yerba ni planta que chupe de la tierra el alimento con quien tiene amor y semejanza y deje los demás en quien no halla familiaridad ni gusto. Pero de tal manera, que no deje de aprovecharse de las otras diferencias de tierra; porque, de todas juntas, hizo Naturaleza un guisado y condimento que lleva dulce, salado, agrio y otra que pica como pimienta y especias, a manera de cazuela mojí; porque de otra manera la experiencia nos muestra que muchas yerbas juntas, aunque sean de diferente naturaleza, la unas a las otras se quitan la virtud. Lo que Hipócrates quiso sentir es que las lechugas toman de la tierra dulce cuatro onzas, y un adarme de las demás; y los garbanzos toman de lo salado dos onzas, y muy poco de lo demás; y así, por consiguiente, de las otras diferencias. Pero si la tierra está insípida y sin ninguna sal, no hay planta que se mantenga de ella; porque el ser formal que tienen los alimentos por donde son aptos para nutrir (dijo Platón) lo toman de la sal, y no como las demás golosinas y sabores, que levantan el apetito para recrearlo y no más. Por donde es cierto que los alimentos y frutas que Naturaleza hizo sabrosas, no es otra la causa sino haberles dado en su formación el punto de sal que habían menester.

El tercer principio es que las plantas tienen gusto y conocimiento de los alimentos que son familiares a su naturaleza; y éstos, aunque estén distantes, los traen para sí, y huyen de los contrarios. Lo cual confiesa llanamente Platón; porque le parece cosa imposible que, estando junto a sus raíces tres o cuatros diferencias de alimentos, que elijan y escojan el que es para sí y semejante, y dejen los demás por desemejantes y extraños; y que saquen, de los que cuecen y alteran, lo puro y ahechado y se mantengan de ello, y lo otro aparten y desvíen de sí hasta echarlo fuera del cuerpo. La cual sentencia contentó grandemente a Galeno, y así dijo: Platonem commendo plantas animalium vocabulo nuncupantem: non enim alia ulla de causa germanum atrabere vel sibi ipsis assimilares, quam ob fruitionem et ingenitam eis voluptatem, dicere possumus. Por las cuales palabras confiesa llanamente Galeno, juntamente con Platón, que las plantas tienen gusto, y que se recrean con los alimentos que tienen buen sabor conforme a su apetito y con los malos y desabridos se afligen y entristecen como si fueran animales.

Con estos tres principios podemos ya responder al hecho milagroso de Elíseo. Porque si la tierra que curó y enmendó sembrando sal por encima estaba insípida y aguanosa, con la sal se hizo sabrosa y aparejada para nutrir; y si por el calor y humedad del aire (que estaba metido en las cavernas de la tierra) las aguas salían malignas y corrompidas, con las calidades que dijimos de la sal naturalmente se remediaron; y si la tierra era infecunda por la mucha sal que tenía, con la misma sal, sembrada por encima, se vino a desalar. El milagro fue que con solo un vaso de sal remediase Elíseo tanta tierra y tanta muchedumbre de aguas. Como el milagro del desierto: que con cinco panes de cebada y dos peces hartó Dios cinco mil hombre y sobraron doce cofines; en el cual hecho Naturaleza puso el pan y los peces, cuya propiedad era alimentar y nutrir, y Dios la cantidad que fue menester para hartarlos.»

Digresión sobre el árbol vedado del Paraíso

«Los médicos, viendo por experiencia lo mucho que puede la buena temperatura del celebro para hacer a un hombre prudente y discreto, inventaron cierto medicamento de tal compostura y calidad que, tomado en su medida y cantidad, hace que el hombre discurra y raciocine muy mejor que antes solía. Llamáronla confectio sapientium o confectio anacardina, en la cual, como parece por su receta, entra manteca de vaca fresca y miel, de los cuales dos alimentos dijeron los griegos que, comidos, avivaban grandemente el entendimiento. Pero consideradas las demás medicinas que entran en su composición, realmente son muy calientes y secas, y totalmente echan a perder el entendimiento y memoria, aunque no se les puede negar que avivan la imaginativa en hablar y responder a propósito en motes y comparaciones, en malicias y engaños. Y dan los más en el arte de metrificar y en otras habilidades que descomponen al hombre. Y como el vulgo no sabe distinguir ni poner diferencia entre las obras del entendimiento y de la imaginativa, en viendo a los que han tomado esta confección que hablan más agudamente que antes solían, dicen que han cobrado más entendimiento; y realmente no es así, antes lo han perdido, y cobrado un género de sabiduría que no le está bien al hombre, a la cual llamó Cicerón calliditas, que es un saber contrario de la justicia.

Todas las veces que pasaba por aquel lugar del Génesis que dice quis enim indicavit tibi quod nudus esses nisi quod ex arbore ex quo praeceperam tibi ne comederes comedisti? me sonaba a los oídos que la fruta de aquel árbol scientiae boni et mali tenía propiedad natural de dar conocimiento y advertencia al que comía de ella, y que aquella ciencia no le estaba bien al hombre ni Dios quería que la supiese, porque era un género de sabiduría de quien dijo san Pablo: prudentia carnis inimica est Deo. Pero viendo que la divina Escritura tiene tan profundos sentidos y que con su letra se suelen engañar los que poco saben, lo dejaba pasar; hasta que ya molestado de ocurrirme tantas veces a la imaginación, propuse en mí de leer todos los expositores que hallase de aquel lugar, para ver si alguno lo tocaba.

Y, a pocas vueltas, leyendo en Josefo (De antiquitatibus) hallé que decía «que la fruta de aquel árbol scientiae boni et mali aceleraba el uso de la razón y aguzaba el entendimiento, atento a la cual propiedad le pusieron tal nombre, como al otro árbol de la vida, que por eternizar al hombre que comía de su fruta le llamaron árbol vitae». La cual sentencia y declaración no admite Nicolás de Lira, pareciéndole que la fruta de aquel árbol, siendo material, no podía obrar en el entendimiento humano, siendo espiritual. El Abulense no admite la represión de Nicolás absolutamente, si no es con distinción. Y, así, dice «que aunque el entendimiento humano es potencia espiritual y que no obra con órgano corporal, pero con todo eso no puede entender si no es aprovechándose de las otras potencias orgánicas, las cuales, si tienen buen temperamento, ayudan bien al entendimiento, y si no le hacen errar; y tal templanza podía poner la fruta de aquel árbol en el celebro, que viniese el hombre a saber más por aquella razón».

Y que la templanza o destemplanza de los alimentos puedan ayudar y ofender a la sabiduría, pruébalo por aquel lugar de la Escritura: cogitavi in corde meo abstrahere a vino carnem meam, ut animum meum transferrem ad sapientiam. También cita a Aristóteles en los libros De physionomia, donde dice que las alteraciones que recibe el cuerpo por razón de alimentos que el hombre come, y por el temperamento de la región donde habita, y por las demás causas que suelen inmutar el cuerpo, que pasan al ánima racional; y así dice que los hombres que habitan tierras muy calientes son más sabios, que los que moran en regiones frías. Y Vegecio afirma que los que habitan en el quinto clima (como son los españoles, italianos y griegos) que son hombres de grande ingenio y muy animosos. Conforme esto, bien era posible que la fruta de aquel árbol tuviese tanta eficacia en alterar las potencias orgánicas del cuerpo, que aprovechasen a los discursos del entendimiento. Y porque Adán era sapientísimo y sin necesidad de otra sabiduría alguna, «le puso Dios el precepto en esta fruta, guardándola para sus descendientes, los cuales, siendo niños y comiendo de ella, aceleraran el uso de la razón».

Pero, realmente, las palabras del Texto no admiten esta postrera declaración. Porque, bien miradas, quieren significar que la fruta del árbol, con su virtud y eficacia, les abrió los ojos corporales y les enseñó lo que no sabían: et aperti sunt oculi amborum, et cognoverunt se esse nudos. Lo cual se prueba más a la clara ponderando aquellas palabras que Dios le dijo al hombre cuando le halló tan avergonzado de verse desnudo: quis enim indicavit tibi quod nudus esses nisi quod ex ligno ex quo praeceperam tibi ne comederes comedisti?

Nemesius Episcopus, en un libro que escribió De natura hominis, llanamente confiesa que la fruta de aquel árbol tenía propiedad natural de dar sabiduría, y que realmente le enseño a Adán lo que no sabía. Cuyas palabras son estas que se siguen: Et quoniam ei non conferebat ut, ante sui perfectionem, suam agnosceret naturam, prohibit ne gustaret lignum cognitionis. Erant autem, immo vero nunc quoque sunt in plantis, maximae virtutes: tunc autem utpote in initio mundi creationis, cum essent sincerae, potissimum habebant operationem. Erat ergo alicujus quoque fructus gustatio asserens cognitionem suae naturae. Nolebat autem Deus eum suam agnoscere naturam ante perfectionem, ne si cognovisset se multis egere ea curaret quae ad usum corporis pertinent, reliquens curam animi; et propter banc causam prohibuit ne esset particeps fructus cognitionis. Por las cuales palabras confiesa llanamente este autor que la fruta de aquel árbol tenía propiedad natural de dar conocimiento al que no lo tenía; y que esto no solamente se hallaba en el principio del mundo, cuando los alimentos tenían tanta eficacia en alterar el cuerpo humano, pero aún ahora, estando estragadas con el largo discurso del tiempo, hay muchas frutas que lo pueden hacer. Y porque a nuestros primeros Padres no les estaba bien saber en todo su naturaleza ni tener noticia de las cosas de que tenían necesidad, les puso el precepto en este árbol cuya propiedad era poner al hombre en cuidado del cuerpo y apartarlo de las contemplaciones del ánima.

Esta declaración es conforme a la filosofía natural que vamos tratando. Porque no hay alimento (especialmente las frutas, que son alimentos medicamentosos) que no altere el celebro, conforme aquello de Hipócrates: facultas alimenti pervenit ad cerebrum; y tal habilidad pone en el hombre, cual es el temperamento que engendra en el celebro, como es el del vino, que si se bebe en cierta cantidad hace al hombre ingenioso, y si pasa de allí lo enloquece.

Y no se ha de entender que la fruta del árbol vedado diese inmediatamente hábitos de ciencia, como pensó Nicolao; sino temperamento acomodado a tal género de ciencia, con el cual viene luego el hombre en conocimiento de las cosas de que estaba descuidado. Y que la fruta de este árbol tuviese propiedad de abrir los ojos y hacer conocer lo que ignoraban no se puede negar; porque, en comiendo de ella, dice el Texto: et aperti sunt oculi amborum et cognoverunt se esse nudos. Y dije abrir los ojos porque (como tenemos probado atrás) si la imaginativa no asiste con los sentidos exteriores, ninguno puede obrar; que es lo que dijo Hipócrates: quicumque dolentes parte aliqua corporis omnino dolorem non sentiunt, iis mens aegrotat; como si dijera: «si a alguno le hicieren causas dolorosas (como es quemarle o cortarle la mano) y totalmente no lo sintiere, es cierto, que tiene la imaginativa distraída en alguna profunda imaginación»; la cual, como hemos dicho, si no asiste con el tacto y con los demás sentidos exteriores, ninguna sensación pueden hacer.

De lo cual podríamos traer muchos ejemplos de los que pasan cada día por nosotros. Pero uno que refiere Plutarco de Arquímedes nos lo dará bien a entender. Este Arquímedes era un hombre de tan fuerte imaginativa para componer y fingir maquinamientos de guerra, que él solo era más temido por esta razón de los enemigos, que todo el ejército contrario. Y era tan estimado su ingenio entre los romanos, que teniendo Marcelo cercada la ciudad de Siracusa, donde Arquímedes estaba, antes que la entrase echó un bando en su ejército: que ningún soldado fuese osado a matar a Arquímedes so pena de la vida; pareciéndole que ningún despojo podía llevar mejor a Roma, que un hombre de tanta habilidad. De este se cuenta que estaba tan ocupado en sus maquinamientos, y tan enclavados los ojos en la tierra (donde tenía rayadas las figuras de su invención), que no veía ni oía lo que pasaba en la ciudad al tiempo de la batalla. Y llegando un soldado romano a él, le preguntó si era Arquímedes; y aunque se lo preguntó muchas veces ninguna cosa le respondió por la ocupación que tenía de los sentidos; y mohíno el soldado de ver un hombre tan traspuesto, le mató.

Al tono de esto, cierto es que nuestros primeros Padres estaban ocupados, antes que pecasen, en meditar y contemplar las cosas divinas, y descuidados de las humanas. Y aunque andaban desnudos no lo echaban de ver, y podríamos decir que tenían los ojos cerrados; porque aunque era verdad que los tenían abiertos, y sana la potencia visiva, pero por la ausencia de la imaginativa estaban como ciegos, pues no podían obrar con ellos. Y la fruta era de tanta eficacia, que sacó a la imaginativa de su contemplación y la puso en la vista; lo cual suenan claramente aquellas palabras que Dios le dijo en acabando de comer: «¿Quién piensas, oh Adán, que te enseñó que estabas desnudo sino haber comido del árbol que te prohibí? Lo cual hice (como si dijera) por tu contento y regalo y porque no te estaba bien saber lo que ahora sabes».

Dos géneros de sabiduría, si bien me acuerdo, dejamos notados atrás. El uno pertenece al entendimiento, en el cual se encierran todas aquellas cosas que el hombre hace con rectitud y simplicidad, sin errores, sin mentiras y sin engaños. De la cual sabiduría notó Demóstenes a los jueces en una oración que hizo contra Esquino, pareciéndole que el mayor título que les pudo poner para captarles la benevolencia fue llamarles rectos y simples. Y así la divina Escritura, a un hombre tan sabio y virtuoso como Job, lo llamó vir rectus et simplex; porque los doblados y astutos no son amigos de Dios: vir duplex animo, inconstans est in omnibus viis suis. Otro género de sabiduría hay en el hombre, que pertenece a la imaginativa, de quien dijo Platón: scientia quae et remota a justitia, calliditas potius quam sapientia est appellanda; como si dijera: «las cosas que el hombre hace con embustes y engaños, fuera de lo que dicta la razón y justicia, no es sabiduría, sino astucia». Como fue aquella conjugación y discurso que entre sí hizo aquel mayordomo que cuenta san Lucas diciendo: Homo quidem erat dives qui habebat villicum; et hic diffamatus est apud illum quasi dissipasset bona ipsius; et vocavit illum et ait illi: quid hoc audio de te, redde rationem villicationis tuae, jam enim non poteris villicare. At autem villicus intra se: quid faciam quia dominus meus aufert a me villicationem? Fodere non valeo, mendicare erubesco. Scio quid faciam: ut cum ammotus fuero a villicatione recipiant me in domus suas, etc. Con el cual discurso hizo un hurto tan mañoso, que dice el Texto: Et laudavit Dominus villicum iniquitatis quia prudenter fecisset, quia filii hujus saeculi prudentiores filiis lucis in generatione sua sunt. En las cuales palabras se contienen dos diferencias de sabiduría y prudencia: la una, dice el Texto, pertenece a los hijos de la luz, que es con rectitud y simplicidad; y la otra a los hijos de este siglo, con dobleces y engaños. Y los hijos de la luz saben muy poco en la prudencia del siglo, y los hijos del siglo menos en la sabiduría de la luz. Estando Adán en gracia, era hijo de luz y sapientísimo en este primer género de sabiduría; y, por perfección suya, le hizo Dios ignorante en el segundo, porque no le convenía. Y el árbol era tan eficaz en dar prudencia de este siglo, que fue menester prohibirle el uso de su fruta, para que viviese descuidado en las necesidades del cuerpo (como dijo Nemesio) y cuidadoso en las contemplaciones del ánima racional.

La dificultad es ahora por qué razón llamaron a este árbol scientiae boni, pues la prudencia y sabiduría que daba antes era más para mal que para bien. A esto se responde que ambas ciencias son para bien usando de ellas en su tiempo y lugar; y así las encomendó Jesucristo a sus discípulos cuando los envió por el mundo a predicar: ecce mitto vos sicut oves in medio luporum: estote ergo prudentes sicut serpentes, et simplices sicut columbae. De la prudencia se ha de usar para ampararse de los males que les pueden hacer, y no para ofender con ella. Fuera de esto, los filósofos morales dicen que una misma cosa se puede llamar buena o mala de una de tres maneras: o como honesta, o como útil, o como delectable. Como el hurto que hizo el mayordomo de la historia pasada, que fue bueno en cuanto útil, pues se quedó con la hacienda de su señor, y malo en cuanto fue hecho contra justicia, tomando lo suyo a su dueño.

El cubrirse Adán con tanto cuidado y tener más vergüenza de verse desnudo delante de Dios, que haber quebrantado su mandamiento, me da a entender que la fruta del árbol vedado le avivó la imaginativa de la manera que hemos dicho, y ésta le representó los actos y fines de las partes vergonzosas. Pero aunque esta declaración tiene la apariencia que vemos, la común es quod lignum scientiae boni et mali, non a natura hoc nomen acceperat, sed ab occasione rei postea secutae. Quod magis probo».

A LOOR, y gloria de nuestro
señor Iesu Christo, y de su bendicta madre la virg sancta María, señora y abogada nuestra. Haze fin el preste Libro, intitulado Examen de ingenios, para las Sciencias.

Acabosse a 23 días del mes de febrero, año del nascimiento de no saluador Iesu Cho de 1575 años.

Libros a la carta

A la carta es un servicio especializado para
empresas,
librerías,
bibliotecas,
editoriales
y centros de enseñanza;
y permite confeccionar libros que, por su formato y concepción, sirven a los propósitos más específicos de estas instituciones.

Las empresas nos encargan ediciones personalizadas para marketing editorial o para regalos institucionales. Y los interesados solicitan, a título personal, ediciones antiguas, o no disponibles en el mercado; y las acompañan con notas y comentarios críticos.

Las ediciones tienen como apoyo un libro de estilo con todo tipo de referencias sobre los criterios de tratamiento tipográfico aplicados a nuestros libros que puede ser consultado en Linkgua-ediciones.com.

Linkgua edita por encargo diferentes versiones de una misma obra con distintos tratamientos ortotipográficos (actualizaciones de carácter divulgativo de un clásico, o versiones estrictamente fieles a la edición original de referencia).

Este servicio de ediciones a la carta le permitirá, si usted se dedica a la enseñanza, tener una forma de hacer pública su interpretación de un texto y, sobre una versión digitalizada «base», usted podrá introducir interpretaciones del texto fuente. Es un tópico que los profesores denuncien en clase los desmanes de una edición, o vayan comentando errores de interpretación de un texto y esta es una solución útil a esa necesidad del mundo académico.

Asimismo publicamos de manera sistemática, en un mismo catálogo, tesis doctorales y actas de congresos académicos, que son distribuidas a través de nuestra Web.

El servicio de «libros a la carta» funciona de dos formas.

1. Tenemos un fondo de libros digitalizados que usted puede personalizar en tiradas de al menos cinco ejemplares. Estas personalizaciones pueden ser de todo tipo: añadir notas de clase para uso de un grupo de estudiantes, introducir logos corporativos para uso con fines de marketing empresarial, etc. etc.

2. Buscamos libros descatalogados de otras editoriales y los reeditamos en tiradas cortas a petición de un cliente.